D1663191

JEAN AMÉRY

Lefeu
oder
Der Abbruch

Roman-Essay

ERNST KLETT VERLAG

STUTTGART

INHALT

I. VERFALL

Die Dinge an sich herankommen lassen.

Sie kommen schon, sie rücken näher: die Staffelei und das halbfertige Bild mit der Häuserfassade, das Lavabo, darin millimeterdick Ölfarben kleben, das schmutzige Geschirr, das sich anhäuft, die rissigen, abblätternden Wände, schmutzfarben wie das Bild, dem sie Obdach geben, wie das graue, unrasierte Antlitz, das aus dem Spiegel blickt, der von einer Zigarette angekohlte Brief des Anwalts auf dem durch queren Sprung ornamentalisierten Tisch. Im Sinne meiner letzten Interventionen bei der zuständigen Wohnungsbehörde glaube ich Ihnen zusichern zu dürfen, daß selbst im Falle eines Abbruchs des Miethauses 5, Rue Roquentin, Ihre Einweisung in ein modernes Appartement gesichert ist. — Sie rücken näher, kriechen aus den Ecken, schleichen über den mit Farbflecken bedeckten und weihnachtlich dicke Staubflocken oder Engelhaar tragenden Boden, schlängeln sich das zerwühlte Lager entlang und hinauf; wer braucht schließlich Bettlaken, bürgerliche Vorurteile. Die Dinge nur an sich herankommen lassen. Das ist eine klischierte Metapher, denn nur in surrealistischen Romanen oder Filmen verhalten sie sich in der eben beschriebenen Form. Schleier der Sprache. Er ist aber nicht so dicht, wie man meint und gerne versichert. Mystifikation der Rede, man läßt von ihr sich nicht so leicht düpieren. Entschleiert man die Sprache, wenn man ihre Metaphorik in Sinnenhaftigkeit überträgt, wenn man also das Herankommen der Dinge nicht wörtlich nimmt, sondern bildlich, und sich vorstellt, was doch faktisch nicht eintreten kann, daß nämlich Staffelei und Brief und Wände und Lavabo sich aufmachen und den auf seinem Wühllager — Wühl- und nicht Pfühllager! — liegenden oder kauernden Lefeu betasten, ergreifen, schließlich ersticken? Natürlich nicht. Man enthüllt solcherart keinen dem Worte, dem Satz inhärenten Charakter, man treibt nicht Wesensschau mit dergleichen. Man setzt einen Akt, das ist alles. Einen Akt der freien Imagination, die freilich in ihrer Freiheit sich verirren kann in den wuchernden Gefilden der Närrischkeit, so daß man am Ende in gewaltsam zerhämmerten Sprachtrümmern blind herumtastet, wie Irene. Sie dichtet: Pappelallee, Pappelallee, alle Pappeln, Pappelnalle, Plapperpappel, Geplapper, Geplapper. Es kann nichts gedeihen auf diese Weise. Es kann nicht gut ausgehen mit Irene und ihresgleichen. Man muß streng am Sinn des Satzes haften bleiben, im Vertrauen, daß es ihn gibt. Man kann von ihm, diesem Sinne, sagen, er sei der Weg der Verifizierung. Und vom Wort läßt sich mit guten Gründen erhärten, es finde seinen Sinn in den Assoziationen, die es im Angeredeten auslöst. Da wird denn, wenn der Sprecher sagt, man müsse die Dinge an sich herankommen lassen, kaum jemand den Akt in der Freiheit sich verlaufender Imagination setzen und geisterhaft die Gegenstände auf sich zukommen sehen; die überwältigende Mehrheit — und auf die Quantität kommt es hier an, da diese allerwegen das Maß setzt im Felde des Sozialen — wird in weitgehender Übereinstimmung richtig verstehen, daß hiermit gemeint ist: man müsse, weil man nicht anders kann, einfach zuwarten. Nichts tun. Am Lager kauern, das Bild auf der Staffelei mit zusammengekniffenen Augen betrachten, nach einer Stelle suchen, die den gottverdammten, aber unerläßlichen roten Fleck gestattet, Cognac trinken, eine Gauloise rauchen, denn nur sie schmeckt, alles andere ist Papier oder Stroh, den Brief des Anwalts zu vergessen oder zu verdrängen sich bemühen. On verra bien. Schließlich ist es unmöglich, in ziemlich fortgeschrittenen Jahren noch Rechtswissenschaft zu studieren, nur um herauszukriegen, ob der Anwalt halbwegs helle ist, ob alle Bestimmungen des Mieterschutzgesetzes schon als Argumente vorgebracht wurden gegen Baubehörde und Hausbesitzer. Es scheint ein überaus komplizierter Prozeß zu sein, nicht gerade ein kafkaesker, das nicht, denn die Pariser Urbanisten und Stadtväter haben nichts von der sinistren Poesie der in Prag herrschenden kaiserlich-königlichen Autorität, aber doch ein vielschichtiger, verfilzter Verlauf von Demarchen, mit denen der Kauernde, der nun endlich zu wissen glaubt, wo das aufhellende, aber nicht zu grelle Rot sitzen soll, nichts anzufangen weiß, habe auch der Cognac seinen Kopf scharf gemacht wie den eines chaldäischen Astronomen. Gewiß ist in all der Verflechtung, deren Flechten ein Geschick und eine Unzahl von Paragraphen umschlingen, nur der Wille zum Widerstand, was freilich auch nur wieder so ein lässiger Ausdruck ist. Das bloße Nein — nein zum geplanten Abbruch des Hauses, nein zur Einweisung in einen Wohnblock am Stadtrand, nein sogar zu einer nicht unerheblichen finanziellen Kompensation, nach welcher doch sogar Champagner am Morgen sprühend wie stürzende Wasser sich ins Zimmer ergießen könnte — das bloße Nein ist kein Akt der Résistance. Es ist in den meisten Fällen, und namentlich im hier beredeten, nichts als Entzug, Flucht, stumpfer Trost. La Résistance, ça — c'était autre chose. Ohé, saboteur, Dynamit. In großer Sonne auf den Straßen trocknendes Blut. Hier ist das Nein nur es selbst, hat sich noch nicht aufgerichtet, wird das vielleicht tun, man kann nie wissen. Vorläufig heißt es, die Dinge an sich herankommen lassen, ausharren, durchhalten, sagte Gustav von Aschenbach, es war sogar sein Lieblingswort. Andere haben schon nachgegeben oder sind im Begriffe, es zu tun. Jeanne Lafleur mit ihren läppischen Keramiken ist schon verschwunden, wohnt jetzt in einem Sozialbau in Belleville; Paul Frey hat sich mit seiner Lucette und den Penis-Paraphrasen, die er zu malen liebt, in einem Pavillon in Yerres (Seine-et-Oise) eingerichtet, reibt sich sogar die Hände über das glänzende Geschäft, das er gemacht hat. Je me suis bien débrouillé, sagt er und malt einen Penis, diesmal im Ruhezustand.

Guten Morgen, Destré. Cognac? Es kann nicht schaden. Aber ja, es richtet irreversible Schäden im Gehirn an; die Zellen erneuern sich nicht. Mögen sie, wie sie wollen. Erneuerung oder nicht: Cognac. Danke. Nein. Es ist kein Verlauf abzusehen, Einweisung, Kompensation. Ich schrieb, daß wir hier bleiben wollen, hier im Hause. Durchhalten ist mein Lieblingswort. Delogierung? Das wäre doch ... Man kann die Zeitungen mobilisieren, das Fernsehen nicht, es ist fest in den Händen der Regierung. Wie man in diesem Lande mit Künstlern verfährt. Paris, Mutter der Kunst und jeder Größe, la ville lumière, sie werden sich nicht schämen. Nicht, sage ich. Immobilien-Paris-Seine. Mächtig? Mächtiger als wir jedenfalls. Da es sich hier um ein zum Miethaus umgestaltetes, ehemaliges Fabriksgebäude handelt, kann der Paragraph sieben, Absatz sieben des Mieterschutzgesetzes nicht als rechtsgültig inkraft treten. Vielmehr ist der Abbruch des Hauses ein dem Ermessen des Eigentümers überlassenes, durch das Sanierungsgesetz vom 13. 13. 1913 gerechtfertigtes, im Sinne der Hygienevorschriften für von privaten und juristischen Personen bewohnte Gebäude sogar rechtspflichtig werdendes Vorhaben. Man wird sich bequemen müssen. Unbequemen. Mir fehlt hier nichts. Ihnen manches? Es hängt vom Standpunkt ab, den man einnimmt, dem ästhetischen, meine ich. Wenn Sie weitermalen wie Mondrian, müssen Sie sich hier unglücklich fühlen, außerdem werden Sie Ihre Bilder nicht verkaufen. Auch die meinen stapeln sich auf, das steht nicht zur Diskussion. Nur will ich die Rechtsmittel ... wie sagt man? Erschöpfen. Jawohl, erschöpfen, wiewohl es mich erschöpft, auch nur die Briefe zu lesen. Ich fühle mich hier wohl: wohlfühlen heißt, sich nicht unwohl fühlen, keinen Ekel haben. Wer redet wem zu? Kapitulieren Sie, es ist Ihre Sache. Jeanne Lafleur hat nachgegeben, Paul Frey hat gekniffen, Gott gesegne es ihnen, ich habe nicht versucht, sie umzustimmen. Toilette unbrauchbar, W.C. ohne Wasser, nicht abzuschließen, der Winterwind weht kalt den Hintern an, es kann sogar gesund sein. Außerdem ist es wegen der Adresse. Cinq,

Rue Roquentin, Paris 5e. Es ist knapp und sagt aus, daß man es nicht mit Emmerdeuren zu tun hat. Ich habe gar nichts gegen Mondrian. Aber Sie sollten noch überlegen. Man darf es den Kerls nicht zu leicht machen. Wir sind in diesem Haus verwurzelt. Enraciné, da haben Sie den richtigen Ausdruck. Unsere Körper sind verwachsen mit den schmutzigen Tüchern; diese wiederum reichen tief in den verfaulenden Fußboden — aber das kann man einem Destré nicht klarmachen, er ist ein tüchtiger Maler, nicht mehr. Darum träumt er auch von Ausstellungen, die niemals zustande kommen werden, statt daß er seinen Blick auf seine spekkigen Pantoffel richtete, die doch alle Schönheit dieser Welt widerspiegeln. Er hat auch keinen Verstand für die Wände, innere und äußere. Der Dreck — oder was man so nennt — arbeitet besser als er, besser sogar als Lefeu. Abschattungen, Adern, schillernder Fäulnis-Marmor, klagende Gesichter, die langsam hervortreten, man muß nur Geduld haben. Dreckgemalte Fledermäuse, oh Vater Rorschach, blicke herab. Das Wohlgefühl ist animalisch, nicht kannibalisch, und fünfhundert Säue wären zuviel, wo sollte man sie denn unterbringen. Eine Sau ginge an, das Grunzen stiege lieblich vom Fußende des Lagers an die Höhe des Kopfpolsters. Dinge kämen zum Vorschwein, die noch ungeahnt sind. Es ist ein langsamer Prozeß, wollüstig. Ver-fall: und niemand, der dieses Fallen unendlich sanft in seinen Händen hielte. Das Verfallende muß sich selbst genügen: jeder Versuch, es anzuketten an Haltbares — etwa: die sanften Hände des Teufel-sei-bei-uns — wäre eine Art Verrat. Cinq, Rue Roquentin, hier geschieht es und wird zu einer Geschichte. Den Ursachen der Freude am Verfall auf den Grund zu kommen, ist schwierig. Man kann vom Todestrieb sprechen, das ist eine hübsche und sogar dichterische Arbeitshypothese. Es fehlt ihr nur an der nötigen Präzision. Denn da der Tod das Fremde und ganz Andere ist, kann man unmöglich etwas im Leben vor sich Gehendes darauf beziehen: Todestrieb sagt nicht viel mehr aus als Sehnsucht nach der Ruhe in Gott. Erhellbar ist die Verfalls-Verfallenheit nur innerhalb eines Systems, dessen

Rechtfertigung und äußerster Bezugspunkt das Leben ist. Es fragt sich nur: welches Leben? Kein Zweifel, daß die Lebensvorstellung gegenwärtiger Geistigkeit zutiefst geprägt ist vom kapitalistischen Gedanken der Expansion, welcher seinerseits wieder der Funktionalität verpflichtet ist. Selbst dort, wo die vor ein paar Jahren noch revolutionäre, heute aber längst kompromittierte Phrase von der Qualität des Lebens sich aufdrängt, muß auf quantitative, also mit der Expansion innig verknüpfte Faktoren zurückgegriffen werden. Oder wie sollten sie denn entstehen, die hängenden Gärten rund um das Paris von morgen, die ein paar von ihrem Kompetenzdenken berauschte Architekten den Bewohnern dieser Stadt für das Jahr 1995 schon versprechen, wenn nicht durch eine expansiv gesteigerte Technik, eine sich expandierende Industrie, einen sich ausdehnenden und nach immer weiterer Ausdehnung durstenden technischen Intellekt? Das Leben, so will es scheinen, ist selbst Ausdehnung: demographische, sozial sich organisierende, geistige, ob sie ins unendlich Kleine der Nuklearphysik oder ins unendlich Große der Kosmologie reiche. Fragt sich dennoch: welches Leben? Es war, zugegeben, das Leben schlechthin, als dieses den Gefahren der Natur sich entrang. Es hat, dieses Leben, vielleicht aber in der kapitalistischen Gesellschaft und der von ihr ins Werk gesetzten Wissenschaft, Technik und Industrie seine äußersten Möglichkeiten schon erreicht, so daß es also jetzt umschlägt in die Negation seiner selbst. Quecksilber im Thunfisch. Verröchelnde Seen und Flüsse. Cancerogene kosmetische Präparate. Vergebens versucht man die Quadratur des Zirkels: das Leben in seiner aus der Stammesgeschichte als Expansion und Rationalisation hervorgegangenen Gestalt zu erhalten, ohne daß es der ihm inhärenten Selbstzerstörung anheimfiele. So sucht es sich einen Ausweg, der in letzter Konsequenz keiner sein kann: den Verfall. Die Komplizität des Mieters Lefeu mit dem Verfall des Hauses 5, Rue Roquentin, ist ein humaner Protest gegen die ursprüngliche biologisch legitim wertbesetzte Idee sich rational expandierenden Lebens — um des Lebens willen. Das Ja zu diesem Niedergang ist

ein das zweideutige Thema der Todes-Erotik anschlagender Lebensdienst. Das tiefe Behagen an der Destrukturation ist eine vertrackte Form der Lebensfreude. Mit solcher Erkenntnis wird auch
jede auf Funktionalität beruhende Ästhetik unverbindlich. Ein
Bauer — es war nicht hier in Paris, es war anderswo, Ort und Da-
tum sind konturlos im Nebelmeer der Lebenstiefe ertrunken — ein
Bauer wurde gefragt, ob er einen »schönen« Weg nach einem nahe
gelegenen Dorf wisse. Der Mann zog an seiner Pfeife, als hätte
Heidegger ihn erfunden, und gab dann ganz und gar unheideg-
gersch eine neugelegte, ebenso glatte wie landschaftlich öde Straße
an: das Schöne war für ihn das Nützliche, es fuhr sich schlecht mit
dem Ochsenwagen durch den idyllischen Waldweg, die Straße,
auf der kaum Automobile zirkulierten, war gut und dem Sommer-
gast empfehlenswert, darum denn ganz gewiß auch schön. Der
Mann wies mit dem Pfeifenstiel nach der schönen, frisch aufge-
schotterten, von keinem Schatten erlabten Straße und fuhr seines
eigenen Weges. Er hatte genauso vernünftig gehandelt, wie jene
Sozialfürsorger, die sich mit schon beruflich verknappter Herzens-
güte bei den Mietern von 5, Rue Roquentin eingefunden hatten,
ihnen zu erklären, wieviel schöner doch ein moderner Wohnblock
sei als dieses Elendsquartier, une vraie maison insalubre. Zu dis-
kutieren war mit ihnen nicht, es hätte zu nichts geführt, so wie
möglicherweise die anstrengenden Korrespondenzen mit Maître
Biencarré und der Immobilien-Paris-Seine zu nichts führen
werden. Nur im Gesellschaftsspiel der Künste, die sich nicht mehr
als solche einbekennen wollen, es wäre ja auch gelacht, man kann
im Zeitalter fortgeschrittener soziologischer Forschung gewisse
Ausdrücke nicht mehr gebrauchen, ist der utilitäre, funktionale
Schönheitsbegriff weggefallen. Wo es aber um ernste Dinge geht,
wohnen zum Beispiel, noch schöner wohnen und vor allem: gesund wohnen, wird er hartnäckig erhalten. Wer wollte auch ungesund wohnen? Sie werden sehen, welchen Aufschwung Ihre künstlerische Arbeit in einem hellen, freundlichen, in sauberer und moderner Umgebung gelegenen Atelier nehmen wird! Verzeihen Sie

die Einmischung, aber es ist doch schrecklich, daß Sie in diesem millimeterdick von Ölfarbe verklebten Lavabo Ihr Geschirr und, Gott bewahre, Ihr Gemüse waschen! Undenkbar, meine liebe Frau, ach, wenn Sie wüßten, daß hier auch reingepißt wird. Gepißt, ma chère, mit einem Penis, wie Paul Frey ihn malt. Nie gesehen. Nie einen erigierten ... nicht viel verloren dabei. Zeugezeug in schwül unflät'ger Nacht. Kann nicht als hübsch oder schön empfunden werden, sagte schon Otto Weininger. Schönen Dank denn und bonjour. Bonjour Madame, kommen Sie wieder, wenn Ihnen das alte Herz danach steht. Gott segne alle Ihre Wege. Für den funktional und aus phylogenetischen Gründen biologistisch wertbesetzten Begriff des Schönen als des Bequemen, Glatten, Gesunden, Lebenskräftigen und — zu Zeiten — gewiß auch Lebensfördernden gibt es die rundesten Argumente: es gibt solche für keinen anderen, das ist der ganze Jammer der Ästhetik. Was die Verfallsschönheit der Rue Roquentin und des schon halb verlassenen, zum Miethaus umgestalteten Fabriksgebäudes und seiner Räumlichkeiten angeht, kann der humane Protest angeführt werden, aber damit gerät man in die Bereiche des Moralischen, das allemal auf irrationalen Axiomen beruht. Es sei denn, man versuche es mit Ausdrücken, wie »Vielfältigkeit«, »Differenzierung«. Sie sind in diesem Zusammenhang nicht unbedingt unfruchtbar. Wenn man nämlich als das Schöne das Differenzierte und Vielfältige begründend ins Treffen führt, wenn man übereinkommt, daß man diese Kriterien akzeptiert, dann ist in der Tat dieses Haus in dieser Straße schöner als ein moderner, allenfalls sogar in verschachtelten Sonnenterrassen prangender Neubau in einer Trabantensiedlung. Dann ist auch ein altersgraues, von Runzeln in hoher graphischer Kunst durchgezeichnetes und *gezeichnetes* Antlitz schöner als das marmorglatte junge, dem erfahrungsgemäß die Augen und Herzen sich zuwenden. Hier steigt es schon herauf aus des halbblinden Spiegels Undeutlichkeit. Ornamentale symmetrisch ausgearbeitete Stirn. In den öden Wangenhöhlen wohnt die Freude am empirischen Ich, es hat sich gut gehalten, gut oder schlecht: gehalten jedenfalls. Bräunlicher, langer Knitterhals, dem jeder Hemdkragen täglich weiter wird. Man könnte ihn mit Gefieder auskleiden, l'oiseau de malheur. Sehr geehrte Herren: In Ansehung der Tatsache, daß es mir gelungen ist, einen auf Differenzierung basierten, neuen Schönheitsbegriff zu erarbeiten, welchselber in meinem von Ihnen zu Abbruchzwecken beanspruchten Atelier, 5, Rue Roquentin, Paris 5ᵉ, sich aufs überzeugendste exemplifizieren läßt, ersuche ich Sie, in Ihren Planungen hierauf Rücksicht zu nehmen und mich unter Hintansetzung Ihrer Projekte hinsichtl. der Errichtung eines Bürohauses in dieser Grotte, dieser Hochgrotte, als welche meine Mansarde zu bezeichnen ich mich gerne entschließe, weiter verbleiben zu lassen. Seien Sie, meine Herren, meines ausgezeichneten Widerwillens versichert. Die Destrukturation ist, soferne abgesehen wird von den Erkenntnissen der theoretischen Physik, differenzierter, vielfältiger und darum schöner als der Aufbau der Gefüge, das muß dunkel sogar ein Maler wie Destré verspüren, wiewohl seine falschen Mondrian-Bilder nichts davon erkennen lassen — anders wäre er schon längst ausgezogen aus seinem Atelier, es ist nicht viel geräumiger, wenn auch erheblich ordentlicher als das Lefeus. Und der Verfall ist übertragbar in Kunst, die sich nicht schämen sollte, als solche sich zu bekennen. Natur, gesehen durch ein Temperament: man hat noch immer nichts Klügeres über Kunst gesagt. Die rissige Zimmerwand mit ihren phantastischen Landkarten, auf denen alle Paradiese dieser Erde eingezeichnet sind, dringt aus dem wissenschaftlich bekannten, wenn auch darum keineswegs durchschauten Wege ein in das ihr freundliche Bewußtsein des Malers. Dieses, intentional bewegt, ergreift das Wahrgenommene unter dem Gesetz eines vorgefaßten Willens und macht so die Wahrnehmung zur Schau. Pinsel und Farben sind zur Hand, wenn auch gräßlich vernachlässigt, so daß die Kollegen und der Leiter der Galerie die Köpfe schütteln. Ein feuchter Fleck kann ein sterbendes Tier sein, eine meerumspülte Insel, ein tränenschwimmendes Auge. Die Farben, schmutzig, dick aufgelegt, substantiell, so daß sie ihre

Eigenwirklichkeit als Farben behalten und nicht aufgehen in der Fremdwirklichkeit »Bild« oder »Tier« oder »Insel« oder »Auge«, realisieren den Prozeß der intentionalen Transformation des als wahr Genommenen. Dergleichen Vorhaben sind durchführbar nur dort, wo der Verfall die Dinge schon mehrdeutig gemacht hat. Die glatte, saubere Zimmerwand wäre unbrauchbar: sie ist entweder nur sie selbst, eine Armseligkeit, oder sie muß im begrenzten Vokabular surrealistischer Phantasie mit anderen, ebenso glatten Gegenständen in einen vom freien Willen gekürten Zusammenhang gebracht werden. Ein Schwan, dessen Hals ein Telephon ist, könnte, sehr plastisch gemalt, aus ihr herauswachsen. Das ist Spiel, mißratenes dort, wohlgelungenes da. Die Wand hätte jedenfalls ihren schrecklichen Ernst der Wirklichkeit verloren, der auch nicht zu ergreifen ist, wenn man sie tel quel abmalt: nichts ist unrealistischer als der Realismus, einschließlich des Surrealismus. So irrt denn sozialfürsorgerische Bemühtheit kläglich, wenn sie ehrlich meint, es würde ein Talent — dieses Talent — sich in der Sauberkeit des Wohnblocks besser entfalten können als hier im Verfallsschmutz, wo zudem noch ins Lavabo gepißt wird, was à la longue noch zur Differenzierung des banalen Installationsgeräts beiträgt; eine gelblich ins Bernsteinfarbene spielende Rille zieht sich schon vom linken Rand, wo der Penis meist aufliegt, so daß er kühl das Porzellan verspürt, zum finsteren Abflußloch, das den Pissenden stets an ein ganz vergessenes Gedicht von Albert Ehrenstein erinnert ... und eine große Hurenfut, die wird mein Grab wohl sein.

Wäre es denkbar, daß die ganze Verfalls-Ästhetik nichts ist als der ideologische Überbau, den ein träges, zum struggle for life, dem im Neokapitalismus zur Apotheose gelangenden Leben qua Lebenskampf untaugliches Individuum sich errichtet? Daß stumpfe Vertrotztheit, die schließlich zur Stumpfsinnigkeit führen könnte, hier einer Entwicklung sich entzieht, die weiter gehen wird, dem gleichen Gesetz der Expansion tributär, nach dem sie angetreten in der historischen Zeit? Daß, schlichter gesagt, der Widerwille des Zukurzgekommenen gegen die so und so beschaffene Wirklichkeit, die sich in den kühnen Plänen für das Stadtbild von Paris im Jahre zweitausend schon jetzt vergegenständlicht, sich eine Philosophie des Eskapismus zusammenbraut, die weder Philosophie ist, noch am Ende rechter Fluchtausweg? Seelengebräu. Es könnte so sein, man kann den Einwand nicht so ohne weiteres übergehen, nehme er sich auf den ersten Blick auch sehr geistesschlicht aus. Das Schlichte ist nicht unbedingt auch das Falsche, und Alfred Adler mag kein Genie gewesen sein, ein vernünftiger Mann war er doch wohl. Angst vor der Kompetition, so versteht es Monsieur Jacques von der Galerie Beaumann. Sie sagen, daß die ganze moderne Kunst oder Anti-Kunst merde sei, vielleicht ist sie das auch, man wird es erst in rund 40 Jahren beurteilen können. Nur sehe ich klar, daß Sie sich nicht einlassen wollen auf den Wettlauf mit diesen Leuten und daß Sie darum weitermalen wie anno Kokoschka, gegen den ich nichts habe, der aber denn doch ... nein, nein, Sie malen ja anders, besser vielleicht, aber ein bißchen Kokoschka schimmert durch. Der Mann ist im Laufe der Geschichte von einem Rebellen zu einem alten Reaktionär geworden, der wahre Enormitäten über Picasso von sich gibt, den doch gewiß nicht einmal Sie. Ein großer Klassiker, Sie sagen es. Aber Sie beharren jedenfalls auf Ihrem Stil, der dort am besten ist, wo er sich Vieira da Silva annähert und selbst dann noch dem zahlenden Publikum als hoffnungslos veraltet erscheint. Wollen Sie nicht verkaufen? Ich achte das. Nur muß ich als Direktor einer immerhin erstrangigen Galerie hier einschreiten. Avenue Matignon, das ist keine Kleinigkeit, bedenken Sie bitte die Mieten und begreifen Sie, daß Monsieur Beaumann kein Philanthrop ist. Ich kann ihm nicht mit Ihrer Verfalls-Ästhetik kommen, verzeihen Sie. Ich habe sogar gewisse Hemmungen, ihn in Ihr Atelier mitzunehmen. Die Kunsthändler sind Händler: sie machen kein Geheimnis daraus, es ist höchst lächerlich, sie einer Sache anzuklagen, die kein Delikt ist. Die Leute sind Träger gerade jenes Lebens, das sich in der Ausdehnung bekräftigt und aus dem auszubrechen möglicherweise in der Tat nicht höhere Einsicht ist, sondern ideologisierte Schwäche und Trägheit. — Es ist das noch nicht ausgemacht: man wird sehen. Zwei Thesen stehen zur Diskussion, beide gehen die Händler nichts an, da doch, wer handelt, handeln muß. Man wird sie durchbesprechen, jenseits und ungeachtet des Kunst-Handels und des Kunst-Handelns. Wer in 5, Rue Roquentin durchhalten will bei Cognac, Gauloises und dichter werdendem Fäulnisgeruch, der kann das Adlersche Paradigma sein: Recht geschieht euch, wenn ich meine Bilder nicht loswerde; recht geschieht euch, wenn ich hier im Schmutz selber zu nichts als Schmutz werde; recht geschieht euch, wenn ich faul bin bis zum Verfaulen. Oder die andere Behauptung: Die Neigung zum Verfall — Hinneigung zu allem, was fällt — signalisiert den Punkt, wo die Zivilisation als Lebensdienst sich selbst aufhebt und in Zerstörung des Lebens umschlägt. Wer hier nein sagt, setzt vielleicht doch einen Akt des Widerstandes, auch ohne das Maquis-Pathos, ist der Pionier jenes Kommenden, das vorläufig nur als ein Vergehen, Verschwinden ausnehmbar und formulierbar ist. Wonach noch die Überlegung anzustellen ist, ob beide Behauptungen nicht theoretisch miteinander verklammert werden können. Die individuelle Motivation eines Tuns oder Nicht-Tuns hat nichts zu schaffen mit ihrer objektiv-historischen Bedeutung. Man kann auch in Trägheit sich tragen lassen von den verfliegenden Stunden, Tagen, Wochen, die einander gleichen wie ein Ei dem anderen und damit zur Nichtigkeit oder zum Nichts werden, und kann zugleich der verneinende Vorläufer eines noch nicht artikulierten und präzisierten Ja zum Leben sein. Was endlich die ästhetische Rechtfertigung des Roquentin-Starrsinns angeht, so steht sie auf einem anderen Blatt. Sie gehört nicht mehr in den Bereich der Wahrheitsurteile oder Tatsachenaussagen, sondern der Werturteile, die nicht verifizierbar, bestenfalls sozial ratifizierbar sind. »Schön« bezeichnet nicht die Eigenschaft eines Gegenstandes, des bernsteingelb verpißten Waschbeckens, das zum Beispiel werde, sondern die Beziehung, die ein Betrachter zu einem Gegenstand hat. Die Annahme, daß das Schöne das mehr und mehr Differenzierte sei, also, daß es sich in der abblätternden Landkartenwand hervortue und nicht in jener sauber mit Plastikfarbe verkleideten, wie das Zwerg-Appartement in Sarcelles sie zur Erbauung des Jungspießer-Gemüts erglänzen läßt — diese Annahme kann nur akzeptiert oder verworfen werden, sie entzieht sich dem Lichtkegel der Vernunft. Die Freunde Lefeus, von Paul Frey und Jules Destré bis zu Monsieur Jacques, dem engelsgeduldigen Galeriedirektor, sind einhellig der Auffassung, daß sowohl seine Verfalls-Philosophie, die er nicht ohne Scharfsinn zu verteidigen weiß, als auch seine Verfalls-Ästhetik, welche immerhin nicht ohne Überzeugungskraft in seinen zwar schlecht verkäuflichen, aber suggestiven Bildern sich objektiviert, in einer psychopathologischen Verfassung gründen. Was aber das sei, dieser krankhafte Gemütszustand, das hat für die Grenzgebiete, in denen ein faulsüchtiger Maler und eine nach allen Wohlgerüchen Arabiens duftende Poetin, der die Wolldecken eines tiefer in den Boden sinkenden Bettes nichts ausmachen, sich herumtreiben und es treiben, noch niemand mit auch nur annähernder Gewißheit feststellen können. Es verhält sich auch gar zu intrikat gerade mit diesen beiden. Zwei Nein stehen miteinander und gegeneinander: das eine gilt der Sprache, die als Welt aufgefaßt wird — dann geht es los mit Pappelallee, Pappelallee, alle Pappeln, Pappelnalle —; das andere verriegelt das Tor vor einer Welt, deren Sprache verstanden und gutgeheißen wird. Lefeu mißbilligt die Wortaufhäufungen der Freundin, die er als ein Abfallprodukt gerade jener Wirklichkeit ansieht, die Drugstores hinstellt, wo die Bistrots freundlich verfielen. Aber er stimmt dennoch ein ins Nein, auch wenn er vom Geplapper nichts wissen will, sobald erst der Vorhang fällt und beide, in ganz verschiedene Richtungen hinweisende Negationen sich vereinen im Gestöhn auf dem Wühllager, wo weit offen gehaltene Augen den bereits pilzbedrohten Plafond anstarren. Lefeu zuckt nur die Achseln, wenn man ihm zuspielt, daß die anderen ihn für krank halten; er weiß es besser. Der Ekel vor dem, was die meisten entzückt, ist kerngesund — und ist auch nicht politisch reaktionär.

Das verzweifelte Durchhalten in einem Hause, das kaum noch algerische Arbeiter würden bewohnen wollen, dieser Widerstand also gegen das Neue, das als »Glanz-Verfall« bezeichnet wird, es möge nun Irenes Geplapper sein oder der Wohnblock in der Rue Monge oder die Musik Stockhausens oder die Hervorbringungen Andy Warhols, filmische und sonstige, wird nicht symmetrisch ergänzt von irgendwelcher Anhänglichkeit an Altes. Diese, soweit sie sich überhaupt geltend macht, ist nichts als Gewohnheit, Hörgewohnheit, Schaugewohnheit, Tastgewohnheit, wenn der alte, Rost und Schmutz zu neuer Substanz konglomerierende Gasrechaud, morgens noch im Dunkel befühlt wird. Ansonsten ist das von weit aus der Zeit her Gebrachte zwar vertraut, aber langweilig. Lektüre Verlaines, Erinnern der Verse Stefan Georges oder lieber noch Liliencrons oder Dehmels, es wird getrieben, so nebenhin, wie man im Bette mit der Hand über das eigene Knie streicht, dessen Konturen man kennt. Die Trivialität, daß das Alte der Zeit nicht gemäß ist und darum keine Attraktionskraft haben kann, ist als unerschütterliche Erkenntnis stets präsent. Das Neue wird darum nicht weniger verabscheut. Bleibt, was im kulturellen Sinne weder alt ist noch neu, sondern transtemporal, wie das Werden: der Verfall, der gerechtfertigt werden kann durch mancherlei Überlegungen, dem man sich aber überläßt auch jenseits jeglichen Denkens. Wohlsein in dem, wovor den anderen übel wird. Und es wird ihnen übel, das kann man sehen, wenn Monsieur Jacques nach einem Blick aufs Waschbecken die Tasse heißen Tees höflich und eilig ablehnt, die ihm zu seiner Erlabung an dem eiskalten Wintertag in dem schlechtgeheizten Atelier angeboten wird. Mag er frieren. Erstaunlich ist nur, daß er trotz schlecht verhohlenen

Ekels und miserabler Verkaufsergebnisse immer wieder kommt. Man kann niemals wissen, der Kunstmarkt ist eine Stätte der Mirakel von Hausse und Baisse. Gefällt nicht? Ist zu düster? Man kann nicht Dreck fressen und Gold ausstoßen, lieber Herr. Die Neigung zum Verfall hat auch ökonomische Gründe, das sei eingeräumt. Wo Nichts ist, muß dieses geistig aufgehöht werden zu einem stattlichen Etwas. Etwas: die Cognacflasche, deren Etikett schon fettig glänzt, die Staubflocken, der wackelige Stuhl ... Vorsicht, nicht so brüsk niedersetzen! Er verträgt das nicht mehr, und krachend bricht er auseinander, eine schmerzhafte Steißbeinfraktur kann die Folge sein. Verfall auch des Stuhles, wiewohl das jähe Niederkrachen des auseinanderbrechenden Holzgefüges sich dem Begriff und den damit freigelegten Assoziationsräumen nur schlecht einpaßt, Verfall ist etwas Langsames, er ist lind und melodisch. Rieseln im Gemäuer, Tropfen des schadhaften Wasserhahnes — man hört es die ganze Nacht, der Schlaf ist daran gewöhnt, würde es vermissen, wenn es nicht mehr, tropf, tropf, musikalisch die schwarze Stille gliederte. Der Verfall, dessen sanftes Voranschreiten einschläfernde Umwelt ist, so daß es sich schon lohnt, zu prozessieren mit Hilfe des Maître Biencarré gegen die Immobilien-Paris-Seine, ist aufzufassen als Negation der Moderne, des sich lärmend und glänzend in neuer Malerei, Dichtung, Architektur, Soziologie, was weiß ich, bekräftigenden, dem Wettkampf und der Selektion verschworenen Lebens. Er ist nicht der Tod. Als Negation enthält er aber auch so gut wie nichts Positives, denn das Kauern und Hindämmern, das Warten und Denlieben-Herrgott-einen-schlechten-Mann-sein-Lassen als Positivität zu bezeichnen, wäre ein schlechter semantischer Witz. Gewitzelt wird, wenn man die Moderne den »Glanz-Verfall« nennt, was in der Atelier-Mansarde, 5, Rue Roquentin, gelegentlich sich ereignet. Gereiztheits-Reaktion, die nicht zur politisch-kulturellen Reaktion wird. Denn die Vernunft, alte Freundin, nur selten betrogene, ist treue am Werke und sie stellt immer dann, wenn das fatale gereizt-reaktive Wort fällt, die Frage: *Was* verfällt denn, wenn hinter Notre-Dame ein Turmgebäude aus dem Boden wächst? was, wenn die Seine-Ufer zugunsten der von der Automobilindustrie dringlich geforderten Expreß-Autobahn überbaut werden? was, wenn Monsieur Beaumann sich einen Herzinfarkt anläuft, weil er keuchend hinter den Segal-Männchen her ist, was, wenn eine unsäglich dokumentierende Exposition den nicht mehr zu épatierenden Bourgeois ergötzt durch ein altes Weibsstück mit zwei Einkaufstaschen? Es gibt keine heiligen Güter und keine ewigen Kunstwerte. Die Poesien der Dehmel, Liliencron, Verlaine sind nur die vertrauten Konturen des Knies, über das am Wühllager die Hand streicht. Der Glanz-Verfall ist unausweichlich, ist auch nur wortspielerisch und mit semantischem Trick als solcher benennbar. Der echte Verfall ist allein. Sich ihm anheimzugeben, ist wohl Protest, aber ein blinder, der nicht abgedeckt ist durch ein rational aufgreifbares Projekt. Er ist transtemporal und weil er das ist, hat er keinen Sinn in einem System von Anhaltspunkten zeitlicher Phänomene. Zeitlich definierbar ist immer nur die Strukturation. Die Auflösung geschieht zwar in der Zeit, aber sie deutet auf das Nicht-mehr-Zeitliche hin mit beinernem Finger. Gleichwohl ist das Grenzzeichen Tod hier nicht am Platze. Das ganz und gar Andere muß eine geistige Leerstelle bleiben, wenn man sich nicht selbst betrügen will. Auch der Verfall ist, verweise er auch in die Zeitlosigkeit, noch Leben, besseres, so hat es in der Rue Roquentin den Anschein, als zeitfreudiges, zeituntertäniges, zeithöriges. Man spürt das, wenn man nachts durch jene Straßen des fünften Arrondissements geht, die noch nicht von der aus Saint-Germain-des-Prés ausgreifenden Vergnügungsindustrie heimgesucht sind, noch auch zum Glanz-Verfall neuer Wohnblocks konvertiert wurden. Hôtel. Es war ein Stundenhotel, die Betten ächzten sanft, man hat geliebt. Vorbei. Das Schild ist verblaßt in Regen und Sonne, kaum sind die Buchstaben im schlechten Licht veralteter Straßenlampen noch ausnehmbar. Es scheint auch nicht mehr bewohnt zu sein, die Vorhänge sind dreckiger als selbst die Dreckigsten sie würden haben wollen. Im Erdgeschoß sind die Rolläden herabgelassen. Ein Clochard lehnt an der Mauer, unentschlossen, ob er die Bettelhand ausstrecken soll oder nicht, der Passant sieht nicht nach Geben aus. Die Epicerie nebenan wird morgen vielleicht geöffnet sein, ein uraltes Weiblein wird seufzend von der Stellage das Gurkenglas herunterholen; jetzt schläft die Greisin und träumt von den Honigernten der Loire-Imker und den gesparten Napoléons, kein mediterran aussehender Übeltäter wird ihr mit einer Eisenstange den Kopf einschlagen, die Gasse ist gar zu armselig. Nur im Nebenhaus brennt Licht, ein einziges, im ersten Stock. Gelb in der schwarzen Nacht. Und bald bedeckt die düstere Szenerie — gesehen durch ein düsteres Temperament — die Leinwand. Da und dort gibt es was zu verbessern oder zu verschlechtern, man weiß das nie. Das Lampengelb muß wohl dicker sein, muß tröpfeln und in die Nachtschwärze hineinrinnen. Links oben könnte der Himmel aus dem Schwarz erst in vertieftes Grau und dann in finsteres Rostrot hinüberspielen. Vielleicht. Man muß abwarten. Die Dinge an sich herankommen lassen. Kaufen wird das kein Mensch, Monsieur Jacques und Beaumann werden das Nachsehen haben, und recht geschieht ihnen, wenn der Maler im Dreck verkommt und schließlich verdurstet, die Sozialfürsorgerin bringt nichts als freundliche Ratschläge mit und ganz gewiß nichts Trinkbares. Das mit dem Rot ist zu überlegen. In der Ferne könnte ein Brand ausgebrochen sein. Le feu. Aber ist Verbrennung Verfall? Gleichviel. Als magisches Symbol könnte das Feuer in die Rue sans joie, die Rue sans espoir, sans vouloir et sans temps schwach herüberleuchten. Niemand versteht Ihre private Symbolik, cher ami, das ist etwas für Kunstdissertanten, kommt aber erst bei wohletabliertem Ruhm in Frage. Bleiben Sie für den Augenblick wenigstens bei Ihrem Stil, und der scheint mir, ich habe schließlich allerhand Erfahrung, keine roten Himmel zu gestatten. Noch besser freilich wäre, Sie rafften sich endlich auf. Se dépasser, heißt es bei Sartre, nehmen Sie sich ein Beispiel, dépassieren Sie sich und die Kunden werden sich einfinden. Lefeu. Das Feuer. Oder Feuermann. Aber das ist lange her, es schimmert kaum noch herein in die Mansarde sans joie. Jacques weiß nichts davon. Man könnte, wenn man nur aufgelegt wäre, daraus Trinkkapital schlagen, Deutschland ist en vogue, der läppische Erlkönig von Michel Tournier gefällt, wo man nichts — oder nichts mehr — davon weiß, wie die Männlein und Weiblein gefällt wurden, Strich um Strich, wie die Sichel surrt und droht: zum Tod! Das hat es auch gegeben, der Täter führte den schönen Namen Börries von Münchhausen, das weiß in der Rue Roquentin niemand. Und irgendwem, aber das müßte ein guter Eingeweihter sein, den es hier weit und breit nicht gibt, könnte man die Frage zur Diskussion stellen, ob die Neigung zum Verfall von dorther mitgebracht wurde, Erbstück einer so und so gearteten Zivilisation, deren Artung die Marxisten auf ihre Weise würden deuten wollen. Widerrede einer veralteten Produktionsweise gegen eine schon vorangeschrittene Industriewelt; Auflehnung einer Nation, die keine war, gegen die wohlgerundeten Staatsgebilde, Insel, Hexagon, wo wirklich Könige herrschten statt komischer Kurtheaterfürsten, wo die Noblesse einer in Vernunft und Vernünftigkeit behaglich ruhenden Klassen-Klassik waltete. Da stand die todessüchtige Romantik auf und zeugte weiter in die Zeit hinein, über Schopenhauer bis zu Freud. Feuermann. Lefeu. Individuelles und nationales Schicksal-als-Gemüt durchdringen einander vielleicht, es bleibt abzuklären, eines Tages wird auch dafür die Zeit reif sein. Nur daß eben der romantische Tod kein Tod war, sondern eine ganz bestimmte Form des Lebens oder Lebens-Protestes, der ohne großen theoretischen Zwang als Vorläufer der Roquentin-Widerrede angesehen werden kann. Deutsche Romantik, denn nur von ihr ist die Rede, französische Romantik ist nur ein literarhistorisches Mißverständnis, trat unterm Banner des Verfalls auf die Szene, wo Insel und Hexagon selbstgerecht auf ihre Faktoreien deuteten. Der Verfall wurde versehen mit dem Sigel Tod, hat aber mit diesem logisch wenig zu tun, auch die Zerstörung, die in den Tod mündet, ist, wie schon Hofrat Behrens wußte, eine springlebendige Angelegenheit. Als Philosophie kommt der Verfall wohl von dorther. Feuermann.

Als Phänomen ist er auch in der Umgebung der Rue Roquentin geistesgeschichtlich nachweisbar, pauvre Lélian, dem erging es so in diesen Stadtschaften, aber er ist ja schon zum Popanz geworden, wird auch im Augenblick nicht mehr einhellig geschätzt. Mallarmé! heißt die Parole. Und man ist mal armé mit Verlaine, das wäre so ein Übungsstück für Irene. Immerhin scheint die theoretische Rechtfertigung des Verfalls, die, unter mancherlei Gesichtspunkten, dem ästhetischen nicht zuletzt, am Wühllager kauernd träumerisch-unscharfen Geistes einer sich angelegen sein läßt, aus deutscher Tradition zu stammen, soferne man nicht zeitlich und räumlich ungezügelt ins Weite und schlecht Wahrnehmbare ausgreifen will. Neuplatonismus. Indische Philosophie — vielleicht. Da wäre die Meinung der Spezialisten einzuholen, wobei vorauskalkuliert werden muß, daß deren allerwegen senile Redeweise auch im Falle positiver Auskunft den Verfall um sein qualitativ Wesentliches brächte. Die Senilität ist trocken, der Verfall ist feucht: denn er ist eben *nicht* der Tod. So sei denn in diesem Sinne, cher Maître, darauf verwiesen, daß die Bewohner des Gebäudes 5, Rue Roquentin, keine Selbstmörder sind, die in diesem Haus weiter zu verbleiben wünschen, um dort zu sterben, sondern Künstler, welchselbe um ihrer Kunst willen eine verfallende Wohnstätte und ein ebensolches Stadtviertel einem mit neuzeitlichem Komfort versehenen Wohnblock vorziehen. Da nach dem übereinstimmenden Ermessen der Hausbewohner die Behörde einer solchen Argumentation kaum zugänglich sein dürfte, wird Ihnen hiermit der Vorschlag übermittelt, ungeachtet der rein juristischen, auf das Gesetz zum Schutze der Mieter sich berufenden Interventionen, eine Kopie dieses Schreibens sowohl an die Presse, namentlich die Tageszeitung »Le Monde« und die Wochenschrift »Le Nouvel Observateur«, als auch an interessierte Privatpersonen weiterzuleiten, wie etwa an M. André Malraux, Ancien Ministre. Im Namen der Mitbewohner Jules Destré und Joris Vandamme zeichnet mit den distinguiertesten Salutationen: Lefeu. So oder ähnlich, es wird geschrieben werden, wenn einerseits die Novemberdämmerung sich irgendwann entschließt, dem Tageslicht zu weichen, und andererseits die Lagerwärme, die im Augenblick noch tragende Wirkung hat, zur lästigen Last wird, was zumeist so gegen drei Uhr nachmittags der Fall ist. Es ist stets ein quälender Augenblick, das Bett und der eigene, ständig abgetastete Körper lasten bleischwer, und die kalte Luft, mit der man es nun aufzunehmen hat, macht schaudern. Eiserne Willenskraft, sagt man. In Wirklichkeit ist es nur das Ungleichgewicht, das in einem bestimmten Moment die ganze Seinserfahrung umkippen läßt, so daß man gleichsam aus der Welt fällt und, dem tödlichen Sturze zu entgehen, jählings ins Kalte springt. Verrat am Verfall. Entrez donc, entrez, Vandamme. Ja. Nicht geschrieben, aber aufgesetzt. Nicht direkt handschriftlich, aber so im Kopf. An den »Monde« und den »Nouvel Observateur« und an interessierte Privatpersonen. Malraux, sage ich. Ja, Sentimentalität. Aber ein großer. Nein, nicht Kunstphilosoph. Nur so. Gelächter. Die sempiternelle Condition Humaine. Er könnte. Ist ja auch gleichgültig, zumal Destré ohnehin die Tendenz hat, klein beizugeben. Ein tüchtiger Maler, nicht mehr, Cognac? Man muß damit beginnen. In einem gewissen Alter ist damit wenig riskiert, aber die amerikanischen Autoren verblöden im frühen Suff, darum bringt keiner von ihnen im Alter etwas Brauchbares zustande. Er wird kapitulieren, ich verpfände mein Wort, habe sonst nicht viel zu verpfänden. Gelächter. Hören Sie, Vandamme, mir fiel zum erstenmal auf, daß Sie den Vornamen Joris. Dachte Holländer oder Flame. Rijssel nannten die Deutschen während der Besatzung Lille. Frans Vlaanderen. Collabo. Würde schon deshalb nicht. Ah, Huysmans, gut, gut, hommage à Joris-Karl Huysmans. Décadence, Verfall. Durchhalten sei unser Lieblingswort. Doch nicht an den Anwalt. Klare Sprache, Sachsprache. Das ist genau der Punkt, wo die Verständigung mit Irene nicht mehr möglich ist. Gut, so halbwegs gut, Depressionen von Zeit zu Zeit. Es kommt davon, sage ich Ihnen, das hätten Sie hören müssen, etwas über Pappelalleen. So, vom Autofahren her. Endet in Geplapper.

Wenn die in einem Brief an einen Anwalt gebrauchte Sprache zur Kommunikation taugt — und das tut sie nachweislich, wiewohl die juristische Rede als technische dem Unerfahrenen Kopfschmerzen bereiten mag —, dann ist dies der zugleich trivialste, schlagendste und überzeugendste Nachweis für ihre Kommunikationstauglichkeit. Denn hier werden doch unleugbar Tatbestände dargelegt: und zwar dergestalt, daß sie den Deutungsraum des Angesprochenen streng eingrenzen, wodurch schließlich von Eindeutigkeit füglich die Rede sein kann. Jeder juristische Satz legt den Weg frei zu seiner Verifizierung, beziehungsweise Falsifizierung durch eine überwältigende intersubjektive Majorität, aus der am Ende nur die Irrsinnigen auszuschließen sind; und jedes Wort löst Assoziationen aus, deren Gemeinsamkeit durch behavioristische Methoden leicht festgestellt werden kann. Die Sprache der Juristen ist denn, soferne es beim Sprechen auf Kommunikation ankommt, die Menschensprache schlechthin, wie ärgerlich eine solche Behauptung aufs erste Anhören hin auch klinge, wie »unmenschlich« gerade das forensische Glossarium sich ausnehme. Es liegt diese Unmenschlichkeit, des wird man bei genauer Analyse sofort gewahr, nicht in der Sprache, sondern in dem *Zwang*, den sie gerade infolge ihrer quasi-Eindeutigkeit ausübt; unmenschlich ist hier allemal der Tatbestand, etwa: der auf den Mieter von den Behörden ausgeübte Druck, der die Drohung mit Delogierung enthält, nicht aber die, im Gegenteil, höchst humane geistige Präzision. Was Maître Biencarré schreibt, ist der extreme Gegensatz dessen, was Irene dichterisch konzipiert. Er vertraut der Sprache, und was er mittels ihrer kommuniziert, schlägt im Realfeld sich nieder, als Expulsion der Mieter von 5, Rue Roquentin im schlimmen Fall, als Anerkennung ihrer Mieterrechte im günstigen. Seine Floskeln klappern, weil sie durch die Mühle der sozialen Kämpfe gedreht wurden und sich darum als Sprachtrümmer anhören. In Wahrheit aber sind sie, an der Wirklichkeit haftend, diese niemals auflösend in vieldeutiges Geräusch, die ernste, einmal feindselige, ein andermal tröstliche Grenze gegen das Geplapper. Die Rechtssprache ist ihrem Wesen nach neutral – und wo sie es nicht ist, spiegelt sie nur die Parteilichkeit der Rechtsprechenden wider. So ist sie indifferent auch angesichts der Neigung zum Verfall. Wenn, was angenommen sei, die Hausbewohner morgen an Maître Biencarré oder den Rechtsgegner, die Immobilien-Paris-Seine, die Mitteilung ergehen ließen, sie wünschten in dem von ihnen belegten, zum Wohnhaus umgestalteten Fabriksgebäude zu verfaulen, man würde ihnen rückantworten, daß die Fäulnisfreundlichkeit der Mieter deren Sache sei und nicht die der Hauseigentümer, und würde allenfalls noch klar sachsprechend den Hinweis beifügen, es lasse sich in dem – rechtlich allerdings von den Behörden nicht anerkannten – Zustand der Obdachlosigkeit das gewünschte Fäulnisergebnis schneller erzielen als in dem zur Rede stehenden Gebäudekomplex, welchselber zu solchen Zwekken nicht errichtet wurde und als Faulherd auch nicht weiter bestehen lassen werden könne. Es hat die Sachsprache den unendlichen Vorteil, daß man sich an sie halten kann. Es könnte sogar der Verfall sich ihrer bedienen und mittels ihrer seine Anliegen vorbringen: er würde als Verfall verstanden werden, die Gesellschaft, hier vergegenwärtigt durch den breitschultrigen Advokaten und die in Personengestalt noch niemals sichtbar gewordene Immobilienunternehmung, würde die ihr als gegeben erscheinenden Konsequenzen ziehen. Gendarmen. Allenfalls ein Ambulanzwagen, in dem wohlverborgen sich eine Zwangsjacke befindet. Pochen. Keine Antwort. Aufstemmen der Türen. Halbbekleidet am Boden liegende Hausbewohner, die sich *weigern*. Körperkraft gegen Kraftlosigkeit. Schmetterndes Haustor. Anspringende Polizeiwagen. Handfesseln. Gaffer rumdum. Hé, c'est quand même fort. Des artistes. Rattenzüchter. Gut, daß man sie los ist. Mais c'est quand même. Noch nicht. Derweilen gehen Briefe hin und her und von Verfall ist in ihnen nicht die Rede, nur von den Mieterschutzgesetzen. Zeit wird gewonnen. Das Leben selbst ist ein ständiger Versuch des Zeitgewinns gegen den Tod. Zeit zum Verfall zu haben, zur Destrukturation, die Leben ist, muß denn als eine ebenso legitime humane

Forderung angesehen werden wie der Wunsch nach Zeitgewinn, um Strukturen aufzurichten. Mit der Essenz der Sprache haben beide nichts zu schaffen. Die Sprache vermittelt sie mit einer Genauigkeit, die an dem Zusammenfallen von Rede und Wirklichkeit meßbar ist. Die Gesellschaft ist es, die das Macht-Wort spricht, darin sie manifest wird. Es freut mich, machen Sie sich's bequem, es ist nicht gerade ein Salon hier, aber das soll uns nicht hindern. Beaumann, ja, es ist sehr freundlich, daß er die Vermittlung herstellte. Eine hübsche Stadt, Königsallee, habe ich mir sagen lassen. Aufgeschlossen, man hat mir davon gesprochen. Danke, danke, es ist schmeichelhaft. Nur ist mit irgendeinem Verkaufserfolg nicht zu rechnen. Es geht uns, Monsieur Lefeu, durchaus nicht um den Verkaufserfolg allein, um ihn auch, natürlich, wir führen leider ein kaufmännisches Unternehmen. Sie sollen aber nicht glauben, daß wir ausschließlich von Lukrativitäts-Überlegungen ausgehen. Wir wissen sehr wohl. Wie? Kein Ansehen? Sie sind im Irrtum, cher Monsieur, was ein Ansehen ist und wie es zustande kommt, darüber wissen wir, verzeihen Sie, besser Bescheid als Sie. Cognac? Sehr freundlich, gewiß. Es ist kalt draußen. Sie selbst können übrigens hier nicht sehr. Mir genügt das, ich trage warme Wolle. Im Bett. Jawohl, man kann im Bett malen. Man betrachtet ein Bild sehr genau bei allen möglichen Belichtungen. Der gottverdammte rote Fleck — sehen Sie, ich weiß seit einer Stunde, wo er hingehört. Darum stellt sich die Frage der Beheizung gar nicht. Cognac. Gelächter. Doch um zu unserem Anliegen zu kommen. Zu was? Anliegen. Das ist so ein Ausdruck, möglicherweise, Neudeutsch, sehr gut gesagt, sehr gut. Es könnte ja sein, daß Sie gewisse Vorbehalte, nicht Vorurteile: Vorbehalte. Deutschl. Unsere Firma hieß vor dem Kriege Meyersohn, ein Weltbegriff, in Kunstkreisen natürlich nur. Niemals? Begreiflich, sehr begreiflich. Der Künstler, der nein sagt zur Kommerzialisierung. War stets. Van Gogh. Dürfen wir nun auf das Anliegen? Man kann darüber spr. Über alles. Eben überlegte ich, daß die Sprache in ihrer Sachbezogenheit und Neutralität zu jeder Art von

Kommunikation taugt. Auch philosophisch interess? Selten genug bei Malern, wir sind da im Bilde. Was man so philosophisch nennt. Also jedenfalls keine Vorbehalte. Hm, nein, kaum. Historisch gesehen, sind unter den heutigen Akzelerationsumständen dreißig Jahre gleich drei Jahrtausenden. Vor drei Jahrtausenden, im dritten ägyptischen Reich also: Ohé, Saboteur. Keine denn, ausgezeichnet. Wie Monsieur Beaumann uns sagte, seien Sie ihm nur für Frankreich verpflichtet. Hat Zeit, gewiß. Man will nichts übers Knie brechen. Wir haben sehr viel Zeit, wiewohl natürlich zu bedenken ist, daß heute ein paar Monate oft eine große Rol. Gewiß, man muß das Terrain abtasten. Man muß vor allem auch sehen. Danke. Deutlich wird Ihr philosophisches Anliegen verspürt. Wir sind ganz außerordentlich angetan, waren es schon, als wir bei Beaumann die ersten. Nun ja, man sucht so herum in Europa. Paris ist übrigens kein guter Boden mehr. Verlagerung. Richtig bemerkt: nichts dauert ewig. Selbst der schönste Jud' wird schäbig, das hätte ich in diesem Augenblick einwerfen sollen, man kommt immer zu spät mit den besten Ideen. Es wird allerdings, auch wenn man nichts überstürzen darf, drauf ankommen, nicht zu spät anzulangen. Ja, rat-race. Aber gewiß lassen Sie sich nicht darauf ein, das ist es ja was uns faszi. Überlegen. Gründlich. Ganz gewiß. Wir machen auch die rat-race wider Willen mit, das können Sie uns glau. Wir wissen sehr wohl, was Kunst ist, und gerade darum. Danke. Man darf es nicht übers Knie brechen. Ist ja auch nur eine erste Kontaktnahme, keine Rede von Zudringlichkeit. Interessante Entsprechung der Straßenbilder zur Umgebung hier. Durchaus, ein Haus für Künstler. Etwas verfallen vielleicht, aber das hat Charakter, cachet, sagt man doch wohl auf Französisch? Ja, cachet. Gewiß doch, kommen Sie wieder, Sie sind willkommen. Vormittags immer. Arbeite zumeist nachts, da ich ja doch unabhängig von der Natur. Ganz entschieden: cachet. Wenn auch etwas verfallen. Wir werden uns gestatten. Au revoir und salut. Gott segne alle Ihre Wege. So wird man die Leute los, ohne sie los zu werden. Verfall als Charakteristikum. Mögen sie wiederkommen, es ist ja auch als Abwechslung zu betrachten.

Daß die Leiter einer Düsseldorfer Kunstgalerie den Verfall durch Begriffe wie »Charakter« oder »cachet« kennzeichnen, zeugt dafür, daß sie die Welt, *ihre* Welt, in Kategorien von public-relations sehen. Verfall als Warenmarke. In diesem Falle bestimmt ihr gesellschaftliches Sein ihr ästhetisches Bewußtsein: sie sehen das Faktum des Verfalls und übertragen es sofort in die Terminologie von biographischen Katalog-Einführungen und Pressenotizen. Jedoch, damit eine solche, gesellschaftlich und ökonomisch bedingte Übertragung möglich werde, muß schweigend eine von allen sozialen Faktoren unabhängige Ästhetik des Verfalls als Voraussetzung vorliegen. Die Händler könnten nicht operieren mit einem ästhetischen Begriff, wenn es diesen nicht schon gäbe; sie können ihn lancieren, suggerieren, nicht aber erfinden. Die vorgegebene Ästhetik wiederum ist aber ihrerseits keine Invention des freien Geistes, sondern kann aus einer durch historische und gemeinschaftsgetragene Fakten entstandenen Tradition erwachsen sein. Es gibt die deutsch-romantische Verfalls-Tradition, die sich fälschlich als Todeserotik verstand und als solche weiter tradiert wurde, und es besteht die Tradition der französischen Décadence. Beide verständigen sich in Werken wie Rilkes Malte Laurids Brigge und Thomas Manns Tod in Venedig. Das von der Cholera heimgesuchte Venedig mit seinen nach Brackwasser und Carbol riechenden Gassen ist wahrscheinlich die eindringlichste und bislang beständigste Manifestation der Verfalls-Ästhetik. Man hat es also — und mögen auch die Herren aus Düsseldorf den Verfall von 5, Rue Roquentin, halbbewußt gleich umsetzen in die allenfalls zu erzielenden Verkaufsziffern der von ihnen geplanten Lefeu-Ausstellung — mit einer sozial begründbaren Erscheinung zu tun. In welchem Ausmaß aber diese reduziert werden kann auf phänomenale Daseinserfahrungen, muß erst noch untersucht wer-

den. Es kann nicht anders sein: die Introspektion kann nicht trü-
gen, sie ist die Wahrheit des vécu, vor der alle intersubjektiven
Wahrheiten der Wissenschaft verblassen müssen. Es kann nicht
anders sein. Die unerläßliche Notwendigkeit, künstlerische und
menschliche, den feuchten Fleck an der Wand zu sehen, zu in-
teriorisieren und zu transformieren. Flüsse, Adern unter der Haut
einer nackten Frau, dort ein sagendes Gesicht, winzige Tropfen,
Tränen einer Pietà, kleine, kriechende Pelztiere, oh Kirchenmäus-
chen. Nur eben diese Verfallswand, lächerlich der Gedanke an
Delirium tremens, was trinkt man denn schon! Aber die Fleder-
maus, die beiden Knecht Ruprecht mit ihren Butten, Bären mit
blutenden Ärschen, aufgerichtet, die Tatzen erhoben, Vater Rorschach, blicke herab. Der Verfall ist die Essenz des Lebens: das
entfunktionalisierte Leben — und ein Pop-Singer heult unent-
wegt let it be, let it be, let it be. I let it be, das ist der Rausch des sich
destrukturierenden, nur an sich selbst hingegebenen Lebens, An-
schauen des reinen Schopenhauerschen Willens, der noch nicht
pervertiert ist durch die Lust am Aufbau. Und nochmals diese
ixmal gepinselte Wand auf die Leinwand bringen, gesehen durch
ein Temperament. Aber den Halluzinationen nicht nachgeben.
Wand muß Wand bleiben, so wie es nötig ist, strikt am Sinne
des Satzes zu haften. Verfall ist nicht Irrsinn. Gar keine Gefahr.
Nur das dumpfe Donnern aus der Tiefe stört. Destré klopft seine
Pantoffeln aus, ist von Staubwolken schon ganz eingehüllt, don-
nert immer heftiger, schlägt Nägel in die Wand oder gräbt mit
einer Spitzhacke den Boden auf. Leinwand, Farbe, Pinsel. Ein
Temperament sieht. Eine Einbildungskraftlosigkeit hört, was sie
nicht hören will. Akustische Halluzination, ihr ist zu wehren.
Schlägt Destré sein Atelier kurz und klein? Hat ihn der Wahnsinn? Und rattert er, wie ein Knabe, der das Geräusch von Mo-
toren nachmacht? Aber das sind Maschinen. Und es dringt nicht
mehr von unten herauf, kommt eher aus allen Mauern. Etwas ist
im Begriffe, sich zu vollziehen, und das Temperament schaut die
Wand nicht mehr an. Donnern und Grollen, la terra trema, Pech

und Schwefel, die Katakomben von Paris stürzen ein. Das sind Maschinen. Verfall heißt Fallen. Stürzen. Einstürzen unter wuchtigen Anschlägen. So aufgerissen die Tür denn! Und weithinhallend in den Korridor hinaus. Heraus und aufgewacht, ihr Schläfer!

Destré!

Vandamme!

Die Dinge kommen heran.

Die Beinahe-Unzumutbarkeit, in einer gänzlich verwahrlosten Mansarde, die als Atelier zu bezeichnen man einen mehr als christlichen guten Willen haben muß; die Aufforderung, man solle es sich bequem machen, in einem Raum, wo man nach einer Viertelstunde so schrecklich friert, daß man die Pneumonie oder zumindest eine starke Grippe schon zu haben glaubt; die Einladung zu einer Tasse Tee, von deren in dunkler Ecke vollzogenem Herstellungsverfahren man lieber nichts wissen möchte; die aberwitzige Vorstellung schließlich, man könnte eine zugleich kunsttheoretische und last not least — *not least!* — geschäftliche Unterhandlung führen, wenn der Lärm von irgendwelchen Baggermaschinen oder Bulldozern es einem fast unmöglich macht, auch nur das eigene Wort zu verstehen — man muß dies alles akzeptieren, ohne Wimperzucken sozusagen, da es sowohl um Kunst geht, zu der eine Intimbeziehung besteht trotz der zwischen den Bezugselementen aufgetürmten finanziellen Fakten, als auch um eben diese Fakten, die man so innig liebt wie die Kunst selber. Man ist herangereist aus dem sauberen Düsseldorf in das dreckige Paris, das übrigens nicht mehr durchaus und überall so dreckig ist wie noch vor fünf, zehn, fünfzehn Jahren, mein Gott, man wird bei und mit diesem Berufe alt, es waren noch gute Zeiten, als der Fabriksdirektor bei Alfred Andersch die Loire-Schlösser »vergammelt« genannt hat, man war jung, eben erst begann das Wirtschaftswunder, gute Zeiten bei Vater Adenauer, man protestierte kunsthandelnd und war bestaunte Avantgarde.

Jetzt muß man sich sputen und tummeln, immer sind andere noch schneller und die Garden stürmen vor an allen Fronten, man weiß nicht mehr, wo einem der Schädel steht und man dienert vor einem ziemlich verkommenen Typ, der vielleicht ein großer Maler ist, man kommt vom Van-Gogh-Trauma nicht los, vielleicht aber auch nur ein reaktionärer Bildermacher. Bildermacher. Man kann das sagen, warum nicht? Die Leute vom Film, die sich früher als Filmschöpfer empfahlen, nennen sich neuerdings nur noch Filmemacher, Filmmaker, denn es gilt erstens, das elitäre Pathos zu vermeiden, zweitens kommen sowieso die amerikanischen Wortbildungen auch auf uns, dagegen wehren sich nur die kulturreaktionären Franzosen mit ihrer lächerlichen Akademie, in Düsseldorf weiß man Bescheid. Man weiß — und weiß doch niemals ganz genau, daß ist die beschissene Zwickmühle oder, feiner gesagt, das Prekäre der Lage im Kunsthandel. Man fragt sich beispielsweise dringlich ab, ob einem das eigentlich wirklich gefällt: Pariser Stadtveduten, in denen das Gegenständliche wie bei Turner schon abstrakten Charakter annimmt, verlassene Gassen, deren Romantik ebenso vorgestrig wie übermorgig sein kann, dicke, eher schmutzige Farben, in denen freilich manchmal ein aufregender roter Fleck oder ein geisterhaft gelbes Licht aufleuchtet. Es ist eine Unmöglichkeit für einen Kunsthändler — aber nicht nur für ihn, vielmehr auch: für Kunstkritiker, Kunsthistoriker, Kunstkenner ganz allgemein — zu sagen, was einem ge- oder mißfällt. Zwischen den spontan hervorbrechenden Gefühlen von Lust oder Unlust beim Anblick eines Gemäldes stehen die Wortgemächte, die man gemeinhin Theorien nennt und die das Schauen durch die vorliegenden Aussagen in die intellektuell ausgefahrenen Bahnen zwingen. Die fundamentale Problematik liegt in der Nicht-Übersetzbarkeit des schier Optischen in jegliche Sachsprache und zugleich der unerläßlichen Notwendigkeit eben dieses Übersetzungsaktes, da es ja in keinem Falle ein »reines Schauen« gibt und jede Apperzeption geprägt ist von einer durch Aussage-Sätze widergespiegelten Wirklichkeit.

Immerhin ist es so, daß die Willkürlichkeit einer jeden Kunsttheorie, welche stets Deutung ist — also: intentionales Ergreifen der Wirklichkeit —, den Kenner mit einem Gefühl von Hilflosigkeit und Ausgesetztheit überfällt, dem er nur entrinnen kann und zumeist entrinnt durch das starrsinnige Festhalten an einem ganz bestimmten kunsttheoretischen Gerüst. Er hat, dieser Kunstkenner, so sei angenommen, eine fixe Vorstellung, die er dem Begriff Realismus zuordnet und die sich gründet auf strikt perspektivisch aufgefaßte Plastizität eines Bildes: für ihn ist dann die aufs äußerste vorangetriebene Greifbarkeit der Wiedergabe von Lebensmitteln (eines Margarine-Blocks, einer als schmackhaft angepriesenen Wurst) die paradigmatische Form des Realismus, die in ihrer Realistik weit hinausgeht über alles, was Vermeer gemalt hat, und an die sich darum auch allenfalls eine Kunstphilosophie der verneinenden Demaskierung der Wirklichkeit knüpfen ließe. Ein solcher Fachmann wird sich nicht so leicht bereitfinden, die Bilder des Malers Lefeu als realistische anzusehen: soferne er aber gezwungen ist, sie so zu benennen, da das Vokabular ihm kein anderes Wort zureicht, wird er nach einem ergänzenden Attribut suchen und ein solches unter dem Druck der Härten des Wirtschaftslebens wohl auch finden. Man könnte beispielsweise »metaphysischer Realismus« in Vorschlag bringen. Machen Sie sich's bequem. Cognac? Es sind Maschinen, man gewöhnt sich mit der Zeit daran, ich hoffe Sie nehmen keinen Anstoß. Abbruchsarbeiten, aber das wird nicht lange dauern, ein Prozeß ist im Gange und die Leute werden wohl nachgeben müssen, wir haben bereits maßgebende Zeitungen mobilisiert, man kann so nicht verfahren mit Künstlern in Paris, die öffentliche Meinung wird ihre Stimme erheben. Gerne. Sie können gerne noch mehr sehen, wiewohl ich schon letzthin das Wichtigste gezeigt habe, die Beleuchtung ist leider ungünstig. Es ist der gleiche Stil, ich weiche keinen Finger breit von Gottes Wegen ab. Man kann das, und hier denken wir namentlich an gewisse Stilleben, zum Beispiel die vier auf einem Brett aufgereihten Kerzen, mit gutem Recht einen »metaphysischen Realismus« nennen. Nicht phantastischen, natürlich. Wir meinen ganz ausdrücklich metaphysischen. Metaphysik ist mir, philosophisch gesehen, etwas ganz abseits Liegendes; von Plato an bis zu den Neuen, die ich kaum dem Namen nach kenne, ist das metaphysische Denken mir fremd. Wenn es Ihnen recht ist, bin ich ein ganz verstockter Positivist. Posi? Tivist. So ein recht verhärteter, an der Realität und ihrer Aussagbarkeit hängender. Was sollen mir zum Beispiel Monaden, Fenster oder keine! Oder sonstwas. Frühpositivist sogar, Ihr ergebener Diener. Glaube an die Erfahrung. Keine Angst davor, daß das über den Weg des Sensualismus zum subjektiven Idealismus führe. Das alles ist kein Einwand, Monsieur Lefeu, gegen unsere Proposition. Wir würden gerne bei »metaphysischem Realismus« bleiben, und, verzeihen Sie, die Selbstaussage ist nicht unbedingt verbindlich für die kunsttheoretische Auffassung Ihrer Werke. Thema für Dissertanten, sagt Beaumann, komme aber erst bei wohletabliertem Ruhm in Frage. Um eben diesen geht es: Ruhm entsteht niemals ohne Talent, aber auch nicht ohne kräftige Mithilfe. Wir sind entschlossen. Die Sache muß mit einer gewissen Großzügigkeit vorbereitet und mit einem Donnerschlag begonnen werden; Donnerschlag oder Fanfarenstoß. Die Galerie Ars nova entdeckt das Genie Lefeu. Ars Ares ist der Kriegesgott genannt. Ars ist die Kunst und Arsch ist auch bekannt. Goethe, Urfaust. Serviles Gelächter. Eine kunstphilosophische Einleitung ist unerläßlich — Sie müssen wohl gestatten. Es wird sich finden. Ich weiß selber schlecht Bescheid um das Zeug, das ich male, da haben Sie ganz recht. Und geboten ist auch die biographische Präsentation. So, hier das Atelier zum Beispiel. Fernsehen. Wir haben da unsere Konnexionen. Human touch. Und immer wieder: Metaphysischer Realismus. Die Leute müssen sich das merken. Nur habe ich gar keine so ohne weiteres aufgreifbare menschliche Seite, keine pittoreske jedenfalls, alles ist banal. Banal, sagte ich. Stört Sie der Lärm? Gewohnheitssache. Es wird nicht lange dauern, wir haben bereits. Ein Anwalt. Auch die öffentliche Meinung. Kein anderer als Monsieur André Malraux, Ancien Ministre, wird. Lebt noch, gewiß. Arbeitet nicht mehr. Tragische Figur: eine schon halb gefällte Eiche. Hier wären denn die letzten Arbeiten. Alles betitelt, und zwar so, daß es kein Rätselraten gibt, man muß strenge am Sinn der Aussage haften. Dorfkirche an der Loire; Fische; Stilleben am Flohmarkt; Geschlossenes Café; Mai 1968; Ruhe und Ordnung. Nun, das Politische würden wir eher weglassen wollen, paßt nicht in das Bild Lefeu, das wir schon entwerfen und bald fixiert haben möchten. Garstig Lied, nicht wahr? Werde wohl ohne diesen schrillen Gesang nicht auskommen können, war ja dabei. Oh gewiß doch, wir kennen Ihre hochachtbare. Maquis. Wir wollen das Problem dahinstellen. Nur glauben wir, daß metaphysischer Realismus die direkte politische Aussage nicht zuläßt. Man darf nur die Dinge nicht übers Knie brechen wollen, meine Herren. Geduld ist die erste Bürgerpflicht. Seien Sie bedankt und kommen Sie wieder, vielleicht hat der Maschinenlärm dann schon aufgehört. So einen Abbruch haben sich die Leute leichter vorgestellt, es gibt noch Richter in Paris. Und Anwälte. Und Monsieur André Malraux, Ancien Ministre. Und »Le Monde«. Und den »Nouvel Observateur«. Durchhalten ist hier unser Lieblingswort. Schließen Sie bitte die Türe fest, schlagen Sie sie zu, das ist noch das Sicherste. Ich werde mein Lager aufsuchen, es malt sich gut vom Bette aus, man schildert dort geistig, ehe man den Pinsel ergreift. Da haben wir's doch! Metaphysischer Realismus! Geistig zuvor ausgearbeitet. Na. Adieu, salut! Gott segne alle Ihre Wege. Und jetzt schmettern sie wirklich die Tür, die Unsympathen, und poltern laut redend über die Stiege, was Destré stören wird, er ist so empfindlich. Weg. Stille, die wie eine Glocke über dem Lärm der Maschinen liegt. Und eine Gauloise: man muß etwas tun für den Herzinfarkt.

Viele Maler in Paris — Gott der Herr hat sie gezählet, die Schätzungen schwanken zwischen 12 und 25 000 — wären tickled to death, wenn distinguierte Herren einer maßgebenden deutschen

Galerie sich bei ihnen einfänden mit dem Vorschlag, eine große Ausstellung, einschließlich methodischer Bearbeitung der Presse und der Medien, zu veranstalten. Wenn jemand, der zwar unter Fachkollegen und einer Handvoll von Kennern ein gewisses Ansehen genießt, von der Kritik der großen Zeitungen aber immer noch ignoriert wird und gar im breiteren Käuferpublikum gänzlich unbekannt ist, in einem solchen Fall nicht freudig seine Zustimmung erteilt, sondern die Unterhandlungen auf fast raffinierte Weise im Unverbindlichen läßt und sie hinauszieht, dann müssen für ein solches Verhalten bestimmte Gründe vorliegen. Einer davon — nur einer, denn monokausal kann man dergleichen komplexe Tatbestände nicht erklären — könnte sein, daß der Erfolg nicht gewünscht wird. Erfolg als das, was er-folgt — ist damit nicht gemeint; wer wirklich wünschte, daß sein Hervorbringen folgenlos bleibe, der müßte konsequenterweise auf die Hervorbringung selbst verzichten und sich stille verhalten. Nichts tun. Am Bette kauern. Allenfalls die Decken über den Kopf ziehen, die Haltung des Kranken, des Sterbenden sei im Grunde menschlicher als der kerzengerade, aufrechte Gang, hat ein mit Lefeu befreundeter Schriftsteller geschrieben. Wenn dennoch gearbeitet und zugleich — vielleicht — der Erfolg gemieden wird, muß dies mit spezifischen Eigenschaften dessen, was in dem hier gegebenen Moment Erfolg bedeutet, zu tun haben. Dieser ist ein sowohl ökonomisches wie auch dem Gesamtsystem dessen, was die »Kunst der Epoche« genannt wird, zugehöriges Phänomen. Ökonomischer Aspekt. Kann irgend jemand ernsthaft *gegen* seine wirtschaftliche Existenz leben und in diesem Sinne als wenig bekannter und finanziell entsprechend schlecht gestellter Maler sich entziehen, wenn ihm verlockende Angebote gemacht werden? (Metaphysischer Realismus. Eine Entdeckung der Galerie Ars nova. Präsentation des Malers Lefeu.) Offensichtlich. Es hat die hier zur Rede stehende Verhaltensweise allerdings nichts oder nur Scheinbares mit dem Hippie-Protest zu tun. Dieser ist in den meisten Fällen nur ein Spiel auf kurze Zeit hin: irgendwann einmal wird die Kleidung sauberer, der Afro-Haarstil wird gezähmt und gepflegt, Haltung und Gestik werden der Wirklichkeit der Verwahrlosung entrissen und stilisiert: der Hippie findet seinen Weg in die Gesellschaft zurück, des verlorenen Sohnes Rückkehr wird mit kaum spöttischem Wohlwollen zur Kenntnis genommen. Oder der Hip geht vor die Hunde. Rauschgift. Verlausung und Verblödung. Die psychiatrische (im günstigsten Falle anti-psychiatrische) Klinik. So oder so ist er dahin, ausgelöscht, ein Toter ohne Begräbnis. Wenn es aber anders zugeht, wenn einer weder die Rückkehr in die gegebene Welt auch nur erwägt, noch dem trüben Rausch verfällt und der Verblödung (denn: was kann ein bißchen Cognac, was können die Gauloises schon anrichten!), dann ist gewiß, daß die Gleichgültigkeit gegen ökonomisches Wohlergehen in der *Abwendung von der Welt* begründet sein muß. Und hier vereinen sich die wirtschaftlichen mit den künstlerischen Faktoren im Ursachengeflecht, denn die »Welt« umgreift spiegelnde Schaufenster voll neuer, neuerer, neuester Kaufgüter, die Wohnblocks mit ihren Winzig-Appartements, darin flugs sogar präkolumbianische Skulpturen zum Konsumkitsch werden, die schicken Anzüge, in denen der Hippie-Protest sich auf einmal manierlich zeigt, die Konservenbüchsen (künstlerisch multiplizierte oder nicht), die Romane, in denen Gottweißwas vor sich geht, was eigentlich keiner wissen will — und die Galerien, woselbst das Kunstgut dieser Zeit sich aufstapelt. Man hat schon alles mitangesehen, abstrakt und Pop und Op und den Realismus, sozialkritischen oder phantastischen, gleichviel, es kam und verschwand, so schnell, daß einem Hören und Sehen verging, sehen Sie, ich habe niemals mitgetanzt und werde nicht jetzt, fünf Minuten vor dem Absterben, amen, mein Tänzchen den Leuten vorhüpfen, nein danke, ich mag nicht und ich will nicht und enfin. Das ist es. Gerade das. Es ist das, was wir bei Ihnen fanden und dessentwegen wir hier sind. Wir halten es für möglich, daß wir in der Kunst das Stadium der immer wilderen Akzeleration und der Wertanarchie bereits hinter uns haben; zumindest könnte für den Fall, daß dem so ist, die Galerie Ars nova ein Signal setzen. Rückkehr zum Konservatismus? Nun, man soll die Dinge nicht übertreiben: Besinnung bedeutet noch nicht Reaktion. Aber Besinnung, was auch *Rück*besinnung heißt, Monsieur Lefeu, das kommt mit großer Wahrscheinlichkeit. Rückbesinnung wäre schlimm für mich. Das Allerschlimmste. Ich weiß von nichts. Was vergangen ist, das ist ver-gangen, man soll es nicht wieder an den Tag kommen lassen, man kann das aber diesen Leuten nicht erklären, sie sind jung, so zwischen fünfunddreißig und vierzig, sie würden bestürzte Gesichter ziehen, Umstandsgesichter, so wie man Beileid wünscht, und würden schnellstens wieder den Rückweg suchen in die ihnen geläufige Sprache und Gestik, sie haben ja ganz hübsche Gebärden, so was bildet sich von selber heraus, wenn man nur schlank ist, täglich badet, in guten Restaurants sich bewegt, feine Weine verkostet. Ja hübsch — aber schon diese Hübschheit ist verdächtig, auch sie ist Teil des Glanz-Verfalls, darum muß man auch auf seiner Hut sein. Sich in nichts einlassen. Am Lager kauern. Eine Gauloise.

Ich nannte das Glanz-Verfall, es ist so ein Ausdruck, Sie dürfen mich nicht darauf festnageln, sollen vor allem in diesem Widerstand oder richtiger: dieser Abwendung keine Rückwendung sehen. Dem Widerstand gegen das Neue entspricht keine symmetrische Anhänglichkeit an Altes: es ist nichts. Glanz-Verfall ist nur eine Chiffre, ein semantischer Witz. Dahinter steht freilich eine Wertvorstellung, ich kann nicht, noch nicht, definieren, was ich damit meine, und bitte schreiben Sie nicht mit, das ist kein Interview, das ist ein ganz unverbindliches Gespräch, ich bin ja keineswegs entschlossen, mich einzulassen auf Ihre Vorschläge. Wir dachten. Denken Sie, bitte. Wir dachten nicht an eine publizistische Auswertung Ihrer Bemerkungen, es ist nur so, daß der Begriff Glanz-Verfall uns frappierte. Ist in Ihren Augen je-

der Erfolg Glanz-Verfall? Wird für nichts auf dieser Erde taugen, ich kann mit diesen Leuten nur schwer sprechen, sie sind mir
überlegen in der Diskussion, namentlich in der deutschsprachi-
gen. Ihr Vokabular und ihre Syntax gehören dieser Zeit und ihrem Lande an, während ich selbst. Feuermann. Zu lange her. Wer
die Schönheit angeschaut mit Augen. Nein, nicht jeder Erfolg,
nicht prinzipiell, ich habe keine Prinzipien und keine deutliche
Kunstanschauung. Das eben macht Ihre Bilder so sehr. Danke.
Aber ein Erfolg in diesen Tagen, erzielt mit den Mitteln eben
dieser Tage, muß fast mit Sicherheit in den Glanz-Verfall ein-
münden. Nein, ich wehre mich ja nicht, ich bin sogar in manchen Stunden bereit, mich einholen zu lassen von des Glanz-
Verfalls Lockungen, ich habe ein sehr schwaches und trink-
freudiges Fleisch, ich möchte gerne nur Vortreffliches zu mir
nehmen, la qualité de la boisson, sagt Sartre und hält seinerseits darauf. Ich sage nicht nein. Ich bitte nur um Strafaufschub
sozusagen. Herzliches Gelächter. Wird Ihnen gewährt, Monsieur
Lefeu. Ist also das, was Lefeu unter Glanz-Verfall versteht und
dem er einerseits durch seine Existenz, andererseits durch seine
notwendig, wie er glaubt, erfolglose Kunst zu widerstehen sucht,
Sache einer bestimmten Wirtschaftsform, eben des Kapitalismus,
der als direkte Fortsetzung des phylogenetisch aufweisbaren
struggle for life aus einer Förderung des Lebens umschlug in Le-
bensgefahr? Ist es möglich, sein Verhalten zu interpretieren als
politischen Protest? Verhält es sich also dergestalt, daß die *Abwendung von der Welt* und daß die Chiffre Glanz-Verfall entgegen allen Anzeichen doch die tiefverborgene Vision einer Gegen-
welt enthält? Wenn freilich diese — soferne man ihre Existenz
als Hypothese annimmt — nichts anderes sein sollte als die bis auf
den Mansholt und den Club de Rome heruntergekommene heile
Welt, die ja nichts ist als Vergangenheitssehnsucht und Wohl-
fahrtsspielerei, prinzipiell nicht verschieden von den Wagenrädern
und Stallaternen an gewissen modernen Villen, dann wäre der Le-
feu-Protest nicht wert, daß man ein Wort über ihn verlöre und

wären die Lefeu-Gemälde nur reaktionäre Ressentiments und wäre die Lefeu-Erfolgsflucht nichts als der neurotische Ausdruck solcher Rancune. Der Verdacht, daß es sich so verhält, besteht: denn mag man den Begriff Glanz-Verfall als einen semantischen Witz bezeichnen, es bleibt dabei, daß das Wort Verfall nur ausgesprochen werden kann und ausgesprochen *wird*, wenn eine dunkle Vorstellung von dem, *was da verfällt*, mitschwingt. Verfall denn, vielleicht, der bürgerlichen Zivilisation. Exempel: Niedergang der Speisekultur, wenn statt jener zartrosigen und feinmarmorierten Fleischstücke, die ein Maler in der Rue Mouffetard in den Schaufenstern der feinen bouchers sieht und dann daheim nach dem Gedächtnis malt, nur noch in Supermarkets ziegelrote und gelbfette, in Plastik verpackte vorgebliche Fleischwaren angeboten werden, die aussehen wie Pop-Ausstellungsstücke. Gott hab' sie selig. Weiteres Beispiel: Verfall der geistig inspirierten Wohn-Zivilisation, da die dämmrigen Stuben, in denen sich bei gedämpftem Licht gut Schopenhauer lesen ließ (... den trösten nur hinferne noch Arbeitslämpchen und Kamingefunkel, Verszeile aus einem Gedicht von Emil Prinz Schönaich-Carolath), Verfall also solch feudaler bis patrizischer Wohnzivilisation, die abgelöst wurde vom demokratischen Wohnen, vor dem auch die Villenbesitzer auf die Dauer nicht davonlaufen können, es sei denn ein paar Schwerreiche, die sich hinter Stacheldraht in uralten Parks verbergen. Noch zusätzliche Sinnfälligmachung: Verfall einer spirituellen Zivilisation, die als »vertikal« bezeichnet werden darf: der Denkende horchte in sich hinein, das Denken spiegelte und widerspiegelte sich selber, und aus den Tiefen des Spiegelkabinetts kamen Dinge an den Tag wie die Ideenlehre, die transzendentalen Anschauungsformen, der objektive Geist und der in seiner Arbeit sich entfremdende Mensch. Die Vertikalität ist dahin, ist ver-gangen, ver-fallen, das horizontale, in Informationsspeicherung und Informations-Koordination aufgehende Denken ist an der Tages- und Jahrhundertordnung. Aber ein so aufgefaßter Begriff von Verfall, beziehungsweise Glanz-

Verfall, denn es glänzen die Fassaden in Glas und Beton, es glänzt das Pop-Beefsteak, es glänzen vor Sauberkeit die Stätten (Laboratorien, Schalttafeln, klimatisierten Büros), wo das horizontale Denken praktiziert wird, hätte die gefährlichsten politischen Implikationen. Im Hintergrund wären die Konturen des Verfallenden erkennbar, eine feudalistische, großbürgerliche Klassen-Philosophie. Das wäre möglich: aber möglich eben nur. Ein Nachweis ist nicht zu erbringen, zumal andere Interpretationen statthaft sind, denn es kann kein purer geistesgeschichtlicher Zufall sein, daß der revolutionäre Sartre mit seinem »Flaubert« das letzte große vertikale Werk der Epoche schrieb: er holte, um die Gestalt Flauberts zu ergreifen, das Rohmaterial aus sich selbst heraus. Die kommen wohl noch oft wieder, ich sagte nicht ja und nicht nein. Ich würde nicht einen Augenblick zögern, aber Sie würden dann wohl sagen, es sei der Vandamme eben ein armer Teufel, der die erste beste Gelegenheit wahrnimmt, um raus- und hochzukommen, der habe gar nichts zu suchen in der Rue Roquentin. Es ist aber nicht so, ich hänge an diesem Haus und ich gerate in Wut, wenn ich das gottverdammte Gedonner höre, das schon die einstigen Lagerhäuser, wo Jeanne Lafleur immer ihre Keramiken einstellte, abrasiert. Auch ich gehöre hierher. Natürlich gehören Sie. Und unterstellen Sie mir keine Arroganz, Vandamme. Ich fände es auch ganz richtig, wenn Sie den Düsseldorfern Zusagen machten. Die kommen nicht zu mir, die wollen nur Sie. Mich? Mais ils se foutent de moi! Was die suchen, ist der Erfolg. Metaphysischer Realismus, wissen Sie, so wollen die mich verkaufen, es ist übrigens das Gütezeichen nicht schlechter als ein anderes auch. Meine ganze sinnende Sorge ist, wie und aus welchen Gründen ich dem Erfolg davonlaufe; vorausgesetzt, daß ich überhaupt eine Chance hätte, ihn einzuheimsen. Denn ich kann nicht übertreten aus Cinq, Rue Roquentin in die Welt, in der man Geld verdient. Zu tief bin ich, sind wir, schon hier im wohligen Dreck. Werd' für keinen Dienst auf Erden taugen. Wen der Pfeil des Schönen je getroffen, Vandamme, der geht nicht mehr hinaus in den Tag, den öden Tag, wo die anderen sich herumtreiben. Ich habe keinen intellektuellen Ehrgeiz, bin einfach gewöhnt an den Blick aus meinem Fenster, sehe da die Kuppel des Panthéon, bin's zufrieden, heiße ja nicht Lefeu, nur Vandamme, und das ist ein elend durchschnittlicher flämischer Name, so durchschnittlich, wie die winzigen tachistischen Aquarelle, die mir nun einmal Spaß machen, auch wenn sie längst nicht mehr so gefragt sind. Jedem Hauch der Luft ein Gift entsaugen, miserable hygienische Verhältnisse hier, sollen uns aber nicht stören, Vandamme, wir halten das fest mit den Klauen Ihres flämischen Löwen, wir weichen nicht und wanken nicht, wir sind wie eine eingeschlossene Truppe, die sich ans Terrain klammert, wiewohl doch längst das Oberkommando uns abgeschrieben hat. Aber warum, warum, Vandamme? Das weiß ich nicht, das wissen Sie nicht. Man ist gewöhnt, ich sehe die Kuppel des Panthéon. Ich sehe nicht einmal die von hier aus, ich sehe nichts als die Kochtöpfe und das Waschbecken, über das Monsieur Jacques ganz unglücklich ist, wenn er mich besucht. Ach, ich möchte wie ein Quell versiechen. Wenn Sie Deutsch könnten, würde ich Ihnen das Ganze rezitieren, c'est très beau, savez-vous? Die Deutschen können nicht nur gute Autos herstellen oder widrige elektronische Musik machen: sie hatten auch das Wort, haben es nicht mehr, glauben, es sei des Wortes Zeit abgelaufen, schade, schade. Woher? Bin seinerzeit mal dort gewesen, als deportierter Arbeiter, wenn's Ihnen recht ist, Laval traf ein Abkommen: französische Arbeiter nach Deutschland, Kriegsgefangene heim nach Frankreich. Sie wissen ja. Kann übrigens auch anders. Das Erinnerungsvermögen leidet in gewissen Jahren. Cognac. Gauloises. Höchst ungesund. Aber man muß etwas tun für den Herzinfarkt und gegen die Erinnerung. Ach, ich möchte wie ein Quell versiechen. Schöner als versiegen. Wir versiechen hier, Vandamme, wenn die Behörden es uns gestatten, wenn Maître Biencarré funktioniert, wenn die Immobilien-Paris-Seine kapituliert, wenn Destré nicht aufgibt und Monsieur

André Malraux, Ancien Ministre, interveniert. Versiechen ist nicht verrecken. Versiechen geht langsam vonstatten und ist voll betrunken sich aufgebenden Lebens. So wie ja überhaupt vielleicht wir hier die letzten Lebenden sind, vom Pfeil des Schönen getroffen, im Glanz-Verfall spiegelt sich nur der aufgeregt sich gebärdende Tod, eine gräßlich unwirkliche Unruhe. Alles zu hoch für mich, Lefeu, ich bin nur ein einfacher Mann, französischer Flame, Rijssel nannten die Deutschen während der Besatzung Lille. Mir ist es hauptsächlich wegen der Kuppel: sie steigt in jeder Beleuchtung anders aus der Stadt, da übertrage ich sie in tachistische Kleinform. — Kuppel, Kuppeluppel, Uppelkumpel: das wäre auch etwas für Irene. Danke, Vandamme, danke der Nachfrage, comme ci, comme ça, nicht gerade herrlich, Depressionen, wenn sie nicht gerade kuppelpuppelt, ich bin sehr ernstlich besorgt, denn man muß sich gerade im Versiechen streng an den Sinn des Satzes halten, sonst fällt man in die Grube, und Irene neigt sich schon und niemand ist da, der ihr Fallen unendlich sanft in seinen Händen hielte, ich auch nicht, denn ich räsoniere mit ihr, was gar nicht sanft ist. Oh ja, eine schöne Frau, duftend nach allen Wohlgerüchen Arabiens, mischt ihr Arabien dennoch in den Fäulnisgeruch meiner Hochgrotte, dichtet wahrscheinlich Glanz-Verfall (aber des bin ich mir noch nicht gewiß) und lebt jedenfalls Verfall-Verfall, auch im Dufte. Sehe ihr mit aufmerksamer Liebe zu, horche angestrengt auf das gedichtete Geplapper, werde ihr nur am Ende nicht helfen können. Die Grube. Schade. Werde nichts unternehmen können, wenn man sie eines bösen Tages in eine Irenenanstalt überführt. Ambulanz. Ein Arzt, zwei Sanitäter, und im Wagen verborgen die Zwangsjacke für den Fall, daß. Wären vielleicht noch Laing und Cooper besser, weiß nicht genau, bin ja auch kein Psy. Ach, ich möchte wie ein Quell versiechen. Nochmals die Frage: Todestrieb oder nicht? Aber der Fragen sind zu viele und mein armer Kopf ist zu blöde, sollte eher wie Vandamme sagen, ich sei ein schlichter Mann, wenn auch nicht aus Frans Vlaanderen, sondern. Sondern. Hat gar keine Bewandtnis mehr, vor dem Herrn sind tausend Jahre wie ein Tag, und einen Tag währte das Tausendjährige Reich. Das Erinnerungsvermögen hat gelitten, zu viele Gauloises. Man muß sich strikt *an den Sinn der Sätze halten:* und an die Gegenwart.

Und die von der Gegenwart gestellte Frage kreist immer noch um das Problem der Verfalls-Verfallenheit, die ästhetisch so gut zu deuten ist wie moralisch und im Sinne der Lebensanhänglichkeit (soferne nämlich wirklich Glanz-Verfall als Todeschiffre akzeptabel ist), wie auch durch ganz individuelle Motivation, also: durch einen neurotischen Zustand des dem Verfall Verfallenden. Nur könnte unter Umständen die Neurose Teil sein einer allgemeinen und objektiven Verfassung der Gesellschaft, anders ausgedrückt: der Neurotiker könnte das gesellschaftliche Unbehagen an einer bestimmten Zivilisation auf sich genommen und neurotisch objektiviert haben, womit er im Sinne stringenter Logik schon kein Neurotiker mehr wäre, sondern ein gegen die so und nicht anders gearteten Tatbestände Protestierender — auch wenn in seinem Selbstbegreifen der Protest sich als solcher nicht fühlbar macht. Wenn jemand sagt, er möchte wie ein Quell versiechen (und den Tod aus jeder Blume riechen), kann er mehr und anderes sein als der mit dem Tode spielende Spätklassiker. Er kann in seinem Befinden allgemeingültige, aber von der Allgemeinheit noch nicht wahrgenommene Übelstände individualisieren. Dabei bleibt er aber doch ein einzelner für sich und ist individuell motiviert. Und nicht nur das: er lebt gleichsam auch noch unterhalb seiner objektiv bedingten und individuell motivierten Neurose, wenn er nämlich — angenommen er heiße Lefeu und sei Maler — die Unterhandlungen führt mit einem durchaus den Glanz-Verfall repräsentierenden Geschäftshaus (Ars nova, vormals Meyersohn und Sohn, Düsseldorf), statt sie der Neurose entsprechend rundweg abzubrechen und den Herren den Segen Gottes auf allen ihren Wegen zu wünschen. *Denn er ist auch ein Mann des Alltags und der Straße.* Als solcher fürchtet er den

Übertritt ins Glanzverfalls-Land, wo allerwegen der Wettkampf jener Tüchtigen, denen die Welt gehört, stattfindet (ist also das Adlersche Paradigma; und recht geschieht euch, wenn ich nicht verkaufe und auf meinem Lager verkauere, wie der Ritter, der sich verliget, und lugt zugleich aus nach des Erfolges Früchten, die da heißen: ich-habe-keine-Sorge-um-das-Morgen; ich-habe-Geld-auf-meinem-Konto; ich-kann-mir-eine-Flasche-Cognac-kaufen-wann-ich-will.) Die Neurose (oder was man so nennt) führt dann noch nicht zum totalen Verlust der von den Wirtschafts- und Industrieformen verhängten Realität. Eine Hintertür bleibt offen. Oder zwei Hintertüren. Die eine führt in die Wirklichkeit des Handel-Handelns (ich sage ja nicht nein, meine Herren, bitte nur um eine Überlegungsfrist oder um Strafaufschub). Die andere öffnet sich nach der Reflexion und der Einsicht, sie ist freilich nur dann zu durchschreiten, wenn man strikt am Sinne der Sätze haften bleibt. Wo dieser drangegeben wird, beginnt das Geplapper. Ob aber das Haften am Sinn seinerseits nicht nur Hintertür in die Wirklichkeit ist, sondern auch ideologische Selbsttäuschung, also: Akzeptation der vom Glanz-Verfall und den dafür Verantwortlichen aufgestellten Maßstäbe, ist eine vorläufig noch nicht zu beantwortende Frage. Auch das wird kommen. Man übe sich in Geduld. Vorläufig gilt es, einen weiteren Brief an Maître Biencarré zu schreiben, ihm darzulegen, daß die Abbruchsarbeiten schon begonnen haben und das Wohnen bereits zur akustischen Qual wurde, denn der Maschinenlärm, der längst nicht mehr verwechselt werden kann mit dem Geräusch des seine speckigen Pantoffeln ausklopfenden Destré, hat Dimensionen angenommen, die einen das eigene Wort nicht mehr verstehen lassen und als schwere Störung der beruflichen Arbeit wohl angesehen werden müssen, da doch die potentiellen Käufer, Herren einer Düsseldorfer Galerie von Weltrenommee, sich an den Kopf fassen mit einer Gebärde der heftigen Irritation, wenn es draußen losgeht. Unbegreiflich, daß weder Destré noch Vandamme bereit sind, die Protestschreiben zu verfassen, es muß an ihrer mangelhaften Schulbildung liegen, l'orthographe, l'orthographe, oder sie sind dumm, wie die meisten Maler, die nicht Lefeu heißen und von ganz wo anders. Unterstellen Sie mir ruhig Arroganz, Vandamme, es liegt, ich weiß woran, will es aber nicht wissen, um keinen Preis. Tiens, bonjour Destré. Ich werde. Ganz gewiß. Nicht jetzt gerade. Im Laufe des Tages. Ein Tag ist lang. Hübsch, Destré, danke für Ihr Vertrauen, das ich gewiß nicht verdiene, denn für Abstraktes bin ich nun einmal nicht. Aber hübsch, fein, meinen Glückwunsch, und mögen Sie doch durchhalten mit Vandamme und mir, les vieux Roquentiniers! Ich sage nicht, daß ich nichts verstehe vom Abstrakten: unsereins hat so viel gesehen, daß ein »Verstehen« im sprachüblichen Sinne, als Sache der Schaugewohnheit, natürlich ist. Was tiefere Bewußtseinsschichten angeht — aber nein, ich mache keine großen Worte, ich rede, im Gegenteil, als wären Sie gar nicht da, womit Hochschwätzerei sich ausschließt, denn mir selbst mache ich doch gewiß nicht den Klugen vor. Ja. Reine Form. Ich habe nichts dagegen. Nur die tieferen Bewußtseinsschichten, sehen Sie, die fordern bei mir den Kampf mit dem Gegenstand. Gegen-stand ist allerwegen auch Wider-stand, der im kreativen Akt gebrochen werden muß. Oder richtiger: der Prozeß des Kampfes, egal, ob man siegreich draus hervorgeht oder unterliegt, ist die ganze Kreation. Ich brauche also den Gegenstand, darum male ich gegenständlich, habe das eben den Herren aus Deutschland erzählt. Reiche Leute. Große Leute. Hübsche, junge Leute, man kommt sich ganz kläglich vor ihnen vor. Scharfe, elegante Gebärden, kommt von guten Seebädern und Schi-Urlauben, auch von der modernen Kunstanschauung. Nur nenne ich dieses pseudoerotische, von Godard-Filmen inspirierte Gestenspiel Glanz-Verfall, so wie die Godard-Filme selber. Halte mich lieber an Ihre speckigen Pantoffeln, Destré, verzeihen Sie die Indiskretion, die sind nämlich für mich ein *Gegenstand*: die Pantoffeln von Jules Destré, ich scherze gar nicht, und nicht die Modelle von Jocelyn oder Cardin. Und ich brauche den Gegenstand. Sie nicht, ich weiß, Sie halten es mit der reinen Form, sehr tapfer übrigens und dankenswert, denn Ihre Bilder sind heute ebenso unmodern wie die tachistischen Spielereien Vandammes oder meine Stadtparaphrasen, in denen Monsieur Jacques von der Galerie Beaumann immer nur den Einfluß Kokoschkas erkennen will und mir das in großer Unverfrorenheit unter die Nase reibt. Ich sehe, beiläufig gesagt, einen gewissen Widerspruch zwischen Ihren Pantoffeln, die mich zärtlich stimmen, und Ihren Schildereien. Ginge es konsequent zu, Sie müßten ganz saubere, hellbeigefarbene Holzpantinen holländischer Art tragen. Kalt? Ich weiß. Das ist aber nur ein oberflächlicher, optisch vermittelter, an der Erfahrung nicht verifizierter Eindruck: Holz ist ein schlechter Wärmeleiter, und Holzpantinen, wenn man sie über grobwollenen Socken trägt, sind ausgesprochen warm. So schlagen wir uns, ein jeder nach seiner Art, in und mit Widersprüchen herum. Aus einem Guß? Ach, mein Freund, das kommt Ihnen nur so vor, oder ich mache mich wichtig, entgegen meinen oft gefaßten Entschlüssen zur Ehrlichkeit. Ich bin nichts weniger als aus einem Gusse, sonst hätte ich den Herren mit den Schi-Urlaub-Gebärden schon längst merde gesagt und hätte auch dieses trauliche Obdach bereits verlassen, denn bei den Clochards auf der Place de la Contrescarpe geht es viel intensiver zu als hier, und verglichen mit den Clochard-Kleidern sind sogar Ihre Pantoffeln nur schicker Glanz-Verfall. Man schließt so seine elenden Kompromisse, man ist kein Held. Gewesen, gewesen, mon cher, längst vergangen, Folklore — und außerdem gab es unter den Maquisards nicht wenige Feiglinge, und nicht alles, was wir sagten und sangen, klang nach Ohé, Saboteur. Wie? Singen Sie das nochmals. Les couilles de mon Grand-Père sont pendues dans l'escalier/ Et ma Grand-Mère s'est désolée / De les voir se dessécher! Das waren wir Helden: *auch* das. Aber wenigstens von Glanz-Verfall war nichts zu spüren und zu sehen, und der Gegenstand als Widerstand war da, allemal. Unsereins malte. Auch in den Cevennen. Ein holzgeschnitzter Löffel war Wirklichkeit oder »Natur«, wie man einstens sagte. Er stand dem Temperament entgegen. Das Temperament wurde durch ihn durchgeleitet, ihn zu verändern. *So ward Kunst Natur, gesehen durch ein Temperament.* Dergleichen ist unmöglich mit einem Plastiklöffel, und das sage ich nicht aus reaktionärer Verstocktheit, sondern aus bildnerischer Erfahrung. Die Glätte und Einförmigkeit eines solchen Gebrauchsstücks legt Multiplizierung nahe; das Temperament sträubt sich, wenn man es hindurchführen will. Es winkt ab. Es dankt ab. Es verflüchtigt sich ganz und gar. Und die Ödnis der Multiples drängt sich auf und sagt höhnisch, sie sei Entlarvung der Welt, wo sie doch ganz offensichtlich nichts ist als stumpfe Jasage. Darum die Neigung zu Ihren Pantoffeln, Destré, die leider nicht kompromißlose Neigung, denn der Leib will genährt sein, das Hirn von freundlichen Nebeln durchzogen, die angeblich irreversible Schäden anrichten. Cognac? Und noch einmal, jetzt zweistimmig, denn ich habe eine starke Stimme und ein unfehlbares Musikgehör: Les couilles de mon Grand-Père sont pendues dans l'escalier. Das können wir hier und nur hier. Bessere Mitmieter würden sich beschweren und die Clochards würden uns eins übern Schädel geben, wir sind ja auch nicht mehr die Jüngsten, und die Tage von Ohé, Saboteur, als man auf dem qui-vive war und die eigene Kraft beim Ballen der Faust spürte, sind weit. Man muß sich an Maître Biencarré halten, auf ihn ist man gekommen. Im übrigen: die Dinge an sich herankommen lassen und weiter schildern. Bonjour — und hellbeigefarbene Holzpantinen, sagte ich. Vergessen Sie das nicht. Ihre Bilder werden sich besser verkaufen. Les couilles ... ein Phallus? Kann ebensogut eine Pappel werden, man wird sehen und allenfalls die Inspiration aus einem Gedicht von Verhaeren holen. Oder zwei Pappeln? Pappelallee: da ist schon Irenens Geplapper, kommt mir höchst gelegen, so als background-music, denn Pappelallee ist bei mir Pappelallee — ich hafte streng am Sinn des Satzes, wiewohl ja ein Bild kein Satz ist und seine Eigenwirklichkeit hat, also es selbst sein kann: es *ist,* auch dort, wo es nichts be-deutet. Da aber in diesem Falle eine Bedeutung zumindest an-gedeutet wird, denn der betreffende Maler läßt ja sein Temperament durch den Gegenstand laufen, wie elektrischen Strom, und so-mit Ein-drucks- und Aus-druckswelt verbindet, ist es statthaft, wenn er vom Sinn des Ausgesagten spricht und die Pappelallee nicht zum autonomen Geplapper werden läßt. Doch werden sich für ihn beim Malen der Pappelallee, von der er unter Umständen bemerken könnte, daß sie sehr gegen seinen Willen und nur aus kunstgeschichtlicher Eigengesetzlichkeit einen Stil à la Vlaminck annimmt, während er das gemütvolle Maquisardlied von Großvaters Hoden singt, mehrere Cognacs trinkt und eine Gauloise an der andern anzündet, mancherlei Probleme stellen. Zum Beispiel dieses: Sind Pappeln noch Gegenstände im gleichen Verstande, wie das Löffel, Fleischstücke oder selbst Häuser sind? Es ist ja am Ende kein Zufall, daß die Landschaftsmalerei ver-kommt, sondern ein soziologisch so gut wie kunstgeschichtlich wohlbegründetes Faktum. Die Landschaft deckt nicht mehr die Wirklichkeit unserer Zeit: das Entscheidende ereignet sich nicht mehr unter sturmgebeugten Pappeln, sondern in Gassen, mögen sie auch verlassen sein und ihre Häuser des Abbruchs harren. Darum ist schon im sozialen Sinne das Landschaftmalen ein ge-striges Vergnügen, dem man sich aber gleichwohl hingeben kann, wenn man auf soziale Wirkung seiner Kunst verzichtet. Man kann, andererseits, in der Landschaftsmalerei einen entschiedenen Wi-derstand gegen den Glanz-Verfall sehen: dieser ist letzten En-des das reine Produkt der kapitalistischen Industriegesellschaft. Somit wäre denn die Landschaft der noch eindrucksvollere Gegen-satz zu einem jener Wohnblocks an der Stadtperipherie, wohin die Bewohner von Cinq, Rue Roquentin verwiesen und ver-bannt werden sollen, nötigenfalls, und soferne Maître Biencarrés Demarchen erfolglos bleiben, unter handfester Mitwirkung der hierzu berufenen Ordnungskräfte. Andererseits ist denn doch in Rechnung zu stellen, daß die Landschaft Tradition hat im künstlerischen und literarischen Bereiche und daß also ein bewußt der Landschaft verpflichtetes künstlerisches Hervorbringen unweigerlich traditionellen und somit reaktionären, politisch gefährlichen Charakter hätte. Als wollte einer heutzutage etwas dichten von der flaumenleichten Zeit der dunklen Frühe; und wollte einer malen wie Millet. In der Landschaftsbegeisterung, die einstens — und sogar vielleicht bei Millet — noch sozialen Sinn hatte und die heute Sache ökologisch bewegter Jugend ist, wobei sie wiederum, nachdem sie das Blut-und-Boden-Stadium durchlief, sozial getönt ist, schließt sich der Ring einer industriellen Entwicklung. Die Gefahr für einen denkenden Maler vom Typus Lefeu ist also eine zweifache, wenn er, angeregt vom Branntwein, der Irenenschen Dichtung und dem alten, authentischen Maquisardliede von Großvaters couilles eine Pappelallee zu malen beginnt, nachdem aus dem erigierten Phallus so im Hinsetzen des Pinselns erst einmal eine Pappel wurde: er kann in die Milletstraße einfahren, singend, trinkend, um die Furcht vor der Irenenanstalt zu übertäuben, und kann, andererseits, der Ökojugend sich annähern, also im unguten Verstande zeitgemäß werden, was da hieße: Erfolg haben und es mit dem Glanz-Verfall zu tun bekommen. *Der Erfolg ist der Niedergang jeglicher künstlerischen Potenz in dieser Gesellschaft*, meine Herren, das können Sie einem glauben, der im Mißerfolg geübt ist, aber an den Beispielen so vieler, ach, so vieler Kameraden gesehen hat, wohin man kommt, wenn man die Staffelei nach dem Wind dreht. Nehmen Sie darum bitte diese Pappelallee hier nicht allzu ernst, sie war ein Spiel und geriet mir nur unversehens unter den spielenden Händen, denn wir Maler spielen viel, das haben Sie gewiß aus Clouzots Picasso-Film ersehen können, wenn Sie es nicht ohnehin gewußt hätten. Natürlich haben Sie. Man leitet nicht umsonst die Galerie Ars nova, vormals Meyersohn und Sohn, wer dort herrscht, weiß alles über Kunst, kennt zumindest die gängigen literarischen Transpositionen. Wir spielen. Ich spiele. Stoßen Sie sich also nicht an dieser Pappelallee, die mir aus einem

Gedicht zukam, aus einem Text, richtiger gesagt. Gedichte waren anderes: Wer die Schönheit angeschaut mit Augen. Oder ähnliches. Dies rührt aber auch nicht mehr mein Gemüt an oder auf oder um: es sind Aussagesätze, an deren strikten Sinn ich mich halte. Jedem Hauch der Luft ein Gift entsaugen und den Tod aus jeder Blume riechen: das meint, was es sagt. Aber ich leugne gar nicht, daß das Geplapper, das nichts bedeutet als das, was es ist, *Inspiration* sein kann. Das Resultat steht hier auf meiner Staffelei. Pappelallee. Nicht mein Stil. Aber einen Stil haben, das ist der Anfang vom Ende. Freiheit des Spielens, verstehen Sie? Picasso. Gelächter. Nicht jeder ist. Bin schließlich vielleicht betrunken, aber nicht größenwahnsinnig. Bin überhaupt nicht wahnsinnig, dichte auch kein Geplapper und male keine Unzumutbarkeit. Um Gottes willen, wie würden wir. Doch, Sie würden. Sie haben eine aufrichtige Intimbeziehung zu Kunst und Künstlern, aber die Intimität ist durch das Geld bedingt, das Sie verdienen. Müssen. Meyersohn und Sohn. Ohnedies nur vormals, klingt ja auch viel feiner: Ars nova. Ars ist die Kunst und Arsch ist auch bekannt, wenn Sie sich's nur hier ein bißchen bequemer machen wollten und nicht herumstünden, verzeihen Sie, wie bestellte pompes funèbres, die keinen Leichnam vorfinden. Cognac? Ach so, autofahren. Natürlich. Schwere Strafen oder der Tod: nicht mehr aus jeder Blume gerochen, sondern auf der Autobahn im Sirenengeheul und schwarzes Blut, trocknend in großer Sonne. Das ist nur so ein folkloristisches Partisanenlied, das jene singen, die nie dabei waren. Die anderen schmettern, nein hören Sie sich das doch an, Les couilles de mon Grand-Père sont pendues dans l'escalier. Aber wir wollen nicht weiter stören. Gar nicht. Ich mag das, man tritt der eignen Arbeit unbefangener entgegen, wenn man unterbrochen wurde. Ich habe noch immer nicht nein gesagt, weder ja noch nein, ich salviere mir meine Entscheidungsfreiheit. Aber gewiß doch, wir sind ferne von jeder Zudringlichkeit. Keine Rede davon. Sie kommen in freundlicher Gesinnung von weit her, sehr weit her, wenn Sie wüßten, *wie* weit her, das sind Strecken, über die keine Autobahn führt, und bieten mir die Chance des Erfolges. Sie kommen zu mir wie Fitelberg, Saul Fitelberg, arrangements musicaux, représentant de nombreux artistes prominents, zu Adrian Leverkühn. Nur daß es sich rassisch umgek. Und ich Schwachkopf bin außerstande herauszukriegen, ob und warum allenfalls ich dem Erfolg davonlaufe. Unbestimmte Ängste. Non olet, so gescheit bin ich auch. Aber wenn es nur Geld wäre. Wenn das nicht auch hieße: Interviews, ein Wagen, Wohnung, deren Unwohnlichkeit vom Innenarchitekten garantiert ist, la résidence secondaire. Erfolg heißt aber auch, daß, wer ihn einmal erlangt, fürderhin drauf aus ist, sich ihn zu erhalten. Mitmachen mit der vogue, der vague. Mit allem, wogegen Sie sich bislang gewehrt haben. Wir verstehen das gut. Aber weil Sie sich gewehrt haben und beständiger auf Ihren Beinen stehen, läuft eben der Erfolg Ihnen nach. Ist das nicht ein Triu? Das ist oder wäre des Endes Anbeginn. Man würde mich récupérieren, wie? Vereinnahmen. Man lernt diese Sprache nicht aus. Durch Einnahmen wird einer vereinnahmt. Schwierig für den Ausl. Feuermann. Aber Sie sprechen ja ganz hervorra. Feuermann. Darum war ich im Maquis auch zu Gefangenen-Einvernahmen beordert. Ersterbendes Lächeln. Wir sangen Les couilles de mon Grand-Père und vereinnahmten; den Vereinnahmten oder Einvernommenen war nicht wohl dabei und Lefeu war kein sanfter Maler und sagte keinem, er solle sich's doch bequem machen. Nationaler Freiheitskampf, hochachtbar, alles nur denkbare Verständ. Aber nicht darum sind wir. Schon Ihr Verstehen vereinnahmt, darum sprechen wir besser noch über den Erfolg. So weit ich es übersehen kann, ist mein Widerstand kein sozial-politischer, sondern ein moralischästhetischer. Wäre er nämlich politisch, geriete ich unweigerlich in die Umgebung des Glanz-Verfalls. Schon bei Tel-Quel ist man ja maoistisch. Und aus wär's mit meiner Pappelallee, der *meinen*, nicht der Irenens. Es sind ganz verschiedene Baumgruppen, denn ich hafte strikt am Sinn der Aussage, während sie, ich will's nicht ausdenken. Irenenanstalt, dahin muß es kommen. Nein, ich meditiere nicht, verzeihen Sie. Ich starrte ins Leere, habe auch das Gefühl, ich war unhöflich und habe zuviel. Zuviel. Man muß nur einmal damit beginnen, es wird immer zuviel und es gibt kein Einhalten, weder der Visionen, noch des Verlangens nach den Nebelschwaden. Ich meditierte nicht. Ich dachte sehr klar nach, was nichts zu schaffen hat mit der Undeutlichkeit dessen, was Sie meditieren nennen. Die Leute reden immer vom Meditieren, wenn sie meinen, es werde stumpf gegrübelt oder mystische Versenkung betrieben, was meines Erachtens auf das gleiche hinausläuft. Ist aber hier nicht der Fall. Man haftet am Sinn des Satzes, der am Ganzen der Erfahrung verifiziert wird und seine Brauchbarkeit im Felde der gesellschaftlichen Kommunikation erweist. So verstanden, bedeutet die Angst vor dem Erfolg mancherlei sich eben im Angstbefinden Vereinigendes: Zaudern vor der Kompetition, das sei gar nicht geleugnet; dazu aber noch: der Widerwille gegen eine Wirklichkeit, die den Erfolg auch in seiner Negation als Nichterfolg récupériert oder vereinnahmt; (Ars nova präsentiert den bislang vom Kommerzbetrieb unterdrückten und darum erfolglosen Maler Lefeu! Das möchte denen so passen); die Trauer über eine Realität, die sich erst verleugnete in der Abstraktion und die sich mit hunderterlei Ausreden, auch politischen, auf einmal wieder eitel spiegeln möchte in einem durch kein Temperament oder keine Persönlichkeit intentional aufgegriffenen, primitiven Realismus; die Flucht aus einem Universum, wo der Tod sich als glänzend Lebendiges gebärdet und damit sich selbst als Begriff, wie auch seinen Gegenbegriff, das Leben, aufhebt; die furchtbar ernst genommene große Weigerung gegen die Zeit (als Epoche) und damit die Zeit als Agent des Todes. Also Lebensverfallenheit im Verfall? Nichts als unverbindliche ontologische Spekulationen, es ist ein Unglück, wenn Maler belesen sind, die Lektüre zerstört die Naivität ihres Temperaments, so daß sie am Ende den Gegenstand als Widerstand nicht mehr in der schildernden Ausformung zu überwinden vermögen. Ach, man möchte wie ein Quell versiechen, wenn die Immobilien-Paris-Seine einen nur in Frieden siechen und verquellen lassen wollte, wenn man nur nicht Briefe schreiben müßte an Maître Biencarré und Monsieur André Malraux, Ancien Ministre, wenn nur die Gauloises samt ein paar Cognacflaschen hereinflögen in die Hochgrotte, Schlaraffenland des Erfolgsflüchtigen, wenn nie wieder Vandamme noch Destré hier an der Tür pochten, um schmales Gespräch zu führen, wenn die Düsseldorfer einen gewähren ließen und gerade so viel Geld überwiesen, wie man braucht, um in aller Stille zu versiechen. Wenn nur das Gedonner für Stunden wenigstens aufhörte, so daß man den eignen wohlformulierten und an der Wirklichkeit verifizierbaren Gedanken verstünde, wenn das Scheißhäusel aus dem Hof heraufrückte, und man den peristaltisch bewegten Darm entleeren könnte, hier neben dem Wühllager, ohne den Hintern dem eisigen Winterwind aussetzen zu müssen, wenn das klagende Gesicht herausträte aus der marmorierten Feuchtwand und aus seinem Munde begütigende Worte kämen, ach, einfache Worte, nach denen es einen so sehr dürstet, wiewohl noch Cognac da ist. Wenn Irene zur Tür hereinkäme und nichts von Pappelalleen vorläse, sondern vielleicht: Das Angenehme dieser Welt hab' ich genossen, des Lebens Freuden sind, wie lang, wie lang, verflossen. Schritte im Korridor. C'est toi, Irène, ma chérie? Natürlich nicht. Arbeiterfüße, schwer aufgesetzt, wie konnte ich. Irène, ma chérie. Ich werde dir alles erklären, du mußt nur genau zuhören und versuchen, eine logische Gedankenabfolge nachzudenken, anstatt die Vernunft auf den Kopf zu stellen und den reinen Logos als reines Wort zwischen dich und mich zu stellen, so daß uns nur die Vereinigung auf dem Wühllager bleibt, das denklose einander-Anstarren oder Ins-Narrenkastl-Starren, das ist so ein Ausdruck, Irene, kommt von weither, hat nichts zu schaffen mit deiner Poesie und nichts mit der Galerie Ars nova, gehört vielmehr dem schon genossenen und tief vergangenen Angenehmen an, April und Mai und Junius sind ferne, si tu savais comme c'est loin. Bist du's, Irene? Noch immer nichts. Vielleicht kommst du nicht mehr und kein Duft mengt sich hinfüro in den Verfallsgeruch. Ich habe das vorausgesehen, so und nicht anders, auch wenn es sich nicht erfüllt hat bis zur Stunde. Du verliefst dich in den Wörtern und willst nichts hören vom Logischen Aufbau der Welt. Pappelallee. Da steigt sie schon aus dem Nichts oder dem Noch-Nichts heraus unter des Malers Händen, der ein gutes Recht hat, sich in ihr zu verlieren, denn seine Hände, die jetzt die Konturen der in der Ferne sich verlierenden Straße hinpinseln, haben ja nicht die Pflicht zur Aussage. So läßt sich spielerisch im Malen die Allee vervielfältigen, jeder einzelne Baum kann zweimal hingesetzt werden, als würde ein Betrunkener ihn sehen oder als gäbe es wirklich Alleen, die so aussehen, und die Straße darf, wie es hier schilderisch verfügt wird, direkt in den rostroten Himmel führen. Der Maler suggeriert: er be-deutet nicht, Irene, und wenn er phantasiert, dann macht er von einem seiner Kunst eingeborenen Recht Gebrauch, eine Linie ist eine Linie, eine Farbe ist eine Farbe, ein reines Wort aber ist nichts, das sollst du begreifen. Wenn du nur schon kämest, man kann allein nicht verfallen in der Rue Roquentin, man braucht ein Auge, in dem man den widergespiegelten Verfall sieht, anders ist man verlassen, verlassen, wie der Stein auf der Straßen. Helfend ist einzugreifen, vermittels sinnvoller und in ihrem Sinn kommunizierbarer Sätze, ehe man den Duft in die Irenenanstalt verbringt und der Verfall in ungespiegelter Straßenverlassenheit zu niemandes Lust in sich selbst zusammenfällt, also nicht mehr jenes Leben ist, das in seiner Feuchtigkeit und Lagerwärme dem glänzenden Tod da draußen entgegengestellt werden kann. C'est toi, Irène, ma chérie? Und jetzt war es überhaupt nichts, nicht einmal Arbeiterfüße, schwer aufgesetzt, sondern Halluzination (wo doch gar kein LSD, nur Cognac und Gauloises, was können die schon anrichten) und die Sehnsucht, die Geräuschhalluzinationen herbeirief, auch schon ein höchst ungesunder Zustand. Man muß sich wappnen, before my body

I throw my warlike shield und sing den Kampfgesang, denn manchmal scheint es, sie kämen wieder mit Halli-hallo, und schöner Westerwald, drei, vier — ein Lied! — da habt ihrs, I throw my warlike shield und brülle meinen Kampfgesang dem euren entgegen, Les couilles de mon Grand-Père sont pendues dans l'escalier! Und stürmen schon die Pappeln in den roten Himmel hinauf, sind der Allee entrissen, bilden keine Reihen mehr, denn der Bildner heißt Lefeu. Lefeu.

Es ist schon spät, es wird schon kalt. Einfache Worte und tiefes Atemschöpfen und ein brennender Schluck, dann wird auch die Peristaltik sich beruhigen. Nichts mehr tun. Auf dem Lager kauern. Die Dinge an sich herankommen lassen, vielleicht führen sie Irene mit und die Irenenanstalt bleibt leer. Man wird ihr den Weg zeigen: aus den Wörtern heraus, zurück zu den Dingen. Ein erigierter Penis ist ein Ding, das Wort, mit dem man ihn benennt, ist Sache der Übereinkunft. Gerade aber an diesen Konventionen hängt sie, liebt die Zeichen auszusprechen in Momenten, wo es nur noch auf die Dinge ankommt. Es wird nicht gut ausgehen. Sie könnte nämlich mit ihren Destruktionsoperationen Erfolg haben, das Er-folgte würde sie dann nur tiefer hineinstoßen in die Grube, aus der man nicht aufersteht wie der junge Joseph. Alles läuft denn darauf hinaus, dem Erfolg auszuweichen — da führen schon die Pappeln geradenwegs in den roten Himmel, man wird sagen: verjährte Romantik, Constant Permeke, unverkäuflich, und wird sich abwenden und wird den Raté versiechen lassen in den süßen Nebelschwaden, sogar die Sozialfürsorge wird ein Einsehen haben und Maître Biencarré wird ein übriges tun. Wenn nur die Peristaltik sich beruhigen wollte und mit ihr die Angst um Irenens Geschick und die *panische* Furcht vor dem Erfolg. Pan. Eiserne Nächte. Leutnant Thomas Glahn, schwer zu verwinden, daß dies alles in den ordinären Faschismus einmündete und der große alte Mann im Norden dem *Erfolg*, den Deutschland ihm ungesund bereitet hatte, erlag. Die Gefahren lauern allüberall, nur in 5, Rue Roquentin ist man sicher, darum ist es nötig, die Hochgrotte zu verteidigen, mit allen Mitteln, allen, man hat nicht für nichts und nichts in eisernen Nächten von Großvaters Hoden gesungen und die deutschen Gefangenen vereinnahmt, man weiß, wie es anzustellen ist. Mit dem nötigen Material könnte das ganze neue Wohnviertel in der Rue Monge in die Lüfte donnern. Flammen. O-Ra-Dour-O-Ra-Dour. Leutnant Thomas Glahn setzte Oradour in Brand und darum wurde er erst vereinnahmt oder einvernommen und dann mit einer schwarzen Binde über beide Augen. Der Verfall kann schmerzhaft sein, wenn man die aufflammenden Erinnerungen nicht löscht. Erloschen. Erloschenen Blicks malen an der romantischen und unverkäuflichen Pappelallee mit dem Grimm im Bauche und der Angst im Herzen. Pochen. Schritte im Korridor, leicht aufgesetzt, keine Arbeiterfüße. Pochen an der Tür: keine Gehörshalluzination. C'est toi, Irène, Irène, ma chérie? Pochen, Gestatten uns, nochmals vorzusprechen ... Meine Herren, entrez donc, und machen Sie sich's bequem. Der erfolgreiche Maler Lefeu empfängt. Meine Herren, ach, meine Herren, Sie kommen, gehen, kommen wieder, sprechen vor, sprechen aus, sprechen nach, meine Herren, wenn Sie wüßten, wie. Schwierig. Wir haben volles Verständnis. Mehr als schwierig, meine Herren. Schwer, Sie können's mir glauben.

III. DIE WÖRTER UND DIE DINGE

An den Oberschenkeln da und dort ganz feine bläuliche Äderchen sichtbar, die sich, die Haut marmorierend, winzig verästeln und sich schließlich verlieren: es ist eine unleugbare optische Verwandtschaft mit der feuchten Zimmerwand zu konstatieren, auf der gleichfalls ein verworrenes Geäst, wenn auch gröber, sein Netz rafft. Die Augen — schöne, graugrüne, etwas schwimmende und schwer entzifferbare Augen — stehen weit offen, das ist — und war schon immer — das eigentlich Beunruhigende, da doch die Schönheit in diesem Starren etwas zugleich Angestrengtes und Abwesendes bekommt; nirgendwo sonst konnte man dergleichen je beobachten, es ist keine Frage, daß auch dies Ausdruck eines Gemüts ist, vor das sich graue Schleier ziehen. Der Rhythmus der Bewegung und Gegenbewegung ist der normale, spasmische, man kennt es nur allzugut, weiß auch, wann die allemal trügerische Entkrampfung einsetzt, trügerisch, da sie nämlich nur neue Spasmen vorbereitet, chez la femme, ce n'est jamais fini, Simone de Beauvoir, Le Deuxième Sexe, es ist gut, sich dessen immer wieder zu erinnern. Und fast unterbrechungslos aus dem Munde herausquellend, die mots orduriers, die schmutzigen Wörter, in übergroßem Reichtum, man muß schon literarische Jagdgewohnheit haben, um das zustandezubringen, ist auch nicht ohne Wirkung, mag man auch daran gewöhnt sein, im Gegenteil. Schlange um Schlange, schlüpfrig und pulsierend, vipère lubrique, es ist gut, sehr gut. Eines Tages, nicht jetzt, denn jetzt ist man selber pochender, schlüpfriger Leib und Schlangenjäger, wird man auch herausbekommen, warum es gut tut. Bei der Frau ist es niemals zu Ende, beim Manne aber sehr wohl, zu Ende ganz und gar, bis zur vielzitierten Tristesse, nachdem der äußerste Spasmus sich gelöst hat und fließend sich ins Fließen überträgt, so daß man auf einmal wieder in tiefer Nachdenklichkeit das marmorierende Geäst auf den Oberschenkeln und an der Wand betrachtet, geliebtes Ornament, das kein Schönheitskodex so leicht anerkennen wird.

Auch ist es kein gutes Zeichen, daß das Erwachen über alle sonstige Erfahrung hin lange dauert, während die weitoffenen Augen nicht ablassen wollen vom Plafond. Wie lange dürfte das anhalten? Das weiß der Nichtarzt, Nichtpsychologe, Nichtsexologe nicht so genau. Was man doch alles kennen müßte, um selbst im Verfall das Leben zu bestehen: Psychologie und Anthropologie und Linguistik und Biologie und theoretische Physik, vor allem diese, denn, was immer man auch an neuer Epistemologie hervorbringt, es ist am Ende doch jeder vernünftige Satz übertragbar in eine physikalische Aussage. Cognac, Irene? Zigarette? Es dauert lange, bis die Frage ins Bewußtsein vordringt, von dem man unpsychologischerweise nicht wissen kann, in welcher Verfassung es ist, das nur durch äußere Anzeichen das im konventionellen Verstande Pathologische erkennen läßt, zu tiefem und fahlem Erschrecken. Man muß den Pfeil eines Wortes abschießen: er könnte das träge, eben noch quallige, aber jetzt schon der Versteinerung sich entgegenwandelnde Schweigen brechen. Die Sehne gespannt, jäh losgelassen — und das Geschoß sitzt tief im Steine und macht ihn zur quellenden Wunde. Ja, einmal sollten wir doch ans Licht bringen, was es auf sich hat mit der Erregungsgewalt der mots orduriers, der schmutzigen Wörter, wer sollte dem Problem auch gewachsen sein, wenn nicht wir beide? Das Aussprechen schmutziger Wörter ist nur unter ganz bestimmten Umständen ein Aphrodisiakum. Wer sie von Kindesbeinen an gewohnt ist, wie gewisse Unter- und Zwischenwelts-Siedler, der gebraucht sie zwar im täglichen Leben, es fiele ihm aber nicht ein, sie im Koppelungsakt in anderem Sinne als einem streng sachlichen auszusprechen. Es dürfte sich also so verhalten, daß es sich um mehr handelt als um einen verbalen Transgressionsakt. Der vornehm erzogene österreichische junge Mann der Zeit vor dem Ersten Weltkrieg war der leidenschaftliche Leser der Mutzenbacher (so wie der Autor dieses exemplarischen Werkes ein feinbürgerlicher Herr war), eine reale Mutzenbacher aber hätte über die literarische Niederlegung der ihr gebräuchlichen Umgangswörter kaum die Achseln gezuckt. Das ausgesprochene mot ordurier ist Transgression: Schauder vor dem Schauder-haften. Daß aber Transgression stattfinde, setzt voraus, daß etwas zu Transgredierendes existiert; Entgrenzung ist nur dort möglich, wo Grenzen gezogen sind. Die Grenzen der sprachlichen Welt des Bürgertums waren strenge. Es gab im Viktorianismus Zeiten, wo es in Gesellschaft höchst obszön (und damit erregend) gewesen wäre, auch nur das Wort »Frauenbein« auszusprechen. Für die bürgerliche Generation derer, die heute um die sechzig sind, war das Wort »Schenkel« noch ein Signal, das kaltbrennende Beklemmung bewirkte. Weitum und längst bekannte Fakten. Ebenso bekannt, wenn auch weniger genau analysiert, ist eine andere Tatsache: daß nämlich die schmutzigen Wörter, die etwas be-deuten, in ihrem Hindeuten einen sozialen Inhalt hatten. Der junge Mann aus gutem Hause sagte ein schmutziges Wort: und verband damit die Assoziation eines Tuns, wie es in seinem Milieu nicht üblich oder zumindest nicht als üblich denkbar war. In seiner Plüschwelt sank die Geliebte an die Brust ihres Anbeters und ließ sich bestenfalls einen mehr oder weniger heißen Kuß stehlen. Es gab aber irgendwo, ganz tief unten im Sozialraum, Männer, die zu ihren Mädchen sagten: Spreiz' die Beine, weiter, weiter, daß ich ihn dir hineinstoßen kann. Und der Schauder war da. Die Wörter standen also für die Dinge. Es waren diese — und nicht bloß die Wörter — die sich entgrenzten, da doch die junge Dame, der man den kostbaren Verlobungsring über den zierlichen Finger streifte, nur hinsank und die Beine ungenügend öffnete, so daß man seine liebe Not hatte. Die

Transgression ist eine verbale und zugleich eine soziale: man redet schmutzig (oder was man so nennt) und stößt damit vor, c'est le cas de le dire, in einen Bereich, wo die Kopulation geschickter und lustbringender gepflogen wird. Die Magie der Wörter ist keine, genauer gesagt: sie ist nur eine schale Ausrede für die Magie der Wirklichkeit, die ihrerseits wieder erhellbar wird, sobald man sie unter real-sozialen Gesichtspunkten betrachtet. Worauf es ankommt, sei es bei den mots orduriers, sei es in der Poesie, ist immer wieder dieses: Die Wörter sind nichts, ein Nichts, eine Nichtigkeit, abgelöst von der Wirklichkeit, die sie be-deuten. Ich meine, daß dies auch auf deine eigene Lyrik zutreffen muß. Irene: hörst du mich? Nun sind aber ganz gewiß die letzten Wellen verebbt, das Marmorgeäst der Schenkel ist auch schon bedeckt von dem dreckigen Wollkotzen, denn die Kälte wurde von der Haut wahrgenommen; also ist für das weitoffene Augenstarren auf den Plafond nur noch die eine, unheimliche Erklärung da. Irene, es wird nicht gut ausgehen mit dir. Ich erreiche dich nur noch schlecht. Hörst du mich? Ich nehme mir dein jüngstes Gedicht vor, Pappelallee . . . ja, Pappelallee bis zum Geplapper. Es ist vielleicht ein gutes Gedicht, aber da es keinen Aussagegehalt hat, an den man sich halten kann, erscheint es mir als ein Symptom: Symptom und Gefahr. Denn wenn du während der Koppelung zu unser beider Ergötzen die mots orduriers gebrauchst, dann haben diese ihren guten Sinn: sie führen uns in eine andere Welt, brechen mit unserer Herkunft, unserer Bildung, unseren auch hier in der Hochgrotte im Angesicht des pilzwuchernden Schmutzes noch guten Manieren; sie kommen aus der Wirklichkeit unserer Lust, die Wörter, reichen hinein in die Wirklichkeit sozialer Tatbestände und steigern damit diese Lust. Demgegenüber hat es mit dem Pappelalleegeplapper eine finstere Bewandtnis. Hörst du mich, Irene? Es wäre gut, wenn du mich ansähest, damit ich es weiß, und für ein paar Minuten nicht auf den Plafond den schwimmenden Blick fixiertest, mir graut langsamerhand vor dem Grauenhaften, das sich gegen den Maschinendonner draußen sperrt, gegen den Abbruch dieses Hauses, der vor sich geht, unerbittlich, wie es scheint, das aus den Wörtern keinen Weg zurück zu den Dingen freigibt. Cognac? Ah, gut. So beginnt man, sich zu verständigen, ehe man vielleicht wieder, aber ich weiß nicht, ob das heilsam ist, sich den Wellenbewegungen überläßt, ich nütze die unerwartete Okkasion und frage dich ganz ernsthaft, ohne den Wert deines lyrischen Produkts einschätzen zu wollen, was mir nicht zukäme. Ich frage dich ganz ernstlich, wie du es anstellen wolltest, so einen Text ins Französische zu übertragen. Das lasse sich nicht impro. Im Gegenteil: es läßt sich *nur* improvisieren, ausklügeln kann man es ganz gewiß nicht, dahin wäre alle Spontaneität. Ich werde dir also, wenn du's zuläßt, das Geschäft abnehmen. Hörst du mich, Irene? Natürlich, es war nur so eine Frage, verzeih. Ich meinte auch nur, daß draußen der Maschinenlärm heute besonders zügellos ist, man muß auch darüber nochmals an Maître Biencarré schreiben. Ich versuche es denn, so ganz spielerisch eben, mit der ersten Zeile. Peupliers, peupliers, peuple lié, peuples liés, oh peuples, liez-vous! Das wäre schon die halbe Internationale, macht nichts, wenn es statt unissez-vous liez-vous heißt, ce n'est pas le point, der Punkt, auf den ich ziele, liegt anderswo, und wenn du mir aufmerksam zuhörtest, würde ich es dir gerne auseinanderlegen, ehe man dieses Haus ganz und gar auseinandergelegt hat und unsere Hochgrotte abgerissen wird, so daß nicht einmal mehr öde Fensterhöhlen zu sehen sind, nur Wände mit schmutzigen Tapeten, halbe Zimmer gleichsam, die da sagen: Es wird von dir, es wird von mir kein Mensch mehr wissen und erzählen. Es verhält sich mit deinem Gedichte so, daß,im Augenblick, wo dir die Sprache eine Assoziation zuträgt, du dich dieser unterwerfen mußt: das Pappelalleegedicht könnte die Impression einer Autofahrt über eine route départementale wiedergeben: flugs landest du in der französischen Übertragung in einem rünstigen Revolutionsgesang. Rünstig sage ich: weder brünstig, noch blutrünstig, nur rünstig eben — es heißt gar nichts. Exemplifizieren wollte ich nur deine Preisgabe jeglichen Aussagesinns, des Un-sinns, der notwendigerweise im Nichtsinn verborgen liegt — ich sage nicht: des Wahnsinns, aber das Wort liegt mir entsetzlich nahe und ent-setzt mich, so daß ich vom Lager aufspringen möchte und schreien, ja, schreien, dich zurückrufen in unsere Welt des Verfalls, die sich auflöst zwar, aber nicht im Un- und Wahnsinn sich negiert! (Leise zu sagen: Je t'aime beaucoup, je serais terriblement seul sans toi, seul, seul, söll wohl!) Der Wahnsinn scheint ansteckend zu sein, entgegen allen diesbezüglichen Erkenntnissen der Psychiatrie. Es ist kein Zweifel darüber möglich, daß die Preisgabe jeglichen Sinnes von Wort und Satz den Preisgebenden in den Irrsinn führen kann: damit würde er den höchsten denkbaren Preis erlegen. Nur ist mit einiger Präzision die Frage zu stellen, was »Sinn«: Sinn des Satzes erst, Sinn des Wortes danach, in Zusammenhängen wie den hier andeutungsweise hergestellten meinen kann. Sinn des Satzes: Mit der sehr bestechenden Formulierung, es sei der Sinn des Satzes der Weg seiner Verifizierung, beziehungsweise Falsifizierung, kommt man hier ganz entschieden nicht mehr aus. Diese strenge Vorschrift mag gelten, wo es sich um — im weitesten Sinne — wissenschaftliche Urteile handelt. Wenn also beispielsweise jemand erklärt, es werde stets dann, wenn er seinen Ofen anheize und die Flammen lodern, in seinem Zimmer kälter, dann wird dies ein sinnvoller, weil intersubjektiv falsifizierbarer Satz sein. Wenn aber ein Maler namens Lefeu in seinem bis zur Sanitätswidrigkeit verwahrlosten Mansarden-Atelier sagt, er brauche Cognac, auf daß »süße Nebelschwaden« sein Gehirn durchziehen, dann ist dies ein zwar im wissenschaftlichen Verstande nicht mehr verifizierbarer (und auch nicht falsifizierbarer) Satz, aber darum doch keineswegs ein sinnloser: wer ihn hört, mag den Schluß ziehen, daß der, welcher ihn aussprach, sowohl Alkohol als auch Metaphern liebt. Der Satz wird sinnvoll, indem er die ihn aussprechende Person charakterisiert, wenn er auch einen nicht weiter zu klärenden Tatbestand betrifft, denn niemand kennt »süße«

Nebelschwaden, noch hat man bislang vernommen, es durchzögen solche ein Gehirn. Der Satz hat Aussagewert, gleich der an anderer Stelle getroffenen Versicherung, im Finstern wohnten die Adler. Ganz anders aber verhält es sich, wenn Sätze vorliegen, die in gar kein Erfahrungsschema einzuordnen und auch nicht als Metaphern entschlüsselbar sind. Pappelallee, Pappelallee, Pappelnalle usw. Hier ist nicht eigentlich eine Metapher mehr zu entdecken. Entschlüsselungsarbeit wird unmöglich. Was bleibt, ist die allein von der Sprache herbeigezwungene, nicht begrenzbare Fülle von Vorstellungsreihen, die auf wirre Weise entstehen, vergehen wie Feuerwerksornamente an einem dunklen Himmel. Hier ist vom Sinn der Sätze nur noch mit Vorbehalt zu sprechen, der Sinn der *Wörter* aber ist immerhin noch da und wird *wirklich* gerade in den feuerwerkshaften Vorstellungsreihen, die als Bewußtseinsrealität unableugbar und vielleicht morgen dank einer verfeinerten elektroenzephalographischen Technik auch objektiv deutbar sind. Wo aber die Wörter selbst zerschlagen werden, dort hört jede definierbare Sinnhaftigkeit auf. Wenn beispielsweise die Kuppel des Panthéons Anlaß wird zu einem Gedicht oder einem Text, darin die Laute Kuppeluppeluppeltkupuppelt vorkommen, ist das Limit erreicht. Ich mache dich nochmals auf den Sachverhalt aufmerksam, Irene. Wenn du auf unserem Lager bestimmte Wörter aussprichst, dann willst du mit ihnen auf Dinge und Ereignisse, sehr brennend und tief in den Körper reichende, verweisen: es ist dies kein Geplapper, wiewohl man es aufs erste Hinhören dafür nehmen könnte. Es sind vielmehr, metaphorisch gesprochen, schlüpfrige Schlangen, die aus deinem Munde kommen und sich in meine Ohren schlängeln. Um deine Gedichte steht es etwas anders, aber nicht so sehr verschieden, wie du vielleicht glaubst. Du sagst Pappelallee, spielst mit dem Worte, bis es zum Geplapper wird und gibst dich ganz der Sprache, die du für autonom hältst, anheim. In Tat und Wahrheit aber zielst du, ob du es willst oder nicht, immer wieder in die Wirklichkeit hinein, indem du im Leser oder Zuhörer Vorstellungsreihen erweckst. Du kannst dich dieser Sinnhaftigkeit des Wortes, dieser Bindung des Wortes an das Ding nicht entziehen: wenn du dich ihr aber schließlich wirklich eines Tages vollständig entzogen haben würdest, es müßte weniger herauskommen als Finnegans Wake. Nichts wäre dann noch da als das nicht mehr poetisch gerechtfertigte, sondern nackt in der Welt stehende, nur sich selbst bedeutende Geplapper. Die Grube, Irene. Die Schlangen wären dann nicht mehr süß-schlüpfrig und höchst ergötzlich für uns beide, sondern schreckhaft. Riesenschlangen, die uns nicht mehr freigeben. Ich wollte dir noch, wenn du so gut sein wolltest, mich einmal beim Zuhören anzusehen und vom abblätternden Plafond zu lassen, von den Leuten sprechen, die mich heimsuchen. Düsseldorf. Ars nova. Schick und Erfolg versprechend. Ich sage nicht ja und nicht nein. Man wird sehen. Die Dinge an sich herankommen lassen. Aber gerne wäre ich bereit, da es ja auch literarisch interessierte junge Herren sind, ihnen deine Texte zu zeigen. Das könnte ein Weg sein: Heilung durch den Geist. Es würde ihnen zusagen, daran zweifle ich nicht. Geplapper, Geplapper, gibt Anlaß zu Tiefsinnigkeiten, und am Ende würde Monsieur Roland Barthes seine Weisheiten über Bezeichnetes und Bezeichnendes dazugeben. Mir würdest du dann wohl entschwinden, über die Hochgrotte hinaus aufsteigen in die Lüfte, die leuchten. Aus dem Verfall in den Glanz-Verfall. Gern will ich das Meine dazu tun, wenn es dir nur helfen kann, wenn schon mir selber nicht zu helfen ist oder nicht geholfen werden darf, aus Gründen, die noch dunkel sind. Nur solltest du vielleicht die Decke oder den Kotzen über deine nackten Glieder ziehen, es ist kalt hier. Es muß nicht kalt bleiben; daß zwei Körper in der Annäherung, Umschlingung, Verschlingung einander Wärme zu spenden vermögen, ist eine alte Weisheit. Busch, buschig, ich mag das. Busch: Maquis, Maquis deiner Schamhaare. Schlangengrube deiner Öffnungen, so würde ich es malen und dann wäre es metaphysischer Realismus. Du sagst es besser, oh so viel besser, mit Realismus wohl, aber ganz ohne

dreifach beschissene Metaphysik, die mir nichts bedeutet. Sag'
das nochmals und nochmals. Weiter, weiter auf. Mir selbst ist
dieses außerordentlich realistische Talent nicht gegeben. Aber
dir: du sagst die Wörter, die auf Dinge und Ereignisse hinweisen,
ergötzest uns, dementierst so nebenbei das, was du für deine
kunstphilosophischen Theorien hältst. Wie war das, Irene? Das
möchte ich nochmals hören, gerade weil ich es noch nicht gesehen
habe. Wiederhole mir das, du bist um so viel begabter als Monsieur Georges Bataille, ja, in irgendeiner Sprache, die ich verstehe, four-letter-words, aber verstehen muß ich die Sprache,
sonst ist sie nichts, ein Nichts, eine Nichtigkeit. C'est bon, ma
chérie, comme c'est bon — encore et encore et encore. Nur hat
das encore irgendwo seine Grenze, denn beim Manne ist es sehr
wohl zu Ende, nachdem der äußerste Spasmus sich gelöst hat und
fließend sich in Fließen überträgt. — Der Mann hat sogar ganz
abstoßende Versuchungen. Ächzend sich wegheben. Cognac.
Eine Gauloise. Wie würde ich. Ich bleibe sanft und zärtlich am Gegenstand, so wie ich es von meiner Malerei her gewohnt bin.Nur
ist es eine Qual, daß ich gerade nur unter diesen und keinen anderen Umständen den Gegenstand erreiche, schon ist er ja wieder dahin und richtet den starren Blick nach oben. Wenn es
zu Ende ist, bei mir, nicht bei dir, ich verstehe mich darauf, dann
weiß ich nicht aus noch ein, und was andere meine Intelligenz
nennen, steht ratlos vor dem Sachverhalt der Entfremdung.
Hörst du mich, Irene?

Die Hilflosigkeit eines vielleicht fünfzigjährigen Mannes, auf
dessen Wühllager eine um zehn Jahre jüngere Frau liegt, welche
einerseits von unstillbarer Bereitschaft zur Koppelung ist, die andererseits kaum in dieser Koppelung, geschweige denn im Ruhezustand durch Worte erreichbar ist, weil sie sich ganz an die Wörter gab und eine eigentümliche Neigung hat, den Plafond weitoffenen Auges anzustarren — diese Hilflosigkeit ist zwiefach:

physisch und geistig. Physisch, da er bis an die Grenze seiner schwindenden Kräfte ging, geistig, weil er trotz ziemlich umfänglicher Lektüre und eines, wie er meint, nicht geringen Vermögens der Einfühlung oder Empathie, nicht weiß, was am Grunde des seltsamen, vielleicht schon un- oder wahnsinnigen Verhaltens der Frau liegt, noch weniger, auf welche Art sie zurückzuholen wäre in eine Welt, die als Summe von Erfahrungen in sinnvollen Wörtern und Sätzen sich widerspiegelt, eine Welt, die einen logischen Aufbau hat oder zumindest durch einen solchen interpretierbar ist. So wird sich beispielsweise einem Manne in dieser Lage die Frage aufdrängen, ob gewisse Formen der Poesie, die auf den Sinn der Sätze erst, der Wörter danach, hochfahrend verzichten, Ursache ist oder Folge der Alienation. Die Alltagsvernunft lacht gleichsam höhnisch und gibt zu verstehen, es sei wohl kaum noch einer durch das sinnlose Aneinanderreihen von Silben um seinen Verstand gekommen. Die dadaistischen Dichter waren nicht wahnsinnig: wahnsinnig war einer, der schlicht und sachgerecht sagte, April und Mai und Junius seien ferne, und er sei nichts mehr, er lebe nicht mehr gerne. Aber damit ist das Problem keineswegs gelöst. Sehr wohl kann die verdächtige Sachgerechtheit Ausdruck regressiver, wenn auch momentweise noch logischer geistiger Verfassung sein, während andererseits die Närrischkeiten der Dadaisten tiefe, nur klinisch noch nicht faßbare Störungen sprachlich wiedergegeben hatten. Es ist denn weniger undenkbar, als man dies auf den ersten Blick glauben würde, daß eine — aus welchen ästhetischen Gründen auch immer — praktizierte, methodische Zerstörung der sinnvollen Aussagesätze, eine radikale Zerschlagung der Wörter schließlich in den Irrsinn hineinführt. Ebenso denkbar ist und bleibt der Irrsinn als Ursache der Sprachzertrümmerung —; und schließlich kann man sich eine Dialektik vorstellen, welche hier die Begriffe Ursache und Wirkung aufhebt, einen Verlauf, innerhalb dessen ständig der Sprachunsinn zurückschlägt auf die Welterfahrung und sie ver-rückt, und daß diese zerrüttete Welterfahrung ihrerseits wiederum eindringt in die Sprache und sie in Stücke schlägt. Es ist all dies wahrscheinlich Sache der Neurologie eher als der Psychiatrie oder gar der Antipsychiatrie, die nichts ist als der verzerrte Schatten einer nicht zuendegedachten revolutionären Ideologie. Es könnte antipsychiatrische Unweisheit in einem Falle wie dem vorliegenden etwa die Behauptung aufstellen, es sei Irenens Sprachprotest (sogar in seiner allenfalls eintretenden Wucherung zum Wahnprotest hin) die einzige und darum auch sinnvolle Antwort auf eine Welt der sozialen Alienation, die ihre entfremdete Sprache ausgeformt hat. Das Argument hält nicht stand, kann nicht standhalten, denn es gibt unter allen denkbaren gesellschaftlichen Bedingungen eine Alienation (wechselnde Form eines von der Gesellschaft der Anderen auf das Individuum ausgeübten Druckes), und es gibt ebenfalls, unter allen vorstellbaren Umständen, ein logisch zusammenhängendes Total der Erfahrung. So wird es denn unter gar keinen Voraussetzungen und Zielrichtungen ein revolutionärer Akt sein, wenn jemand einen Brief an seine Geliebte, statt ihn in den Postkasten zu werfen, zum Ministerium für soziale Verwaltung trägt, und es wird desgleichen, soferne er nicht die Übereinkunft mit einer Anzahl von Menschen, die als soziales Feld anzusehen sind, getroffen hat, inskünftig die Adresse seiner Geliebten mit der Chiffre »Ministerium für soziale Verwaltung« zu bezeichnen, stets ein Akt des Irrsinns oder der — wenn man das so will —: Weltverleugnung sein. Weltverleugnung ist nicht Weltabwendung, Irene. Ich wende mich ab, kehre einer so und so gearteten Welt den Rücken und ziehe mich zurück in unsere Hochgrotte, das kann ich in sinnvollen Sätzen erklären und kann es, wenn ich dazu aufgelegt bin, begründen. Ich kann aber nicht sagen, daß die Welt, der ich den Hintern zudrehe, nicht existiere. Behaupte ich es dennoch, dann wird dieser mein darauf bezogener Satz von eben der Welt, wie entfremdet sie auch sei oder wie sie auch die Selbstentfremdung des Menschen bewirke, als Unsinn abgetan werden. Die Ziele der Sprache liegen nicht mehr im sprachlichen Bereich, sondern stehen jenseits der Sprache: im Sozialraum, wo nicht mehr leicht die Ungedanken beieinander wohnen, sondern hart sich die Sachen stoßen, die zusammen das ausmachen, was wir Wirklichkeit nennen. Nein, ich doziere nicht, ich sage, was zu sagen mir unerläßlich erscheint, um dich zurückzuholen. Zu mir? Auch das. Aber in die Welt, sie vor allem, der wir angehören, noch dann, wenn wir uns von ihr abwenden. Sie ist, glaub es mir und versuche mich anzusehen, wenn dir das auch kein Vergnügen bereitet, alles, was der Fall ist, und *nur*, was der Fall ist: nicht weniger und nicht mehr. Die Sprache gibt wieder, was in der Welt, die alles, was der Fall ist, der Fall ist: nicht weniger und nicht mehr. Auch Visionen sind der Fall. Auch entschlüsselbare Metaphern deuten hin auf etwas all-Fälliges. Gewiß doch, auch unentzifferbare Wortreihen, auch Laute sind der Fall. Freilich sind sie dann nur das, was sie sind, überschreiten sich nicht, reichen nicht in die soziale Wirklichkeit hinaus. Und wer sie als solche nimmt, verfällt, anders als ich, Irene, verfällt tiefer und tiefer, stürzt ganz ins Bodenlose. Siehst du den Schatten? Nicht hier den gemalten Kerzenschatten, den ich unperspektivisch hinsetze als ein formales Element des Bildes, den anderen Schatten, mein' ich, der zwischen uns aufwächst. Es hat ein schlechtes End' genommen mit dem, der diesen Schatten warf. Reichtum, verachtet. Lehrer irgendwo in einem Bergnest. Klostergärtner, Einsiedler. Er hat begriffen, was überhaupt man begreifen kann von Welt und Sprache. Als er aber nicht mehr begriff und weiter begreifen wollte, sagte er das Unbegreifliche und verlor alle drei: sich selbst, die Sprache, die Welt. Ein armer Schatten; der ihn warf, mag froh sein, daß er relativ früh verstarb, anders wäre er in einer Irenenanstalt. Ach, ich verspreche mich. Zuviel Alkohol, Kettenrauchen dazu, Elemente der Weltabwendung, die am Ende auch zu Sprach- und Weltverlust führen können. Wer sich ver-spricht, kann sich ver-denken und muß sich verlieren. So werden wir alle zu armen Schatten, vielleicht auch ich. Nur würde ich in meinem Falle, wenn es dahin kommt, wissen woher es kommt. Sklerose. Nichts einfacher als das, es ist der Fall, man muß nicht einmal Arzt sein, um Bescheid zu wissen. Noch vordem aber wollen wir. Du fühlst dich so sanft an wie eh und je. Wie sagte ich stets? Alle Wohlgerüche Arabiens, die in den Fäulnisgeruch sich mengen, ohne sich zu schämen. Ich danke dir, es sollte nicht scheitern am Geplapper, noch nicht. Zu diesem das glatte Fleisch marmorierenden Geäst von Kapillargefäßen habe ich eine Zärtlichkeit, die nicht jedermann mir nachfühlen würde wollen; die meisten sprechen von Schönheitsfehlern. Mir aber scheint, daß es keine fehlerlose Schönheit geben kann und daß es gerade die nicht vollkommene Schönheit ist, die man anschaut mit Augen, um dem Tode sich anheimzugeben. Dem Tode oder dem Verfall, ich weiß, es ist zweierlei, man spricht häufig vom Tode, wenn man eigentlich Verfall meint. Leicht marmorgeästelte Schenkelschönheit, die ich liebe, schwimmender Blick, der sich von der Zimmerdecke sekundenlang löst, wenn die Zärtlichkeiten manchmal alle Zartheit verlieren und zur eindringenden, eindringlichen Gewalttat werden. Verfallsgefährte, sei gebenedeit. Etwas wird hörbar, man ist niemals genug allein. Arbeiterfüße, schwer aufgesetzt. Arbeiterfäuste jetzt, aber ganz manierlich klopfend, also nicht Fäuste, sondern Knöchel, klopf, klopf, wie Daniel zur Höhe. Sie sind es, meine Herren? Es ist vielleicht nicht der Moment. Wer? Herr Ludwig Wittgenstein? Gelächter vor der Tür. Und Verzeihung. Wir kommen später, der Jammer ist, daß Sie kein Telephon. Auf dem Korridor spazieren gehen, so und zehn Minuten, gemütlich, Arbeiterfüße, schwer vorgesetzt. Dann bin ich bereit, sind wir bereit, denn ich bin nicht allein. Wir kommen spä. Nein, gehen Sie doch spazieren in den Korridoren, des couloirs et des couloirs et des couloirs, wie in Marienbad. Sie sollen etwas hören, das Sie interessieren wird. Durchaus. Ars nova veranstaltet auch Dichterlesungen. Und Cognac, vor allem das, man kann nicht leben ohne die süßen Nebelschwaden, heilige Mutter Nebelschwade, Gedicht von Friederike Mayröcker, doch sollen Sie Besseres hören, schon Fortgeschritteneres, denn die heilige Mutter ist noch romantische Metaphorik, während hier auf höherer Ebene der Semiotik verfahren wird. Wir gestatten uns. Sehr erfreut, gnädige Frau. Machen Sie sich's bequem und richten Sie bitte keine beunruhigten Blicke auf mein Lavabo, das ist ein Allzweckgerät. Dort wird allen Zwecken genügt, allen. Mag's euch nicht gefährden. Doch nun, meine Herren, da wir hier in gemütlicher Gemeinschaft versammelt sind, wenn auch leider nicht in ruhiger, denn draußen donnern Maschinen, reißen Prellbohrer den Boden auf, es wird ja abgebrochen, auf daß der Aufbruch von Paris statthabe — nun, meine Herren, will ich Ihnen vorerst mein jüngstes Projekt zeigen. Es ist erst die Skizze vorhanden. »L'oiseau de malheur«, der Knitterhals wird von Federn verdeckt, die Nase ragt als Schnabel feindselig in die feindliche Welt, die Federbüschel oder Ohren stehen ab. Der Unglücksvogel oder die Verfalls-Verfallenheit. Die Durchführung des Vorhabens findet in einem späteren Stadium statt, ich bitte um Ihre Geduld — und um Ihre Aufmerksamkeit, denn hier ist ein Text, der Ihnen verständlich machen wird, warum ich vorhin scherzhafterweise Herrn Ludwig Wittgenstein zu mir hereinbat, wiewohl ich doch genau wußte, daß *Sie* an der Tür pochten. Gewiß, wir sind bereit, ganz O. — Mondänes Gelächter. Die Inspiration, das werden Sie gleich wahrnehmen, war eine Autofahrt auf einer route départementale. Vom Einhauch an aber hat die Sprache sich selbständig gemacht. Sie hat die Dinge preisgegeben und vertraut ganz auf ihre eigene Kraft. Sie hören? Mit Ungeduld. Ich lese. Pappelallee, Pappelallee, Pappallee, alle Pappeln, Pappelnalle, Aleepappeln, plen, plan, plap, pap, klapp, Papperlapapp, Geklapper / Geklapper? Paperlapap — lee-lee. / Pappelalle, Pappelallee. Plappee, Papeete: Gauguin. Der Text, meine Herren, dem Sie zu meiner Befriedigung durch verständnisvolles Kopfnicken, ja sogar durch angedeuteten Applaus zweier Finger, die sich sanft in Handflächen legen, Ihre Aufmerksamkeit bezeugen und Ihre Zustimmung erteilen —: dieser Text ist *offen*. Eine neue literarische Demarche ist festzuhalten, deren Novität darin liegt, daß gleichsam der Leser aufgefordert wird, den Text weiterzudichten (ohne ihn darum abschließen zu sollen, ja ohne ihn beenden zu dürfen!), dem nur die Verpflichtung auferlegt wird, über den crucialen Punkt Gauguin, der durch die Assoziation Papeete als Schnittpunkt der Redewege erreicht wurde, wieder kunstgerecht hinwegzusetzen, um unbedingt zur Pappelallee zurückzukehren. Oder zum Geplapper. Denn beide, die Allee und das Klappergeschwätz sind die sprachimmanenten äußersten Bezugspunkte des Textes. – Ich habe immer noch Ihre Aufmerksamkeit? Bescheiden-beglücktes Lächeln. Ausgezeichnet. Der Text ist denn also, wie Ihnen nicht unbemerkt blieb, denn Sie sind gewitzt und gescheit, ist sprachimmanent in seiner völligen Emanzipation von den sogenannten Sinngehalten kommunikativen, also: banalen und entfremdeten Sprechens, ist aber sprachtranszendent, im Maße, wie er zum Weiterdichten anregt oder sogar mitreißt. Der Widerspruch wird dialektisch aufgehoben und aufbewahrt. Durchaus. Aufgehoben und aufbewahrt. Man kann eine Dichterlesung, soferne Madame ihre Zusage erteilen wollte, im Anschluß an die Vernissage Ihrer Ausstellung vorsehen. Wenn dem deutschen Text die französische Nachdichtung – peupliers, peupliers – dann wäre dies nur um so. Man spricht das Französische in den maßgebenden Milieus in Düssel. Und gerade die Gauguin-Allusion ist geradezu ein Blitz. Wir sind beein. Unser Respekt, Madame und unser Glückwu. Was aber den Oiseau de malheur betrifft, sind wir aufs äußerste gesp. Mit Vergnügen bereit, einen Vorschuß auszuwerfen, wenn Sie wün. In vernünftigen Grenzen bleiben, meine Herren. Der alte Meyersohn von Meyersohn und Sohn – ich habe ihn nicht gekannt, habe überhaupt erst durch Sie von ihm erfahren – wäre so generös nicht gewesen. Und recht hätte er gehabt. Sie können nicht voraussehen, wie die Klientel auf den von Ihnen gewitzt erfundenen metaphysischen Realismus des Malers Lefeu, den in Düsseldorf niemand kennt, reagieren wird. Es könnte ja sein, daß ich durch die Gefahr des Abbruchs meines Hauses in Verhältnisse gerate, die mir die Weiterarbeit nicht gestatten. Ich könnte auch, wie von einer Axt gefällt, hier auf der Stelle tot umfallen, man ist nicht mehr der Jüngste und hat mancherlei. Vorsicht geziemt sich also. Aber seien Sie bedankt für Ihr Wollen meines Wohls. Und Gottes Segen auf allen Ihren Wegen. Geplapper? Man kann nie wissen. Es war doch erstaunlich. Die Frau saß regungslos auf dieser Art von Bettstatt. Der Blick abwesend. Drogen, kein Zweifel. Aber man weiß nie, man denke doch an Henri Michaux. Es läßt sich erwägen. Wie? Closerie des Lilas? Teuer. Aber fein. Man hat sich das verdient. Es geht in die Spesen. Wie die Menschen nur den Lärm ertragen können! Der Schädel brummt. Cognac, sehr wohl, aber nicht dort, nicht aus diesen Gläsern. Man hat eine Stärkung nötig, muß sich auch erwärmen, die Bude ist ja ungeheizt. Hé Taxi, Taxi!

Man muß bedenken, daß eine poetische Herstellung unter den heutigen Umständen — und wenn selbst die zum Urteilen und danach zum Handeln aufgerufenen Personen über gründlichere literarische Kenntnisse verfügten als umgetane Kunsthändler aus Düsseldorf sie besitzen — qualitativ so leicht nicht bewertet werden kann. Ebenso schwierig ist es, einen Kommentar, der ironisch, parodistisch gegeben wurde, um des Geplapper als Geschwätz zu entlarven, alsogleich zu durchschauen. Die Sprache des Literaturbetriebs, vor einem halben Jahrhundert noch einfach, weil gedeckt von einer soliden Tradition und einer schlichten Kreationspsychologie, hat sich gewandelt und umgreift ganz routinemäßig das Vokabular einer Anzahl neu sich gestaltender Wissenschaften oder alter Ideologien, die modisch aufgezäumt sind. Der Literatur — oder richtiger: der Kulturbetrieb lebt und webt in der von ihm entwickelten Sprache, die gar keine nachweisbare Bindung zur Quelle aller Wirklichkeit, den erfahrenen Sinnesdaten, hat. Sie ist denn in Bezug zum logischen Aufbau der Welt durchaus »sinnlos«. Es ist in logische Aussagen nicht zu übersetzen, wenn irgendwo von irgendeinem Text behauptet wird, er sei sowohl sprachimmanent wie sprachtranszendent, jedoch höbe dieser Widerspruch dialektisch sich auf und werde im Aufhebungsprozeß bewahrt. Von kaum einem kritisch zum modernen Geistesbetrieb ausgesprochenen Satz kann man sagen, er finde seinen Sinn im Wege seiner Verifizierung oder er sei rückführbar auf Sätze mit wahrnehmbaren Prädikaten. Dennoch haben diese Urteile eine Wirkung in die Wirklichkeit hinein, wenn sie auch zweifellos nicht dem Wirklichkeitsbereich entquollen, vielmehr nur von Vokabularen genährt sind, genährt und gemästet, so daß sie fett wurden bis zum Zerplatzen. Die Realität, in die sie, die von nirgendwoher kommen, sich einschleichen, besteht in einfachen Fakten: Ein aufgeregtes und seiner selbst nicht gewahres Bewußtsein nimmt sie auf; der Bewußtseinsträger geht stehnden Fußes in eine Galerie und erwirbt ein Gemälde oder fragt in einer Buchhandlung nach einem Buche oder ersteht eine Eintrittskarte zu einem Konzert. Das Befremdliche und zugleich Erheiternde an der Sprache des Kulturbetriebs ist ihre vollkommene Irrealität, die aber die Fähigkeit hat, sich in das Reale des Handels und Handelns zu übertragen. Stehen wir hier vielleicht vor dem Phänomen so benannter Sprachmagie? Natürlich nicht: denn das magische Mysterium entschleiert sich sehr bald als ein Teil der ökonomischen Realität, in welchselber gewisse Zeichen (»Schnittpunkt der Redewege«; »Bezugspunkte des Textes« und dergleichen) als Leuchtblitze für Kauflustige, Kauflüsterne aufflammen. Die Wirklichkeit ist die des Marktes: ihr sind alle Zeichen recht, die die Lüsternheit erhöhen oder das quälende Gefühl des Mangels aufkommen machen. Der Bourgeois der siebziger Jahre des zweiten Jahrtausends, der in den fortgeschrittenen Industrieländern lebt, glaubt tatsächlich, es fehle ihm etwas, wenn er jene Bücher und Bilder, die in der scheinbaren Sinnlosigkeit der Betriebssprache ihm suggeriert werden, nicht besitzt.

Die irreale Sprache reißt die Wunde eines real empfundenen Bedürfnisses auf, von dem man zwar sagen kann, es sei, gerade *weil* es durch unwirkliches Gerede hervorgerufen wurde, kein authentisches, das sich aber gleichwohl schmerzhaft fühlbar machen kann. — So ist denn im ökonomischen Felde die Behauptung zu erhärten, es könne der Sinn eines Satzes der Weg des durch ihn bewirkten psychologischen und aus dem psychologischen zu einem in quantitativen Termen feststellbaren objektiven Prozesses sein. Ich prozessierte gleichsam gegen die Leute, die Schmalhans zu unserem Küchenmeister machen, indem ich deinen Text improvisierend verzerrte und ihn in dicke Wattebauschen sinnlosen Geschwätzes einpackte. Kannst du es mir verzeihen? Ich hatte den Eindruck, es amüsiere dich, wiewohl mir der Ausdruck deines Gesichts weniger und weniger Einsichten vermittelt. A ta santé, ma chérie, und vergib nicht nur den Mißbrauch deines Textes, sondern auch die Unverschämtheit, mit der ich das Lavabo zu Zwecken gebrauche, für die es ursprünglich kaum vorgesehen war. Es rauscht dünnlich, ja, der Mensch ist kein Hengst, weder am kühlen Stein des Beckens noch dort bei dir. Es war eine innere Reinigung, vollzogen mit Genuß. Das hat noch niemand beschrieben, fällt mir ein: die Genüßlichkeit der Evakuierung dessen, wovon der Körper zuviel hat. Phänomenologie der Miktion und Defäkation: eine Leerstelle in der Philosophie der Leiblichkeit, soviel mir bekannt ist. Beide, Defäkation und Miktion sind dann besondere Wonnen, wenn sie parallel laufen zur Liquidierung eines Übelstandes, wie die Unterhandlungen mit den Düsseldorfern es sind. Du lachst. Ich höre dich gerne lachen, wiewohl ich mir manchmal sage: Weh' deinem Gelächter! Aber ich versuche, dich zu unterhalten, und bin nun ganz sicher, daß du mir den schlechten Scherz mit dem Gedicht verziehen hast. Insonders die Zuspitzung zu Papeete und Gauguin war schlechthin grotesk, wenn gewiß auch zu Possengebrauch von mir gut erfunden, des schmeichle ich mir und sage dir nochmals, wie glücklich ich bin, dich lachen zu machen, nur wird das Lachen, das etwas eigentümlich Schreiendes hat und einem Wehlaut zu gleichen beginnt, mir nachgerade unheimlich. Jetzt versiegt der Lachwehlaut, ich bin gewiß, du hörst mir zu. Und du hast mich von aller Schuld losgesprochen. Was ich wollte, indem ich deinen Text verschandelte, du weißt es jetzt, und ich wiederhole nur, um es mir selber entschuldigend zu sagen, war zweierlei: Zuerst wollte ich die Spießerweisheit erhärten, die spießerhaft ist, aber so unweise denn doch nicht: daß mit dem Verschwinden der Sinnhaftigkeit von Sätzen und dem hierdurch bewirkten Verlust aller Kriterien es möglich wird, auch Leuten, die up to date sind, mit purem Unsinn den Leim zu kochen, auf dem sie dann kleben. Das ist nicht neu. Gäste sind wie die gebrestlichen Reste im kahlen Pokale, wenn auf dem ferneren festlichen Himmel die weiten westlichen Wolken wandern zu Tale. Es ist nicht von Rilke, sondern ist eine Parodie von Robert Neumann. Es gingen mir aber schon einstens, als der Wortspieler sein jugendlich Spiel trieb, ernste und gebildete Männer in die Falle, wenn ich das Gedicht als ein Rilkesches vorlas. Das ist eine Sache. Die andere ist schmerzlicher. Hast du gesehen, wie die Düsseldorfer gleich bereit waren, dir eine Lesung zu veranstalten, wiewohl sie doch nicht dein mühevoll und gewiß auch kunstvoll gebasteltes Gedicht hörten, dem ich nur die erste Zeile entnahm, sondern mein läppisches Kabarettverschen? Das erhellt aber nicht nur die kritisch nicht mehr aufgreifbare Inkonsistenz solcher Sprachspiele, sondern ist ein Zeichen dafür, daß diese Teil sind nicht des Verfalls, sondern des Glanz-Verfalls. Ach, ich sehe dich schon als einen Starstern sehr weit weg von der Rue Roquentin am Himmel der Kunst- und Literaturhändler leuchten. Mein Stern, wo bist du? Kühler Stern über meiner Not, so stehst du im Dunkel allzuhoch über mir und erscheinst fremd und fern. Ein kalter Himmelskörper in der Nacht und ein warmer Menschenkörper auf dem Wühllager, sie sind nicht mehr übereinzubringen. Und ich habe das Nachsehen, das Zusehen. Den Neid und die Eifersucht, den schmutzigen Jammer. Unerträglichkeit! Man verspürt Drang und Lust, Feuerbrände in alle Stätten des Glanz-Verfalls zu werfen, wie jener noch immer nicht gefaßte Mann es tat, der den Drugstore am Etoile in Brand setzte. Der Etoile war vielleicht sein Stern. Sein flammender Leuchtkörper, den er nicht erkalten lassen wollte im cool jazz dieser Zeit, dieser Jugend, dieser Gesellschaft. Feuer gegen den Glanz-Verfall. Spielerei, wahrscheinlich, denn man kann nicht die ganze Welt in Brand setzen, kann allenfalls Flammensignale geben, einer Revolution zunutze, die dann mehr wäre als die meist sehr jugendlichen, aus gutbürgerlichen Häusern stammenden jungen Luxusrevolutionäre sich träumen lassen. Du lachst noch immer, Irene, oder lachst vielleicht schon wieder, mag sein, ich habe die Pause überschwätzt, die dein Lachwehlaut sich gönnte. Hier ist etwas Tee, gebraut auf dem unschilderbaren, aus Schmierigkeit des Pommes-frites-Fetts und der Ölfarben wie aus einem mythischen Boden herauswachsenden Gasrechaud. Guter, starker englischer Tee aber gleichwohl, kunstvoll hergestellt nach gültigen Anweisungen einer old Lady aus Southdowns, England. Und zum Tee nur diese kleine Pille, sie wird das Schreckensgelächter sanft ersticken, so daß wir wieder vernünftig miteinander reden können, wenn in Tat und Wahrheit stets auch nur ich selber schwätze, während du unbeweglich, unersättlich das tiefste Schweigen erwartest oder jene routinierten Handgriffe, welchselbe dann den Mechanismus deines nichtdichterischen Realismus in Gang bringen, so daß wieder die mots orduriers dir entquellen. Aber zu mehr als Handgriffen reicht es nicht mehr, ich sagte schon, ich wäre kein Hengst. Hengst gefällt dir, wie ich aus dem nunmehr entschieden gelösteren Ausdruck deines Gesichts herauslese. Du hängst am Hengst — und dein Lachen hat jetzt etwas ganz ungewohnt Natürliches, vielleicht sogar dumm Zotiges, was dich in die Wirklichkeit zurückführt, sei es auch nur minutenlang. Hängst am Hengst: aber das ist strengste Sinnsprache, verweist auf die physische Realität deines Verlangens und hat nur eine ganz äußerliche Ähnlichkeit mit deinen Sprachspielen. Gut, daß die kleinen Tabletten heutzutage so schnell ihre Wirkung tun, man rede mir nicht von Medizingiften, ich bin der Chemie dankbar, daß sie dich und mich erlöst. Aber ich gebe zu, daß diese wehleidige Chemie-Abhängigkeit auch integrierender Teil dessen ist, was ich Glanz-Verfall nenne, Kommerz der pharmakologischen Erzeugnisse, der Bilder, der Bücher. Man kann nicht A sagen, ohne auch B zu sagen, kann nicht die vervollkommnete Anästhesie wollen, die schnell wirkenden Sedativa, und zugleich mit ihnen einen kühlen Grund, den Schmutz, in dem Verlaine verkam, die dämmrigen Plüschgräber der Bürgerzeit. Ich muß leider reden, leider denken. Denn nun schläfst du. Und mein Herz ist schwer — was wahr ist, was man aber nicht mehr sagen darf, der Stand von Geist und Kunst läßt es nicht zu. Es gibt keine Schlaflieder mehr, Irene. Nur der Geist des Schlaflieds ist da, beharrlich, Emotion, die von der Epoche verworfen wird. Schlaf ein: keiner kann keinem Gefährte hier sein. Dies ist wohl unser Fall in ganz besonderem Maße. Ich kann dir nicht Gefährte sein, weil du aus der Sprache und mit ihr aus der Welt geflohen bist. Keines fortgeschrittenen Poeten Gefährte könnte ich sein, drum geh ich in späten Nachtstunden manchmal, wenn ich das Stadtviertel durchwandere, dem meine Liebe gehört und das dem Abbruch gehört, in leisem Gesang zu den Älteren zurück. Will demnächst nächtlich summend auch ein Schlaflied für Irene dichten, Variation des Schlaflieds für Mirjam. Spuk. Gespenster, heraufbeschworen von einem Revolutionär und Ex-Maquisard, den die Zeit zum Kulturreaktionär gemacht hat. Schlaf ein, keiner kann keinem Gefährte hier sein. Meine Hand ruht sich aus in deinem schlafenden Haar und mein mitgenommener Leib findet Frieden, weil der deine ihn in Frieden läßt. Und mein Geist glättet sich, weil er sich weder mit deinen Wortgemächten, noch mit seinen eignen Insuffizienzen, noch mit Düsseldorfer Anfechtungen auseinandersetzen muß, so daß fremder Sturm ihn bewegt. Gefährliche Ruhe, das wohl: Grabesruhe eines, der sich rückwärts wendet, was er doch um jeden Preis hätte vermeiden wollen, denn er weiß, daß die weiterschreitende Zeit allerwegen recht hat gegen ihn: nur weil sie weiterschreitet, so einfach ist das, während er am Orte verharrt oder gar ins Abgelebte flieht mit »Schlaf ein, keiner kann keinem«.

In der Wirtschaft verhält es sich so, daß Unternehmungen, die nicht einen bestimmten, vorauskalkulierten Prozentsatz von Umsatzsteigerung aufweisen, als rückläufig angesehen werden, was sie denn tatsächlich nach einigen Jahren auch sind – und dann also ihrer geringen Rentabilität wegen liquidiert werden müssen. Was nun in der Ökonomie Expansion genannt wird, findet im Kulturbetrieb seine Entsprechung in der Innovation: Autoren etwa, die ihren Stil, ihre Thematik, ihre theoretischen Grundlagen nicht stets von neuem – und dies in gesteigertem Rhythmus! – überprüfen und umformen, wird der Kulturbetrieb, der zwar »Betrieb« ist, zugleich aber auch historisches Faktum, das man nicht verleugnen darf durch Prinzipien und das Festhalten an Traditionsbezügen, aus dem Markt der Wörter ausstoßen. Er wird, dieser Kulturbetrieb, der letzten Endes hinausläuft auf ein historisch bedingtes, ständig neu sich einwägendes soziales Gleichgewicht von Urteilen, Meinungen, Meinungen über Meinungen, die am Ort Tretenden als die Rückschreitenden ansehen und dementsprechend behandeln. Beklagen darf der, mit dem man unwirsch verfährt, weil er den Zeitschritt nicht mitmacht – vielleicht wegen einiger Atembeschwerden, vielleicht auch, weil er die Epoche, die ihn trägt, mit der Chiffre Glanz-Verfall bezeichnet – sich nicht. Er hat kein Recht gegen die Zeit, es sei denn, er täte etwas, was nachgerade ganz und gar unmöglich wird, nämlich: sich auf ganz bestimmte absolute Werte zu berufen. Wert, darüber sollte gar keine Diskussion mehr nötig sein, ist ein rein soziales und historisches Phänomen. Der Wert ist keine intersubjektiv definierbare Qualität, die einem künstlerischen Gegenstand

(Buch, Bild, Musikstück) anhaftet, ist vielmehr ein Netz von Beziehungen, das sich zwischen dem Gegenstand und den Rezeptoren knüpft. Es ist dieses Netz, das sich aus den jeweiligen Gegenwarten über die Geschichte hin erstreckt und von dieser ständig neugeknüpft wird, welches über Wert und Unwert eines Produktes ein Urteil ohne Berufungsmöglichkeiten fällt. Es wäre ganz und gar sinnlos, wollte jemand von irgendeinem Kunstprodukt der Vergangenheit, entgegen allen dem Werke zeitgenössischen Urteilen und dem Richtspruch der Geschichte, die das Erzeugnis als wertlos aburteilten, auf der Behauptung beharren, es habe sehr wohl Wert: ein solches Beharren wäre günstigstenfalls eine Schrulle. Dies gilt — wenn auch nicht vollumfänglich — für Urteile, die noch nicht geschichtlich ratifiziert sind. Wenn etwa die Zeitgenossen über eine Hervorbringung befinden und sie als wertlos verwerfen, dann *kann* unter Umständen die Geschichte (also: das in der Zeit neu sich knüpfende Netz von Beziehungen und Meinungen) das zeitgenössische Urteil aufheben; aber derlei Vorgänge sind doch recht selten, seltener jedenfalls als man meint; das völlig »unverstandene Genie« ist ein Mythos, dessen Realentsprechungen man schwerlich auffindet. Jene, die entgegen der Zeitmeinung zu einem disqualifizierten Werk stehen, gehen eine Wette auf die Zukunft ein, die nur in raren Fällen gewonnen wird. Das letzte Wort hat die Geschichte, die freilich irgendeinmal als Netzknüpferin streikt und jedes, aber auch jedes Produkt dem Zerfall in der Zeit durch die Zeit überläßt. Vergebens sträuben sich die Bewahrer gegen diesen unausweichlichen Prozeß. Sie schleppen durch Schulen aller Grade, durch Bühnen und Museen das Vergangene mit. Dieses aber wird trotz aller Mühen immer wesenloser, beziehungsweise es wird zum geschichtlichen Dokument, versteinert, ehe es zerfällt und schließlich zu Staub wird. Dieses Werden und Vergehen nun ist ein wesentlich verbaler Prozeß. Es bauen sich um jedes Werk, das abgestoßene und — natürlich in höherem Grade — das auf Zeit aufbewahrte, Wortgebilde der Interpretation auf. Die Wiederentdeckung Hölderlins im zwanzigsten Jahrhundert war von Norbert von Hellingrath bis Pierre Bertaux und Peter Weiß ein Ereignis der Rede oder des »Diskurses«, wie man heute gern sagt, so viel ist gewiß. Nur darf daraus nicht geschlossen werden, es hätte die Sprache des Über-das-Werk-Redens eine autonome Existenz bewiesen. Das Gegenteil ist einsichtig: Was über Hölderlin geredet wurde, das spiegelt getreu, so getreu soziale und politische Tatbestände wider: wenn, um das Exempel weiter zu führen, Pierre Bertaux in Hölderlin den Jakobiner sah, wenn Peter Weiß diese These übernahm und dramatisch gestaltete, dann zeugt dieses Faktum dafür, daß, aus Gründen, die noch nicht ganz eingesehen werden können, im letzten Drittel des zwanzigsten Jahrhunderts die Revolution zumindest zur Diskussion stand, und zwar als ein brennendes Desideratum. Soferne morgen, was als denkbar erscheint, eine neue Hölderlin-Interpretation sich aufbaut, vielleicht eine, die das Struktural-Mythische dieses poetischen Werkes ins Zentrum rückt, dann werden auch diese interpretierenden Wörter ihre gesellschaftlichen Bezüge haben, werden nicht in der Luft des Zufalls hängen, werden nicht vom Himmel des Geistes herabfallen auf die Erde der sozialen Konflikte, sondern vielmehr von dieser Erde hinaufsteigen in die dünne Luft der Abstraktionen. Man weiß Bescheid, so einigermaßen, um diese komplizierten Prozesse und macht sich nichts vor, wenn man — aus Müdigkeit? aus Trägheit? aus purer Gewohnheit? — rückwärts schreitet, um eine ganz private Ruhe zu finden bei Verlaine oder dem kaum noch gelesenen Dehmel oder dem verunglimpften Rilke, vielleicht sogar bei Mörike, in flaumenleichter Zeit dunkler Frühe. Zwischen dem Kulturreaktionär Lefeu und seiner reaktionären Lektüre flimmern die Lichtbrechungen der Ironie, das weiß ich, Irene, und lache mir eins über meinen Traditionalismus, den ich gegen deine Poesie setze. Deine Pappelalleen haben wahrscheinlich recht gegen Hé, bonsoir, la lune, gegen Rilkes Blinde, der alle Spiegel zufrieren — da sie weiter sind in der Zeit: ob sie auch morgen recht behalten werden, ist eine noch unentschiedene Frage, die kümmert mich, unter uns gesagt, nicht viel. Wer einmal die Spiegelfechterei der Wertgebungen erkannt hat, dessen Gemüt bleibt im gleichen, wenn es um solche Fragen geht. Es ist mir auch gleichgültig, ob ein Publikum in Düsseldorf den Ars nova-Leuten auf ihren Kriegsruf: Seht hier, Lefeu und seinen metaphysischen Realismus! hereinfällt oder nicht, da ich doch weiß, daß in jedem Falle, und würde ich zu einem van Gogh, meine Gemälde auf die Abfallhalden der Geschichte zu liegen kommen werden, auch dann, wenn der Abfallberg museale Würde haben sollte. So bedeutet denn auch der Possen mit der Parodisierung deines Gedichts, auf den die Düsseldorfer hereinfielen, nur wenig: ich traf den *Ton der Zeit*, der besteht mit dir und gegen mich, auch wenn meine Intention kindisch-hinterhältig war. Schläfst du, Irene? Mein Herz ist schwer. Ich gab dir das Pülverchen ein, wie man einst gesagt hätte. Es war aber kein Pülverchen, sondern eine Kapsel mit einer teuflisch genau dosierten Mischung. Du regst Dich? Aber du schlägst die Augen nicht auf, schiebst nur den süßekligen Wollkotzen von dir, so daß du dich, schön in Nacktheit, einer bösen Erkältung aussetzen kannst. Ich lasse das Geschick, wie wir bestimmte physische Mechanismen nennen dürfen, gewähren. Pneumonie, Fieberglut auf deinen Wangen, Hitze der Haut, namentlich an den Schenkeln, zwischen denen meine Hand sich schändlich wohlfühlt: schändlich, sage ich, da die Trägheit des Alternden nunmehr weiß, es werde ihr nichts Unerfüllbares mehr abgefordert. Schlafestiefe und Händespiel, ich glaube dir nicht, daß du nicht erwachst davon, denn meine Finger spüren altbekannte Regungen, mein Kind, hängst am Hengst und an den ersetzenden Händen, windest dich gar lieblich im falschen Schlaf, den ich durchschaue, bis tief hinein in dein Dichterhirn, das jetzt gewiß nicht Wörter zertrümmert, sondern gute, handliche, ins Mark heiß einströmende mots orduriers erfindet, ergötzliche Wörter, ma belle petite putain, tu veux bien l'être, hein? Et mes mains d'artiste valent bien plusieurs queues qui te transpercent, par le con, par la bouche, par le trou de cul, wenn es nicht so wäre, würdest du nicht jetzt geschlossenen Auges keuchen. Schläfst nicht, Irene, mein Herz ist schwer, weil ich dich immer nur erreiche, wenn ich den Hengst spiele, die Rolle steht mir nicht, steht mir nicht, c'est le cas de le dire, aber ich liebe dich ganz altmodisch, trotz deiner zeithörigen Lyrik, die ich dem Glanz-Verfall zuordne, trotz der mots orduriers. Oder wegen ihrer? Zum Teil gewiß. Denn sie, diese schmutzigen Wörter, gehören dem echten Verfall an, mittels dessen ich protestiere, ich kann nicht anders, Gott helfe mir, amen. Dort im Halbdunkel ist das Allzweck-Lavabo und hier, auf dem Wühllager, liegt eine, sie ist transpercée par trois queues dont elle jouit dans la bouche, dans le con, dans le trou de cul. Alles nur Handwerk, aber solides. Die Augen jetzt schon weitoffen und starrstarrend. Weitoffen schon der Mund, den meine Linke knebeln müßte, denn wieder kommt statt der Schlänglein der gellende Lachwehlaut aus ihm. Das geht nicht, Irene, wir sind nicht allein in diesem Abbruchhause, noch wohnen die Kollegen Vandamme und Destré hier, beide empfindlich gegen Lärm; Künstler, wenn wohl auch keine großen, ich bitte dich, nimm Rücksicht, ich scheue den Skandal, bin ganz offenbar ein Kleinbürger, der Angst hat vorm qu'en dira-t-on, ich habe eine gute Erziehung genossen, etwas ist davon übrig geblieben. Feuermann. Ich bitte dich von Herzen, es kann doch nicht so schwer sein, den Laut zu bändigen, man nähert sich ja schon unserer Tür, wahrscheinlich Destré, der freundlich-vorwurfsvoll protestiert. Meine Hände haben ja längst auch abgelassen von dir, der Handwerker streikt, es ist kein Lustgrund mehr da, der deinen Schrei rechtfertigte, auch brauchst du die Mauern nicht niederzuschreien, Trompete von Jericho, das Haus wird abgebrochen, auch ohne dich. Die Mauern stürzen. Man hämmert methodisch nach dem Willen der Immobilien-Paris-Seine. Pochen. Destré? Vandamme? Meine Herren von der Ars nova? Messieurs les ouvriers? Ich dachte mir, das könnten wohl nur Sie sein. Es ist nichts. Sie wollten helfen, aber es ist schon vorbei und Hilfe ist nicht mehr nötig, ich verstehe, daß Sie glaubten, hier geschähe ein Gewaltverbrechen, es war aber nur meine Freundin hier: Madame Irène, die Spaßes halber und um ihre gute Laune zu zeigen, in die Welt hineinschrie, Sie sehen, Madame befindet sich wohl. Wir sind, Messieurs les ouvriers, ein fröhliches Künstlervölkchen, davon haben Sie doch wohl gehört, wir arbeiten auch, auf unsere Weise, und manchmal schreien wir eben vor Vergnügen, wenn irgendeine Arbeit uns besonders gut gelingt, Eigenheiten. Ich bitte um Verzeihung, daß unser fröhliches Geschrei Sie bei Ihrer gewiß pénibleren Arbeit störte, und danke für Ihre Hilfsbereitschaft. Un petit coup de rouge, peut-être? Wir würden uns geehrt fühlen, verstehen aber auch, daß Sie nicht gerne annehmen, es sieht ja wirklich nicht appetitanregend aus bei unsereinem. Ja, meine Herren Arbeiter, Künstler sind arm und ein bißchen verlottert dazu, davon haben Sie ja gewiß auch schon in Ihrer Gewerkschaft gehört. — Nehmen Sie trotzdem einen Augenblick Platz — oder kommen Sie wenigstens näher, Madame ist nicht weiter geniert, wir haben keine Vorurteile. Die Gelegenheit ist günstig. Sie arbeiten hier am Abbruch dieses Hauses im Dienste Ihres Demolierungsunternehmens, das seinerseits den Auftrag von der Immobilien-Paris-Seine erhielt. Sie leisten schwere und gute Arbeit, wir haben Hochachtung vor Ihnen. Aber gut, sehen Sie, meine Herren, ist dieser Abbruch eben nur für jene, die Sie, direkt und indirekt, bezahlen. Für uns hier ist er eine Katastrophe, ich sage Ihnen das rund heraus. Könnten Sie das nur einsehen, Sie würden gewiß mit uns sich solidarisch erklären und die Arbeit verweigern, denn Solidarität ist Ihre Stärke. Sie schütteln ernst die Köpfe: warum sollten Sie auch mit Leuten, die Sie für Nichtstuer halten, solidarisch sein, selbst wenn die gleichen Leute es stets mit Ihnen waren, wenn es darauf ankam? Sie nehmen nichts. Sie treten nicht einmal näher, denn Sie sind betreten. Und sie werden weitermachen, ich weiß. — Sie machen weiter, Irene, nicht heute, denn schon ist es fünf Uhr zehn, aber morgen gewiß. Sie gehen. Sie werden, so jemand sie fragen sollte, gewiß sagen, es sei hoch an der Zeit, solche Nester auszuräuchern. Kein Erbarmen war in ihren Augen. Ach, warum hast du geschrien, Irene, du hast uns einen schlechten Dienst erwiesen. Jetzt ist die ganze Wirklichkeit gegen uns und wird uns delogieren, Herr und Knecht, Knecht und Herr.

IV. DIE JASAGER, DER NEINSAGER

Man sagt: Monsieur Jacques, ganz einfach so, es ist die Gewohnheit der Galerie, von Monsieur Beaumann, dem Besitzer, so gewollt; es wird gebeten, dies hinzunehmen und die Anrede zu gebrauchen, wiewohl dergleichen in Deutschland nicht üblich ist. Hier erinnert es an einen Bistrot-Wirt, was aber ein ohnehin nicht überempfindliches Ehrgefühl kaum weiter verletzt. Ursache ist das jedem Franzosen als Zumutung erscheinende konsonantische Lautgestrüpp des Familiennamens, diese aus dem Osten Europas mitgeschleppte Plage. Wir wollen uns gerne daran halten, Monsieur Jacques, bitte, obgleich wir am Aussprechen slawischer Namen als Deutsche uns weniger stoßen. Danke. Doch die Namensfrage nur am Rande. Es geht nicht um Monsieur Jacques, nicht einmal um Monsieur Beaumann, den Geldgewaltigen. Es geht zuvörderst um die Rechte: auch dieses Problem sollte uns keinen Konfliktstoff heranführen. Eine Ausstellung in Düsseldorf wäre gegen einen geringen, noch zu bestimmenden Prozentsatz am Verkaufsergebnis nicht nur möglich, sondern für die Galerie Beaumann durchaus erfreulich. Ein Hinweis darauf, daß der Künstler an uns gebunden ist und durch uns gefördert wurde, wäre allerdings vonnöten. Das sind Details. Zur Diskussion steht die Arbeit Lefeus, seine Zustimmung zur Proposition, seine Person: in die mündet schließlich alles ein. Lefeu, mehr als ein Künstler, den wir wiederholt unter Verlusten ausgestellt haben. Ein Freund. Ein Geschick, an dem die Galerie teilnimmt seit Jahr und Tag. Ein Mißgeschick — Verzeihung! —, wenn unser Eindruck nicht täuscht; aber eins, das nur einiger Geschicklichkeit bedarf, um geradegebogen zu werden, man versteht sich bei uns darauf. Kein Zweifel. Jeder französische Hochmut liegt mir ferne, schon wegen des konsonantenstruppigen Familiennamens, mag auch der Träger dieses das Französische reiner und genauer sprechen als die Landeskinder. Im übrigen ist man sich hier schmerzlich klar darüber, daß diese unvergleichliche Stadt ihre zentrale Position verloren hat. Es geschieht in New York, in Tokio, London — vielleicht in Düsseldorf. Gewiß in Düsseldorf. Auch dort, ja. Gleichviel: es handelt sich um Lefeu. Der Abbruch geht weiter, soviel ist sicher. Augenschein ist noch heute zu nehmen, Monsieur Jacques wird irgendwo in der Gegend der Rue Roquentin mit Lefeu zu Abend essen und das Haus oder was davon übrigblieb besichtigen. Gewißheit, daß Lefeu, sollte es in der Tat zur Expulsion aus der Ruine kommen, ruiniert ist. Man vernimmt, daß die beiden Kameraden, die Herren Vandamme und Destré — übrigens ihrerseits ausgezeichnete Maler, aber der Galerie Beaumann nicht verbunden — schon ausgezogen sind, das bleibt zu verifizieren. Er ist allein, denn Madame Irène kann vernünftigerweise als Gefährtin nicht bezeichnet werden. Gefahr und nicht Gefährte. Aber als Lyrikerin vielleicht nicht ohne vertrackte Begabung. Wir hörten ein Exempel: Gauguin. Das Poem beginnt mit einer sprachlichen Paraphrase über das Wort »Pappelallee«. Nur untauglich, wie gesagt, als Gefährtin der Fährnisse. Madame Irène kommt vom Journalismus her, schrieb Artikel über Mode- und Frauenfragen, leicht soziologisch aufgehöht. Bis sie eines Tages erklärte, die Sprache stehe zwischen ihr und der Welt: jene müsse zerschlagen werden, auf daß diese erscheine. Aber Irène ist nicht unsere Sache. Alle Wege führen zu Lefeu. Führen sie dahin? Das ist die Frage, meine Herren, über die einer lange nachgedacht hat, der sich seinen Freund nennt, mag immer Monsieur Beaumann Einspruch erheben. Und wohin führen die Wege von Lefeu? Zum Erfolg, darum sind wir hier. Talent-

sucher aus Düsseldorf. Soll jenen, die ihn hier mögen, nur recht
sein. Die Fragen bleiben alle offen. Sie beginnen schon in seinem Atelier, um das er so verzweifelt kämpft; sahen Sie? Wir
sahen, oh ja. Monsieur Beaumann, der sich schon ein paarmal
hingewagt hat, spricht von Störung, Gemütsverfinsterung oder
wie immer Sie es nennen mögen. Man darf aber so sicher nicht
sein. Krankheit des Geistes, was ist das? Für die Krankheit des
Körpers gibt es Kriterien: die Kranken selber geben sie als solche an, wenn sie sagen, es sei ihnen übel, sie fühlten sich nicht
wohl. Ähnliches hat Lefeu noch nie gesagt, Irène auch nicht.
Der Geist, im Gegensatz zu dem auf Gleichgewicht aspirieren-
den, das Äquilibrium nach den je physisch gegebenen Möglichkeiten herstellenden Körper, ist per definitionem Ungleichgewicht, Unruhe, Irritation, fragendes Staunen, wie Bloch sagt —
und gequältes Fragen. *Der Geist ist stets gestört,* soferne er
überhaupt Geist ist, ist Krankheit: Krankheit des Seins, Reizwucherung der Sinne, die selbstherrlich nach dem Mehr-als-Sin-
nenhaften trachten. Soferne dennoch von Geisteskrankheit gesprochen werden kann — und da von ihr gesprochen wird, *kann*
gesprochen werden, die Wirklichkeit hat immer das letzte Wort!
—, soferne also ein guter Sinn des Begriffes Geisteskrankheit besteht, wird dieser von der Gesellschaft definiert. Es ist das Ganze
der Erfahrung — der Erfahrung der Vielen, wenn man will: der
Vielzuvielen! — welches den Begriff der Geisteskrankheit und den
der Geistesgesundheit möglich macht. Exempel: Wer heute in
Westeuropa einen Totempfahl anbeten wollte, der wäre gei-
steskrank, weil die Gesamtheit der in dieser Zeit, diesen Brei-
ten gemachten Erfahrungen, welchselbe im Gleichgewicht einer
intersubjektiv anerkannten Weltvorstellung sich widerspiegeln,
solcherlei Anbetung nicht zuläßt; er ist es nicht oder war es nicht
in jenen primitiven Gesellschaften des »Wilden Denkens«,
von denen die Anthropologie uns Kenntnis übermittelt. Krankheit des Geistes, das ist — im weitesten Sinne verstanden — der
Widerspruch eines einzelnen gegen das sich in Permanenz ein-

wägende Gleichgewicht der Majoritätsurteile. Man spricht rechtens vom Realitätsverlust der geistig Gestörten, sei immer auch diese verloren gegangene Realität nichts anderes als die stets neu sich etablierende Diktatur einer Mehrheit. — In diesem Sinne ist denn vielleicht Madame Irène gestört, ich weiß nicht, *wie* sehr, da ich sie selten sehe und also nicht sagen kann, ob und in welchem Maße ihr lyrisches Geplapper ihre Weltvorstellung bestimmt. Lefeu aber ist geistig gesund, obgleich der Zustand seines Wohnraums dagegen zu zeugen scheint. Er haftet, wie er zu sagen pflegt und wie er dies genau zu definieren weiß, stets strikt am Sinn der Sätze und gerät zwar vielleicht in seinen Lebensgewohnheiten, nicht aber in seinen Wahrheitsurteilen in Konflikt mit der Gesellschaft. Er weiß, daß die Totalität der Erfahrung allemal recht hat gegen die den Rahmen dieser Totalität sprengenden einzelnen; was ihn freilich nicht daran hindert, sich in einer Weise zu verhalten, die von der Mehrheit abgelehnt oder als verrückt bezeichnet wird: seine Anerkennung der Majoritätsdiktatur ist eine rein erkenntnistheoretische, keine soziale und auch keine werthafte. Das alles kann Talentsucher einer Düsseldorfer Galerie nur wenig interessieren: sie fahnden nach der Begabung, die ökonomisch quantifizierbar ist, und nähmen es gerne in Kauf, wenn der Hersteller der Ware irrsinnig wäre (nach welcher Definition auch immer). Wir glauben Ihnen aufs Wort, Monsieur Jacques, im übrigen ist unser Interesse an Lefeu bestimmt durch unsere Überzeugung vom künstlerischen Wert seiner Arbeiten. Darum werden wir uns auch nicht so leicht abschrecken lassen von seinen wechselnden Launen, die ja infolge des Abbruchs besonders labil sind. Schade, daß wir hier in Paris ganz ohne Einfluß. In Düsseldorf könnten unsere Beziehungen spie. Man kann nur hoffen, daß er im Falle eines Vertragsabschlusses seinen Verbindlichkeiten nachkom. Auch wenn es bis zur Delogie. Wir sind noch nicht so weit, auch von seiten der Galerie Beaumann wurde zu seinen Gunsten interveniert. Dies alles, meine Herren, sind offene Fragen: man garantiert nicht für Lefeu, man geht Wetten auf ihn ein. Auch wir haben gewettet, Monsieur Beaumann und ich. Bis zur Stunde haben wir verloren, das gebe ich Ihnen zu, das wissen Sie selber, denn zweifellos haben Sie Ihre Informationen über Lefeus Quotierung auf dem Kunstmarkt eingeholt, ehe Sie sich nach Paris aufmachten. Aber genau wie Sie, setzen auch wir weiter auf diese Karte: sticht sie nicht, dann werden wir, Sie und ich und der ohnehin sehr zögernde Beaumann, im Irrtum gewesen sein. Denn wir sind, Sie und ich, meine Herren, die Jasager par définition, anders hätten wir uns dem Berufe, den wir ausüben, nicht zugewendet oder hätten uns seinen Fesseln entwunden. Es sind aber, für mich, Monsieur Jacques, wie ich genannt werde, vom Kabinettschef des Kulturministers bis hinunter zum armen Teufel im Café du Dôme — es sind die Nötigungen des Erwerbes für mich keine Fesseln. Ich bin Jasager aus Überzeugung und mit Leidenschaft. Ich mache mit: da mögen die Neunmalklugen mir nur vorwerfen, ich sei modehörig, da mag sogar Lefeu das ganz schmale, nicht einmal unfreundliche, aber vernichtende Lächeln auf seinem grauen Gesicht erstarren lassen. (Sehr leise, als würde er ein Geheimnis verraten, komplizenhaft, dabei aber die bona fides süß verströmend): Ich weiß, wovon ich rede. Da war der Existentialismus. Er war und siegte an allen Fronten und ich sprach vom dépassement und der authenticité als wär's mir an meiner Wiege gesungen worden, die doch so weit im Osten stand, eia popeia, und Babuschka knüpfte ihr Kopftuch; man mußte mit dabei sein, wenn man nicht aus der Welt hat fallen wollen oder aus Frankreich, was die Welt ist. Aber zur rechten Zeit war es nötig, das Neue und wiederum Siegreiche sich anzueignen. Es war nicht leicht. Lévi-Strauß, Lacan, das mußte absorbiert nicht nur, sondern digeriert werden, ich bracht's zustande und redete vom signifiant und dem signifié und dem Diskurs wie vordem von der souveränen Selbstwahl. Aber auch hieran zu kleben war nicht möglich: geistige Treue ist geistige Trägheit, wer rastet, der rostet, und so hatte ich es eilig mit

Deleuze-Guattari und der Überwindung der Psychoanalyse. Leidenschaft der Jasage, das ist in letzter Analyse nichts anderes als Passion des geschichtlichen In-der-Welt-Seins. Die Wirklichkeit als gesellschaftliches Phänomen, Übereinkunft oder Consensus oder Äquilibrium, hat es nicht nötig, vernünftig zu sein, einem übergeordneten Vernunftbegriffe nach: es genügt vollauf, daß sie wirklich ist. Von der »Ehre des Wirklichen« spricht Thomas Mann, und davon, um wieviel mehr Gewicht diese habe als die »Ehre des Möglichen«. Allerdings ist im Wirklichen von heute stets auch schon das Mögliche von morgen enthalten, darum muß, wer die Passion des triumphierend Realen hat, stets aufgeweckt und wach und munter sein, damit ihm nicht entgehe, was morgen zur Wirklichkeit werden könnte und darum heute schon möglich ist, so daß er also stets ein prekäres Spiel zu spielen hat, wobei er zu hohen bis höchsten Einsätzen verpflichtet werden kann. Verächtlichkeit gegenüber dem Jasager ist sowohl unziemlich wie unbegründbar. Es hat der Jasager, der sich den Epochen und Moden oder, feiner gesagt: den »Strömungen« überläßt, wobei er allemal das Ende solcher Strömungen und den Zufluß neuer beizeiten wittern muß, um nicht vor sich selbst als der Dumme dazustehen, der er ja um keinen Preis sein will, eine gefährlichere Position als der Neinsager. Dieser hält sich zumeist starr- und hartsinnig an Prinzipien und kommt sich damit, weiß Gott, am Ende noch heroisch vor, nur weil er es auf sich nimmt, von den *anderen* zum alten Eisen geworfen zu werden. Jener aber, der Jasager, läuft ständig Gefahr, vor sich selber zu versagen, was unvergleichlich qualvoller ist. Die Neinsage kann allerwegen sich auf selbstgesetzte Werte berufen, die sie als unerschütterliche oder ewige proklamiert, gleichviel, was die Wirklichkeit dazu sage. Die Jasage begibt sich aufs offene Meer der Geschichte und Geschichtlichkeit. In diesem Sinne ist sie existentiell gefährdet und existentialistisch an den Richtspruch der Geschichte gebunden. Wer nein sagt, der ist frei in der Unfreiheit seiner Bindung: er raubt für sich die Freiheit irrationaler

Wertsetzung, bleibt dieser untertan und schaltet inskünftig selbstherrlich im Raume seiner Präsuppositionen oder Illusionen. Wer ja sagt, ist unfrei in der Freiheit: er nimmt freiwillig — il assume! — das Wort der Wirklichkeit als das letzte an, und verzichtet damit auf eben die souveräne Ichsetzung, die des Neinsagers äußerste Zuflucht und seine Sekurität ist. Wo freilich Epochen von der Geschichte gegeben sind, Strömungen wirklich reißend dahinfließen, und wo, andererseits, nur Moden ihr eitles Spiel treiben, das weiß der Jasager nicht. Davon habe ich keine Ahnung, meine Herren, wiewohl ich glauben möchte, daß die empirische Soziologie, wenn sie sich nur damit befaßte, was sie, soviel ich weiß, noch nicht tat, Kriterien finden müßte. Ich bin auf bloße Moden hereingefallen, wie jene Damen, die in den späten fünfziger Jahren die heute nur noch den Modehistorikern bekannten Sackkleider trugen. Es war schmerzlich genug. Es hat mich nicht gereut. Ich hatte damit, so ganz unter uns, trotzdem meine kleinen pekuniären Gewinste, das ist wohl das wenigste, was man in meiner Lage verlangen darf. Das verstehen die Herren: man hat nicht umsonst von ganz fernher und auf gestörte Weise ja doch mit Meyersohn und Sohn zu tun, ist also in diesem Sinne verschwägert mit Monsieur Jacques, dessen Wiege, eia popeia, und Babuschka knüpfte ihr Kopftuch. Nur daß freilich dieser Jacques den miesen Regionen im Osten entkam und darum ihnen entwachsen ist, gleich Saul Fitelberg, arrangements musicaux, représentant de nombreux artistes prominents (sprachlich unsinnig, es gibt das Wort prominent nicht im Französischen, und der große Mann hat in Wirklichkeit des Erbfeinds Sprache, die er in den »Betrachtungen« mit Schopenhauer und in dessen Worten häßlich genannt hat, nie beherrscht, und die zwölf Seiten d'un français très approximatif im »Zauberberg« sind eine jener kleinen Hochstapeleien, die er sich gestattet hat, gestatten durfte, frohen und heiteren Gewissens, denn er prägte das Halb- und Viertelgewußte mit Anmut und dem undefinierbaren Zauber seiner Persönlichkeit). Es ist wahrscheinlich, daß Monsieur Jacques aus Paris den Mann besser kennt als die jungen Herren aus Düsseldorf, die alles über Handke, manches über Brecht und nichts über die große Literatur ihres Landes wissen. Seltsam ist immerhin, daß ich, Monsieur Jacques, die Neigung zur Tradition habe, entgegen allen meinen kundgetanen Überzeugungen, und ich den Herren aus Düsseldorf, die glücklich sein mögen mit irrlichterndem Gelichter, den Mann Mann versetze. Man kommt elend langsam vorwärts, Paris erstickt in Automobilen, vor zehn Jahren hätte ich mir nicht träumen lassen, es würden vierzig bis fünfzig Minuten vergehen, um von der Avenue Matignon an die Rive Gauche zu gelangen, auch ist diese DS längst zu groß, unbrauchbar für die Stadt, ich müßte mir als Zweitwagen einen Austin-Morris-Mini zulegen oder ein ähnliches Vehikel, was nur leider eine zusätzliche finanzielle Belastung bedeutet — attention, merde! — sale idiote, Weiber fahren entweder zu zögernd und sich zierend oder sie treiben es wie die Megären. Einbahn. Man findet sich von einem Tag zum anderen nicht mehr zurecht in dieser monströsen Stadt, ville lumière, daß ich nicht lache! Und Hochhäuser, sie schießen, wie sagt man? Wie die Pilze. Lefeu hat so unrecht nicht mit seiner Verfallsästhetik, allein im Hinblick auf die Verkehrsschwierigkeiten, hier wünscht man sich eine Stadt wie Prag, graues Gemäuer, Altstädter Ring, Kafka und k. u. k. Helmpolizisten. Stimmt aber alles nicht mehr, denn von k. u. k. und Kafka ist dort die Rede nicht mehr, ich sah es bei meinem letzten Besuch, und die Polizeileute sind nicht pittoreske Staffage, sondern irgend etwas Fürchterliches: nicht zu Kafkas Prozeß holen sie die armen Sünder ab, sondern zu l'Aveu von Costa Gavras; Yves Montand als Arthur London, hätte ich mir auch nicht gedacht in den Fünfzigern, als Montand und seine Simone noch dabei waren, wo immer die PCF die sich mehr und mehr verdünnenden Massen aufbot, zu protestieren gegen die Besuche amerikanischer Generäle. Ridgeway la Peste! Alle Positionen und Fronten haben sich verschoben. Nur einer geht seinen Weg, links, zwo, drei, vier, und links und links. Nur des Zerbrochenen starreste Haltung / Kann noch dieser Welt widerstehen / Nichts ist stärker / Als des Zerbrochenen starreste Haltung / Im Untergehen. Er hält sich starr, marschierend linkswärts, agitiert auf seine immer absurdere Weise — attention, imbécile, tenez votre droite! — und schreibt, daß Wahlen in diesem Lande nichts seien als Spiegelfechterei, elections, piège à cons. Erreicht gar nichts mehr damit. Der Name verblaßt, die Spießer zucken die Achseln: Sartre? Un con. Un con. Dahin ist es gekommen. Ein Name blaßt aus vor meinen angestrengten Augen und ich muß zusehen, nicht nur widerstandslos, sondern billigend. Wie mühselig doch die Jasage ist. Und wie mühsam das Fahren. Place de la Contrescarpe. Beinahe angelangt, Rue Mouffetard. Fünfundvierzig Minuten. Scharf links, der Wagen hat einen miserablen Einschlag. Ich werde unbedingt wechseln, vielleicht eine Peugeot 204 nehmen, kein Hund schert sich darum, ob der Direktor der Galerie Beaumann mit einer DS oder einer kleinen Peugeot fährt, die Zeiten sind vorbei. — Rue Roquentin. 5, Rue Roquentin. Hier bebt die Erde und bricht auf. Hier sind Prellbohrer am schütternden, erschütternden Werk. Hier wird abgetragen und ausgehoben. Algerische Arbeiter graben sich gleich Maulwürfen ins Erdreich und reißen ab, was ein Haus war, gestern noch. Da ragt ein Flügel des Gebäudes noch fremd in die Stadtschaft des Umbruchs, auch dieser schon geborsten, kann stürzen über Nacht! So war denn alles vergebliche Liebes- und Schmerzensmüh. Briefe und Eingaben und Demarchen bei denen und jenen, für nichts und nichts. Da steht die Ruine. Ja, ich parke hier. Das ist ein Werkplatz, ich weiß, ein Chantier, aber Sie verlassen ihn ja schon, lassen Sie mich stehen hier auf diesem Boden, den Sie zum Gelände machen. Ich habe dringende Geschäfte, je suis dans les affaires, vous comprenez? Schmutz. Lehm. Ein Brett als Laufsteg. Und hier endlich ein Korridor: in seinem Dunkel weiß man nichts vom Abbruch. Feuchtigkeit.

Destré? Vandamme?

Die Dinge kamen heran. Es scheint, daß sie schon ausgezogen sind, sich davongemacht haben, leis' und feig — und vielleicht zufrieden über das warme Fließwasser, das ihnen winkt. Destré? Vandamme? Jacques! Ich bin's, Jacques. Da tastet er sich vorwärts durch den Couloir, stolpert über Werkzeug, das die Arbeiter liegen ließen, flucht leise auf Französisch und noch leiser auf Russisch, joptwoijematsch. Nur höher und immer höher, Monsieur Jacques, das Haus, wenn Sie's noch so nennen wollen, ist zwar schmäler geworden, aber nicht niedriger, und es läßt mich noch hausen in der Hochgrotte, wie in den alten Tagen. Schnauf dich ab, mein Lieber, und vergiß den bequemen Fahrstuhl deines Buildings in Passy. Und Bonjour, mon ami, schön, daß Sie kommen. Destré? Vandamme? Ich weiß nicht. Haben sich wohl davongemacht, wie Diebe in der Nacht, Schmach über sie. Maler haben kein Rückgrat. Machen Sie sich's bequem. Cognac? Oh doch, ich schon, werde nicht auf meine alten Tage zum Abstinenzler. Im Gegenteil. Je ne m'abstiens pas, je m'engage à la bouteille, das ist als Engagement so gut wie irgendein anderes. Es könnte aber auf die Dauer. Irreversible Schäden im Gehirn, das wissen Sie so gut wie ich, und der Organismus verlangt immer mehr, am Ende landet man irgendwo bei den Alcoholics Anonymous, günstigenfalls. Die Frage, inwieweit der Alkohol oder ein anderes Rauschgift Alteration der Persönlichkeit bewirkt, beziehungsweise, ob in solchen Fällen allenfalls von einer Ausweitung der Persönlichkeit und der Eroberung neuer Bewußtseinsräume gesprochen werden darf, ist noch unbeantwortet. Die Auskunft der Neurologen und Neuropsychiater, die zwar ihre objektiven Kriterien haben, aber von den Bewußtseinsqualitäten nichts wissen können, ist nicht verbindlich. Zudem sprechen die Kliniker aufgrund der traditionellen Wertvorstellungen, in denen das als *gesund* Bezeichnete das Lebenskräftige und Vererbungsgünstige ist. Das Talent darf nach solchen Zielvorstellungen sich nicht richten, soferne es sich treu bleiben will. Verlaines wahrscheinlich im Sinne der Neuropathologie gestörtes und durch den Trunk zerstörtes Gehirn hätte durch die Gesundung so viel verloren wie ein psychoanalysierter und von seinen homoerotischen Neigungen geheilter Proust oder ein mittels antibiotischer Behandlung von den Syphilisbakterien gereinigter Leverkühn-Nietzsche oder ein Joseph Roth nach erfolgreicher Entziehungskur. Die alkoholisch geförderte (medizinische) Bewußtseinsstörung und (subjektiv-qualitative) Bewußtseinserweiterung eines Malers, den es gelüstet nach den süßen Nebelschwaden, die aus dem braunen Cognacsee heraüftauchen, hat in der Wertordnung, der sein Talent ihn unterwirft, eine von allen medizinischen oder sozialhygienischen Dreinreden unberührte Legitimität. Es kann eine solche Alteration der Persönlichkeit, wenn sie vielleicht zudem noch angeheizt wird durch unbekümmert-wilden Gesang (Les couilles de mon Grand-Père) beitragen zur glücklichen Vollendung eines Werkes, welches des Künstlers eigentliche Hinterlassenschaft ist, besser und schließlich auch sozial wertvoller als ein kerngesund quäkender Bankert. So ertränke ich mich denn im Cognacsee und lasse mein Gehirn die süßen Nebelschwaden einatmen, mon cher Jacques, mit Maßen allerdings, denn ich bin ja kein gesegneter Nur-Künstler, sondern ein segensloser, wenn nicht vermaledeiter Kunst-Intellektueller und habe als solcher die Verpflichtung, Hoch- oder Tiefgefühle nicht ausarten zu lassen. Ich bin der Vernunft verschworen, dem klaren Sinn. Tiefsinn hat nie die Welt erhellt, Klarsinn schaut tiefer in die Welt, das ist so einer meiner Leitsprüche, ich hätte nicht übel Lust, ihn den zeitgenössischen Propheten sozialrevolutionärer Paranoia in ihre geistreichen Stammbücher zu schreiben, denn es ist die Vernunft — die reine nicht anders als ihre praktische Schwester — so sehr in die Defensive gedrängt worden, daß ich nachgerade mein bißchen Talent und die ihm förderliche Trunkenheit toxischer Provenienz zu zügeln bereit bin. Ich trinke, Monsieur Jacques, aber betrinke mich nicht, weder an dem scharfen Rémy Martin, noch an den sanften Augen und den schlüpfrigen Schlangenworten Irenens.

So halbwegs, mein guter Freund, comme ci comme ça, ich will nicht klagen, wiewohl ich überzeugt bin, daß es kein gutes Ende nehmen wird, mit ihr so wenig wie mit der Dichterei, die sie treibt. Wenn Sie aber der Vernunft das Wort reden — und ich verstehe das sehr wohl —, dann kann ich nicht begreifen, daß Sie andererseits sich in diese Weigerungspsychose oder muß ich sagen: diese Weigerungspose? hineinsteigern und in ihr, jawohl, erstarren! Zweierlei. Sie verzeihen, es ist zu weit hinunter zum Scheißhäusel, das die algerischen Arbeiter zurechtgezimmert haben zu ihrem Gebrauch, nachdem der Flügel, in dem sich das WC befand, abgerissen wurde, zu weit und jetzt im Winter zu kalt. Ich plätschere denn in mein Allzweckgerät, Sie müssen es ja nicht Monsieur Beaumann weiter erzählen, es plätschert dünnlich, ich bin kein Hengst, sagte ich neulich zu Irene. Zweierlei: die Weigerung, die weder Psychose, noch gar Pose ist, und die verpflichtende Bindung an die Vernunft. Meine Neinsage zu einem bestimmten sozio-kulturellen Zustand, demjenigen eben, der uns umgibt und dessen ganz verschiedene Vertreter Sie selbst so gut sind wie die Herren von Ars nova und sogar Irene, hat nichts zu schaffen mit Vernunft oder Unvernunft, es sei denn, Sie sehen in der Tat die Vernunft nur in der geschichtlichen Verwirklichung. Was mich angeht, so betrachte ich Vernunft als geistige Fähigkeit, Logik und Erfahrung zu verknüpfen. Sie folgen mir? Ich folge Ihnen, wenn ich auch nicht begreife, warum Sie die Erfahrung, die stets die Totalität von Erfahrungen ist — also ein durchaus soziales Phänomen —, negieren durch Ihren offenbaren Austritt aus den gesellschaftlichen Konventionen, die da ausgehen von der Annahme, daß schön ist, was je einer Majorität Maßgebender gefällt, bis zur allgemein akzeptierten Verhaltensnorm, in Gegenwart eines befreundeten Herrn nicht ins Lavabo zu pissen; Sie vergeben mir diese Randbemerkung. Ist schon vergeben, hat ja auch schon aufgehört, das dünnliche unhengstische Geplätscher. Wir werden über diese Probleme nächstens sprechen, wenn ich Sie nach Pau begleite, wo Sie Duteil ausstellen, den ge-

fälligen und gefallsüchtigen Star und Hofnarren der Galerie. Jawohl, ich habe mich entschlossen, mitzureisen, Ihre DS ist so bequem wie ein TEE-Abteil, wir werden Duteils Gefälligkeiten sehen und ich werde meine Neinsage zierlich verbergen hinter kol-
legialen Glückwünschen. Dann weiter vom Problem der Erfahrung. Für jetzt nur dies: Ich anerkenne den Majoritätsbeschluß über die Schönheit der Bilder Duteils und die Ungehörig-
keit des Lavabopissens als ein Faktum, sage also nicht: Duteil
ist ein Dreck und man soll pissen nach Blasenlust, wann und wo
immer. Ich schließe mich nur selbst aus, im vollen Bewußtsein,
daß der Majoritätsbeschluß allgemeine Gültigkeit hat. Ich gebe
der Erfahrung, was ihrer ist — und salviere mir meine Unab-
hängigkeit. So fiele es mir nicht ein zu sagen, es müßten alle
sanitätswidrigen Abbruchhäuser erhalten und die Neubauten sollten samt und sonders in Brand gesteckt werden. In! Brand! gesteckt! Man muß sich das nur vorstellen, es wäre Hitlers Wunsch,
der post festum in Erfüllung ginge. Paris, brûle-t-il? Au feu!
Und der Geruch schmorender Leiber dränge hier in die Hochgrotte und übertäubte mit seiner Brechreiz erregenden Fettig-
keit die Wohlgerüche Arabiens meiner Irene, den Fäulnisduft,
der aus den Wänden dringt, und den scharfen Pissodem, der da
aufsteigt aus dem mißbrauchten Lavabo. Ich sage nicht, es müsse
diese Stadt, die sich spreizt in ihrer Hureneitelkeit als die schönste
der Welt, ein Raub der Flammen werden. Ich nehme mich selbst
nur heraus aus der von der Mehrheit so und so gestalteten Wirklichkeit und richte mich ganz privat im Verfall ein, den ich einholen werde, auch dann, wenn man mich aus seiner schönsten
und stimmigsten Wohnstatt verjagt. Es hat dies alles nichts zu
schaffen mit der Anerkenntnis des Vorrechts der Vernunft oder —
um terminologischen Mißverständnissen zu entgehen, wie fach-
philosophisch belastete Begriffe sie uns zutragen —: der Luzidität.
Die Neinsage zu einer bestimmten Wirklichkeit ist nicht Negation des Realitätsprinzips, ist nur, möglicherweise, ein wider-
geschichtlicher Akt des dem geschichteten Geschehen sich nicht

unterwerfenden souveränen Geistes, wobei immer noch die Frage zu stellen wäre, ob eine solche Haltung nicht zuletzt auch geschichtliche Rechtfertigung erfahren könnte, wenn nämlich sich erweisen sollte — was keine Denkunmöglichkeit ist —, daß die Geschichte selbst eines ihrer Stadien als geschichtswidrig dementierte. Man könnte, ohne der Wahrscheinlichkeit Gewalt anzutun, denn etwa präsumieren: Die Zeit, in der Lefeu lebt und deren äußere Aspekte er unter dem metaphorischen Begriff »Glanz-Verfall« zusammenzufassen sich angewöhnt hat — diese Zeit würde eines Tages als ganz und gar menschheits- und damit geschichtswidrig ermessen werden, wie etwa das Dritte Reich es heute innerhalb der deutschen Geschichte wird. Dann würde also die Weigerung Lefeus auch ihre historische Justifikation bekommen und würde er nicht nur luzide gewesen sein, sondern auch »vernünftig« im Sinne des in der Geschichte sich objektivierenden Geistes. Ich halte es für möglich, daß es sich so verhält, cher ami, aber sage damit nicht, daß eine solche Überlegung mich motiviert, nicht einmal, daß sie für mich wesentlich ist. Ich bin ich und dieses Ich ist eine Welt, ist meine ganze Welt. Bald wird sie untergehen. *Jedesmal, wenn einer stirbt, geht die Welt unter.* Wem das ins Zwerchfell hineinkroch — ja: hē phrēn, Zwerchfell, so sagten die Griechen, und nicht: Herz —, der schert sich kaum noch um das Nachher, entzieht sich vielmehr als eigenständiges Individuum den zur Arterhaltung antreibenden Kräften, die sich in ihrer geistigen Sublimation als Geschichtlichkeit fein herausmachen. Achtung, mon cher, hier ist's stockfinster, und es ist viele Monate her, daß die elektrische Leitung unterbrochen wurde. Brechen Sie sich nicht Ihre Glieder und bleiben Sie mir nicht hier im Treppenhaus von 5, Rue Roquentin, verächzend liegen, das ist kein Tod für einen Jasager. Der Korridor-Tunnel ist bald zu Ende, schon sehen Sie ja schwaches, hellgraues Licht einströmen. Wir sind am Ziele, soweit es hier ein solches geben kann. Und versinken Sie mit Ihren hübschen, weichen Schuhen nicht im Dreck, der trocknet nicht mehr aus, seit hier abgebrochen wird, die Arbeiter tragen drum stets Gummistiefel, zur Verfügung gestellt von der Immobilien-Paris-Seine. — Nein, ich schreibe kaum noch an Maître Biencarré, zwei Briefe hat er schon unbeantwortet gelassen, auch diese in juridische Terminologie sich einkleidende Bittstellerei muß einmal ein Ende haben, zumal ja Destré und Vandamme, auf die ich glaubte rechnen zu können, sich in blassen Rauch aufgelöst haben, kein Lebenszeichen geben, und ich nur im eignen Namen noch spreche. Ich lasse die Dinge an mich herankommen. Und sie *werden* kommen, ich weiß das längst, warte nur noch, auf meinem Lager kauernd, ab, in welcher Form sie sich präsentieren werden. Und schon stehen wir im Tag, er ist überraschend hell, wenn man so aus der Finsternis kommt, trotz des sterbenden Jahres. Sterbenden Jahres. Das ist auch nur so eine Metapher, nicht weiter ernst zu nehmen, die Sprache reicht uns ja in der Tat nur fertige Bilder an die Hand, die wir gedankenlos um uns aufstellen, so daß ich ein gewisses Verständnis habe für die Demolitions-Poeten. Verständnis, wenn auch nicht Billigung: diese bringe ich ihnen nicht entgegen. Da ragt der Seitenflügel in die herbstliche Trübnis, ein Flügel, sonst nichts, als hätte man ihn einem sterbenden und verzweifelt mit dem zuckenden Hals den Todeskampf ausfechtenden Vogel ausgerissen, einem oiseau de malheur; danke, mon ami, das Bild wird entstehen, keine Sorge, und der Flügel dieses zum Mietshause umgestalteten ehemaligen Fabriksgebäudes wird seinen Platz darin finden, als blutende zerfetzte Vogelschwinge oder als Ruinenfassade oder als beides, man kann das technisch machen, es ist gar kein Problem, ohne sich in platt-willkürlichem Surrealismus zu verlieren. Hier steht das Scheißhäusel, Monsieur Jacques, klapprig, bretterwindig, ein Stück Bidonville, Bidonmerdeville, Sie werden mir zugestehen, daß man nicht jeder kleinen Tröpfelmiktion willen hier sich durch die Korridore tasten, im Lehm waten mag, um dann drin unterzukommen und den geplagten, ohnedies schon von allzuvielen ungelösten Erektionen krampfgepeinigten Penis dem eisigen Winterwind auszusetzen. Lassen Sie uns fürbaß schreiten durch den Baudreck und das Geröll, bald haben wir den Chantier hinter uns und stehen auf dem Katzenkopfpflaster der geliebten Rue Roquentin. Speisen, gewiß doch, wo immer Sie wünschen, der Leib will genährt sein, ehe er zerfällt. Zu Staub. Das sind so die Redewendungen, ich habe keine besseren im gefiederten, scharfschnabeligen Vogelkopf. Sie kommen so daher, aus der Religionsstunde und aus George, war dieser so gut wie jene. Woher sollte ich, wenn ich voll bin mit Villon und Rimbaud und Hofmannsthal oder sogar Celan und Huchel, denn auch noch eigene Bilder finden? Ich bin kein Dichter, darf mir deshalb die Müh' Irenens ersparen, kann demnach der Gefahr entgehen, über den sprachzertrümmernden Weg der vorausstürmenden Dichtervorhut in die Irenenanstalt eingeliefert zu werden, mittels chemischer Zwangsjacken. Aber werfen Sie, Jacques, ehe wir am Atzungstisch uns niederlassen — terrine du chef, boeuf bourguignon, wie Sie's mögen, mit prunes und marrons —, noch einen Blick auf diesen blutenden zerfetzten Flügel meiner Wohnstatt. Schön. Ich gehe nicht ab davon, und wer die Schönheit angeschaut mit Augen, ist dem Tode schon anheimgegeben. Verfallschönheit. Da sie aber Verfall ist und eingespannt in einen Prozeß — eben den des Verfallens —, hebt sie vor unseren Augen sich selber auf und wird, sobald erst der neue Wohnblock der vermaledeiten Immobilienschwindler hier zu stehen kommt, zur Nicht- und damit Antischönheit. So muß ich sie, während ich brenne vor Liebe zu ihr, auch schon hassen, ihrer sie ins Gegenteil verkehrenden Zukunft wegen. Das sind so die Aporien dieses Jammertals. Mag's uns aber nicht gefährden und möge der boeuf bourguignon uns munden, der burgundische Ochse, der in brauner Sauce und im Saft von Pflaumen und dem Kastanienaroma seine Ochsenexistenz zu negieren gezwungen ist. Was bin ich Ihnen schuldig? Nein, ich rede nicht von dem Guthaben, das die Galerie Beaumann bei mir hat und das wohl auch kein Vorschuß der Ars nova, Düsseldorf, decken wird, denn ich bin so gut wie entschlossen, die freundlichen Herren ziehen zu lassen. Ich meine vielmehr gewisse Aufklärungen über meine Nein-sage. Es lassen sich im vorliegenden Zusammenhang tatsäch-lich ganz verschiedene Formen der Negation erst feststellen, dann notdürftig aufklären: notdürftig, da doch der Hauptbe-troffene selber nicht genau Bescheid weiß um die Kausalpro-zesse, die in seinem Bewußtsein plus Unterbewußtsein sich schnei-den, und niemand gescheiter über ihn reden kann als er selber. So viel erscheint immerhin als gesichert: die Neinsage eines Man-nes, der sich auf Vernunft und Luzidität beruft und dementspre-chend konsequent handelt, hat nichts zu schaffen mit der ähn-lichen Haltung anderer, die zugleich affektiv und schwächlich an dem verfallenden Haus festhielten (sie mögen die bürgerli-chen Namen Vandamme und Destré vielleicht führen), die aber, als es ernst wurde, sich abfinden ließen von der Immobilien-Pa-ris-Seine und damit sich abfanden. Ebensowenig hat die luzide Neinsage zu tun mit der Flucht aus den Worten in die Wörter, die Silben und schließlich die Buchstaben einer lyrisch bewegten jungen Frau, die den Nichtsinn wählte, im Unsinn sich verlief und wahrscheinlich im Wahnsinn enden wird. Zu beharren ist auch noch auf dem Vernunftbegriff eines, der gegen die ökono-misch vernünftige Unvernunft von Galeriebesitzern sich sperrt. Die Unterscheidung impliziert zunächst noch keine Bewertung, sagt nur aus, daß es sich in beiden Fällen — dem der Galeriebe-sitzer einerseits, demjenigen des neinsagenden Malers anderer-seits — um die freie Wahl gänzlich verschiedener Vernunft- und Logiksysteme handelt. Die Leute, die verkaufen wollen, müssen anbieten, was gefragt ist, oder, wovon sie glauben, hoffen, daß es gefragt sein werde. Wer nichts verkaufen will, wie etwa ein nein-sagender Maler, entzieht sich der immanenten Logik des Marktes und nimmt ein marktfreies Normensystem an: ihm kann dann gleichgültig sein, ob er »in« ist oder »out«, richtiger gesagt: er muß, sobald er das Gefühl hat, er sei »in«, von Unbehagen und Selbstverdacht, erfaßt werden. Bleibt die wahrscheinlich gar nicht lösbare Frage, *wie* das Normen- und Wertsystem, aus welchem seine spezifische Kunstlogik sich ableitet, beschaffen ist. Hält er sich an ganz bestimmte künstlerische Prinzipien (zum Beispiel: den Grundsatz, daß die wahre Malerei der Spätimpressionismus war und daß jegliche spätere Entwicklung nur Niedergang sei), dann ist er nichts als ein Kunstreaktionär, der sich gegen die Wirklichkeit des geschichtlichen Geschehens ohnmächtig und lächerlich empört. Stützt er sich nicht auf Prinzipien, dann geht er das Risiko ein, am Ende doch vor den Trends zu kapitulieren und im Troß der Jasager mitzulaufen. Als einzig mögliche Haltung erscheint das blinde Selbstvertrauen, die nicht weiter begründbare Überzeugung, es dürfe ein Maler (oder Musiker oder Schriftsteller) nur in Formen hervorbringen, die seinem Wesen gemäß sind. Kein Zweifel, daß auch hier sich Mißverständnisse einschleichen können, denn: was soll das schon heißen: dem Wesen gemäß? Es kann einer aus barer Trägheit und Unfähigkeit, Neues aufzufangen, sein »Wesen« machen und stolz die stumpfe Traditionsbindung als Fahne der Selbsttreue vor sich hertragen. Er kann, andererseits, die Behauptung aufstellen, es sei seine künstlerische Essenz gerade die Nicht-Essenz und sein »Wesen« sei es, dieses Unwesen künstlerisch täglich neu zu erfinden — wobei dann allerdings dies nur ein Vorwand sein könnte eines, der um so leidenschaftlicher das »Wesen« verleugnet, als er im Wortsinne »wesenlos« sich von den Strömungen mitreißen lassen darf. Es ist das alles überaus kompliziert, widersprüchlich bis zum Erbrechen, und ich kann nicht zwingend begründen, *warum* ich den Begriff Glanz-Verfall als Chiffre hinsetze, kann nicht sagen, aus welchem Grunde ich unversöhnlich gegen eine als Anti-Kunst sich proklamierende Treiberei meine ausgestorbenen Gassen wieder und wieder male. Es könnte ja sein, daß die Geschichte, der ich mich verweigere, mir morgen recht gibt: aber, was würde das schon bedeuten? Nichts: da ich ja keine theoretischen Grundlagen finde; nichts: da ich ja eben außerhalb der Geschichte stehe und ihre Rechtfertigung meines verspäteten Farben- und Formenspiels nichts wäre als bare Koinzidenz. Daß ich den Ekel verspüre im Angesicht dieser glänzenden Welt, ist meine Privatsache, ich weiß. Das macht den Ekel aber nicht erträglicher, mir ist in der Tat zum Speien übel, wenn ich der Zerstörung von Paris beiwohnen muß, und ich habe als Gegenrede gegen den Diskurs der Zeit nichts anderes als mein offensives Rülpsen und Kotzen, mein Pissen ins Lavabo, den Dreck, in den ich meine nackte Irene hülle, deren kaum schadhafte Haut sich doch wohler fühlen würde in Lanvin: Parfums, Toiletten. Ich werfe, wenn das Handwerk beendet ist, den Wollkotzen über sie, in den ich selbst nachts mich einrolle, der durch alle Fugen eindringenden Kälte zu wehren. — Das ist, Lefeu, die Neinsage, die sich selbst nicht versteht. Ich, Jacques, der Jasager, habe es wenigstens insoferne leichter, als ich sagen darf: ja, ich traue der Gegenwart und der aus ihr sich schälenden Zukunft. Ich kann verlieren bei diesem Geschäft; zumeist aber gewinne ich, denn unter den vielen flops, auf die ich setze, ist immer wieder dann und wann ein Duteil. Glänzende Verkäufe, hier in Paris, demnächst in New York und in Tokio! Vernünftige Prozentsätze. Wer kann, der kann. Er hat die gefälligen Farben heraus, azur und hellgold, es läuft den Käufern gleichsam das Wasser im Munde zusammen, wenn sie seine Bilder sehen. Und in den Leisten der Herren schwillt es und den Damen wird feucht im Gemüt, ich weiß, ich verspüre keinen Neid. Ich frage nur: Kann einer Dreck fressen und Gold scheißen? Er kann es nicht, mon ami Jacques, und Gott weiß, daß ich merde verschlungen habe von frühauf. Feuermann. Geschichtsdreck: ich speie ihn aus, aber ich verwandle ihn oder sublimiere ihn im Akt der Zurückgabe. Nein, ich stelle keine blutige Tierhaut aus unter dem Titel »Illumination métaphysique«, dergleichen tun jene, die *kein* fließendes Menschenblut gesehen haben. Ich aber habe. Ohé partisan oder les couilles de mon Grand-Père. Und wer das Fließen angeschaut mit Augen, ist der Schönheit schon anheimgegeben, wird für keinen Dienst am Markte taugen, so male ich denn sublimierten Dreck, der durch mein Temperament geleitet und von ihm verarbeitet wurde, so daß nichts bleibt als eben jene altmodische Düsternis, die sich schlecht verkauft, da sie weder lächelt, noch provoziert. Ich will nicht provozieren, da dergleichen heute so gut wie nichts mehr bedeutet, wir leben nicht mehr anno Duchamp. Ist alles längst récupériert, was ehedem noch épatierte, und gehört den Akademien an. Ich stelle nicht einmal mein mißbrauchtes Lavabo aus, denn: scheißen und brunzen seien kunsten, so wollte es ein österreichischer Dichter, dem niemand die Begabung abspricht, noch weniger das Recht auf die Wörter, bei denen ihm wohl zumute ist. — Die Neinsage liegt tiefer und ist nicht so leicht aussprechbar. Man muß sie existieren. Bis zum Ende? Und warum? Es könnte sein, Lefeu, daß der Verfall, dem Sie anhängen, mit dem Sie aber keinen antikünstlerischen Effekt erzielen wollen, nichts ist als die Projektion Ihrer Müdigkeit. Ah oui, fatigué, fad, i geh! Das ist nur so ein Wortwitz, kaum noch recht, um im Wirtshaus erzählt zu werden als die Verhöhnung eines Süddeutschen, der kein Französisch spricht. Andere machen daraus Knoten im Wortgewebe. Irene wäre dazu fähig, wenn sie das Süddeutsche beherrschte. Ja, die Müdigkeit, Jacques. Und sehen Sie da hinauf, wie jetzt im Dämmer die Kontur der Ruine Lefeu grau vor dem ins Schwärzliche schon eingehenden Abendhimmel steht. Soll eins da nicht müde werden, auch wenn der boeuf bourguignon ihm versprochen ist vom generösen Direktor der Galerie Beaumann? Und Nuits-Saint-Georges, mon ami. Das ist das Wahre, die Nacht des heiligen Georg, die hereinbricht, die christliche Finsternis, in der einst die Drachen des Unglaubens getötet wurden, und die heute mir recht ist, weil sie den Glanz-Verfall in sich einschlingt und ich in diesen schlecht erleuchteten Gassen nicht sehen muß, wie drüben in der Rue Monge sich die Türme aufrichten, auf daß Monsieur Pompidou *sein* Paris habe, das Paris der Autoknechte und Wohntermiten. Flammen, sie sollen aufzucken, wie im lang-langweiligen, aber gleichwohl nicht einmal durch Lesefibeln entwert-

baren Gedicht, das sagt und sagt und sagt, es haßten die Elemente
das Gebilde der Menschenhand. Komisch und groß zugleich. Flammen. Paris brûlera. Paris schmorera. Der heutige Stand der Poesie
erlaubt es, ein deutsches Verbum durch ein französisches Futurum
zu verfremden. Das Riesenkrematorium des auferstehenden Hitler. Schritt und Schritt, der meine schlürfend, denn ich bin fatigué,
nur müde, nicht betrunken, der Ihre leicht und zierlich, wie des
Vogels Tritt im Schnee, wenn er wandelt auf der Bergeshöh'. Anlangen, endlich, im Restaurant »A l'Epaule de Mouton«. Danke,
ein jeder Platz soll mir recht sein, einem geschenkten Gaul schaut
usw. Nuits-Saint-Georges, Sie sagten es. Da steht schon Sankt Georgs Rubinennacht, da fließt sie schon durch die Lebensöffnung,
da wärmt sie schon die elenden alten Knochen. Nacht aller
Nächte. Nein, nicht zuviel, Jacques, mon très cher, niemals de
trop, die Kunst des Trinkens besteht in der Dosierung und dem
Rhythmus. Ich beherrsche sie. La qualité de la boisson, auch
Sartre schätzt sie. Es dampft der Ochse. Sie luden mich zu Fleisches-
mahlen, und Sankt Georg blickt ohne Zorn herab, das Schwert
gezückt, aber nicht gegen mich, sondern gegen den Feind:
Immobilien-Paris-Seine; Roßtäuscher allerorten, in den Palästen,
wo regiert wird, in klimatisierten Büros, wo man verkauft und
handelnd die Menschen von Grund und Boden und aus Höhlen
und Hochgrotten vertreibt; auch in den Ateliers, wo Dreckschluk-
ker für ein paar Dukaten sich schnaufend nach Kassel vordrängen,
um zu dokumentieren. Man muß froh sein, noch im brandgefähr-
deten Paris zu leben und nicht im ellende oder Deutschland. Und
damit sei der Entschluß gefaßt. Ich diktiere, wenn Sie erlauben.
Und die Galerie Beaumann wird auf ihrem Briefpapier das Diktat
schriftlich niederlegen und mit aller ihr zukommenden kommer-
ziellen Autorität an die Konzernierten weiterleiten. — Eine Wein-
laune, wähne ich. Mitnichten. Ich habe alles reiflich erwogen. Es
muß ein Ende haben mit den Besuchen der Herren aus Düsseldorf,
sie stören den Abbruch meiner Person und meines Hauses. Ich höre also. Gut. Nur zuvor ein Schluck Nacht. Und nun mag es seinen

Lauf nehmen. Sehr geehrte Herren: Wir gestatten uns hiermit im Namen des unserem Hause verbundenen Malers Lefeu, 5, Rue Roquentin, Paris 5e, Ihnen die folgende Mitteilung zu machen, um zu vermeiden, daß Sie Zeit und Spesen aufwenden eines hinfüro aussichtslosen Vorhabens wegen. Lefeu ist, wie er uns bittet, Ihnen schriftlich zu konfirmieren, nicht in der Lage und darum nicht willens, auf den ihm von Ihnen freundlich vorge-schlagenen Plan einer Ausstellung seiner jüngsten Werke unter dem Titel »Metaphysischer Realismus« einzugehen. Ganz und gar in Anspruch genommen vom Abbruch des von ihm bewohn-ten Hauses, zudem verpflichtet einer allgemeinen Haltung, die er »die Neinsage« nennt, sieht er sich nicht imstande, Bilder aus-zuwählen, durch weitere zu ergänzen und sie in Düsseldorf zu präsentieren. In der Annahme nämlich, daß auch eine solche Exposition dem Bereich des von ihm so benannten Glanz-Verfalls verfallen müßte, sieht er sich gezwungen, zu verzichten und bit-tet um Ihr Verständnis, welchselbes auch das Offenbleiben der Frage nach dem präzisen Sinne der Begriffe sowohl Glanz-Ver-fall als auch Neinsage einzuschließen habe. Er bedauert, daß Sie seinethalben Zeit und Geld verloren, beruhigt sich aber im Gedanken daran, daß Sie an beiden seines Erachtens keinen quä-lenden Mangel haben dürften. Er wünscht, weiterhin so schlecht verkäuflich zu sein wie bis zur Stunde und empfiehlt sich Ihnen durch uns aufs höflichste.

Signatur. Nachschrift.

Was geschah mit Meyersohn?

Was geschah mit Meyersohn?

Und mit seinem Sohn?

Ich wiederhole: Was geschah mit Meyersohn? Und mit seinem Sohn?

Aber das sind junge Leute, Lefeu, wie sollten sie eine solche Frage beantworten können? Welchen Zweck kann es überhaupt haben, die Vergangenheit aufzurühren? Aufrühren, Jacques: und schon taucht aus der Tiefe der Schmutz herauf und trübt alle

Wasser. Wir Franzosen — oder was man so nennt, wir Leute also, die mit französischen Pässen reisen, sind weit hinaus über dergleichen scharfe Indiskretionen. Wir haben uns arrangiert, lesen Céline mit hochachtendem Verständnis, führen seine nachgelassenen Stücke auf, delektieren uns an dem »Erlkönig« Michel Tourniers. Frankreich hat einen guten Magen und einen leichten, unbelasteten Kopf. Aber wir beide, Jacques, dem eia popeia kein Barthes an der Wiege gesungen wurde, und Lefeu, der längst alle Lieder, Melodien und Texte vergessen hat, sind nicht Frankreich, la douce France, das hold und lieblich den Jünger feiert, das werden sogar Sie, der Jasager aus Passion, schon gemerkt haben. Frankreich ist leicht. Wir sind schwer. Lassen Sie uns noch diesen Schluck Nacht schlürfen. Oh, Jacques, gelassen stieg die Nacht ans Land, liegt träumend in Lefeuens Hand. In der Hand und im wärmer quellenden Leibe. Es ist die Nacht des Vergessens und einer Neinsage, die sowohl Leben ist wie Tod. Werden Sie den Leuten schreiben? Genauso, wie ich es jetzt und hier, nächtlich gewiegt und gehoben, diktierte? Werden Sie auch den Nachsatz nicht vergessen? Eines der brennendsten Probleme der Wörter ist und bleibt ihre unmittelbar und unaufhebbar wirkende assoziative Gewalt. Hier greift dann allerdings auf eine gar nicht magische, sondern durchaus rationale und vor allem: psychologisch aufhellbare Weise das Wort als quasi selbständige Macht über in den Bereich der Dinge, den es verändert und dessen Topographie es neu anordnet. Man kann, so sei beispielshalber angeführt, ein Glas Nuits-Saint-Georges trinken (oder mehrere oder viele, vielzuviele), dem Wort hierbei ausweichen, vorerst sagen, es schmecke fein, danach deutlichere Zeichen des Wohlgefallens geben und schließlich allenfalls betrunken und singend nach Hause torkeln, wobei das Lied »Les couilles de mon Grand-Père« sich einem ehemaligen Maquisard am schnellsten über die Lippen drängen würde. Man kann aber auch — und dann erst wird der Fall interessant — sich im Worte verfangen: dann also wird man nicht nur Wein trinken, sondern mit ihm, dem

Worte Nacht, Nacht, die zu Hymnen verleitet, zu Reisen an ihr Ende, Nacht von Mörike und Novalis bis Céline, seinen engeren Umgang haben. Der auf den Nachttrunk folgende Rausch muß in einem solchen Falle weitausgreifend literarischen und geistigen Charakter annehmen, muß also zum Mehr-als-nur-Rausch werden, und der sonst wortlos schlicht Betrunkene wird zum Trunkenen, der dessen Lied singt: Was schlägt die tiefe Mitternacht? Soll freilich das Wort die scheinbar ihm inhärente Kraft haben, dann muß vordem ein Geflecht von Wörtern da sein; die ihrerseits zu Dingen (psychologischen, versteht sich!) geflochten wurden. Wortgewalt ist nur dann Wortgewalt, wenn Wörter im Subjekt schon aufgestapelt und geordnet sind, so daß sie widerklingen. Ein Wort zieht das andere nach sich, und mit ihm »Dinge« oder, wenn man will: psychische Fakten. Dieser Fakten aber wird man wieder nur habhaft unter der Voraussetzung, daß man Wörter für sie in Reserve hat, so daß es einerseits tatsächlich keinen Weg gibt, der herausführte aus dem Dickicht der Wörter-Textur, während doch andererseits die Wörter nur ihren Sinn haben, wenn sie auf Dinge (in diesem Fall: psychische Fakten) sich berufen können. Ist dem aber so, dann muß man skeptisch sein gegen die Vorstellung der Erweiterung des Bewußtseins durch die Trunkenheit. Erweitert wird, ganz ohne Zweifel, wenn man unter diesem Begriff gewisse kaum mitteilbare Gefühlsqualitäten körperlicher Metaphorik versteht, wie etwa den Eindruck, es werde der Schädel von innen heraus gesprengt, oder man habe sein spezifisches physikalisches Gewicht geändert, man fliege, rase knapp überm Erdboden dahin, wo man doch, kaum bewegt, am Orte tritt. Meint man aber, es könne das im strengeren Sinne geistige Bewußtsein ausgedehnt werden, die Möglichkeit der Ideenproduktion, dann wird man bald erkennen, daß man einen Holzweg beschritten hat. Von Nuits-Saint-Georges zu den Hymnen an die Nacht gelangt nur der, welcher die besagten Hymnen auch ohne Alkoholeinfluß zu zitieren weiß; niemand, der nicht die Erinnerung an Möriketexte gespeichert hat, kann im Rausche sagen, es steige gelassen die Nacht ans Land und schmiege sich sanft in Lefeuens Hand. Um von den Blumen, die auf einem Restauranttisch stehen, zu den Fleurs du Mal zu gelangen, ist es unerläßlich, schon vorher von Baudelaire etwas gewußt zu haben. Und dennoch ist es so, daß Wörter Wörter erzeugen und daß gerade die enthemmende Trunkenheit diesem Produktionsprozeß günstig ist. Es gilt dies auch für die Wörter »nein« und »Neinsage«, die ein erfolgloser Maler im Munde führt und genüßlich verkostet. Hat es mit ihnen aber die gleiche Bewandtnis wie mit den Fleurs du Mal und der gelassen ans Land steigenden Nacht? Deutet das Nein auf eine Sache hin, so wie das die Anführung der Texte Mörikes und Baudelaires tut, wobei in beiden Fällen »Sache« oder »Ding« sowohl der Text selber ist wie auch die durch ihn heraufbeschworenen Gegenstände? Nur ein metaphysisch (oder durch Narretei) imprägnierter Kopf wird hier unverzüglich mit einem Ja antworten und zu verstehen geben, es sei jegliches Nein, jede Art von Negation Ausdruck des Nichts. Dagegen wird Vernunft antworten: das Nichts sei nichts — nichts anderes als die substantivische Form eines Indefinitpronomens; und ganz ähnlich verhalte es sich übrigens mit dem Sein — sei das auch mit einem Y geschrieben —, das schon infolge seines ungeheuerlichen, über-kosmischen Begriffsumfangs nicht den geringsten Begriffsinhalt hat. Nein und nichts sind nur innerhalb eines bestimmten Systems, beziehungsweise Sprachspiels anwendbar: sie deuten auf die Abwesenheit von Dingen hin, nicht aber auf Dinge. Was nun die *Neinsage* angeht, die in zahllosen möglichen Negationen anwendbar ist, so ist auch sie dem Indefinitpronomen »nichts« verwandt. (Nein, meine Herren, ich wünsche nicht auszustellen in Düsseldorf; nein, die Bilder des Galeriestars Duteil gefallen mir nicht; nein, das Geplapper ist keine Dichtung; ich kann *nichts* anfangen mit Düsseldorf, Duteil und der Pappelallee). Innerhalb eines solchen Systems aber haben das Nein und die Neinsage natürlich einen guten Sinn, da sie sich ja nicht auf das Nichts beziehen, noch auf das Sein in seiner bleichen Unfaßbarkeit, sondern eben auf ganz bestimmte Tatbestände. Bricht freilich eine so geartete Neinsage, die motiviert sein muß, auch wenn die Motivation noch im Dunkel liegt, aus der enthemmenden Trunkenheit hervor, ein allenfalls von einem Faustschlag auf den Tisch begleiteter verbaler Schlußpunkt oder Paukenschlag, dann transzendiert sie für das redende Subjekt den durch logische Scheinwerfer erhellbaren Raum und langt über ihn hinaus — wohin? Irgendwohin, es läßt sich die Region, in die unter solchen Umständen die Neinsage vorstößt, nicht mehr sprachlich erfassen. Zu sagen: weil sie transzendiere, erreiche sie die Transzendenz, ist leer. Zu sagen: hier gehe nichts anderes als ein durch die Neurologie der Trunken-Betrunkenheit klassifizierbarer Prozeß vor sich, ist vielleicht legitim, aber geistig öde. Nein: das kann mehr als Verneinung sein — ohne je mit einem präsupponierten metaphysischen Nichts etwas zu schaffen zu haben. Nein! ich will nicht. Sie müssen sich nicht sklavisch ans Diktat halten, Jacques, die Form ist gleichgültig und vom Inhalt leicht unterscheidbar. Mir kommt es nur darauf an, den Herren nein zu sagen, sowie ich oft genug Ihnen nein sagte, wenn Sie mir nahelegten, ich solle doch endlich bei X und Y vorsprechen und meiner Sache Fürsprecher sein. Nein und nein und nein. Faustschläge auf den Tisch. Man blickt nach uns, es wird gut sein, sich zu erheben. Und nochmals faustschlagend nein; es bedeutet nicht viel, am Ende nur die hinlänglich triviale Tatsache, daß ich diese Zeit, was sie fordert, was sie bietet, verabscheue. Je ne serai jamais un quémandeur. Ich bittstelle nicht, verstehen Sie? Da sind Sie schon aufgestanden, haben bezahlt, Jacques, mon ami, Sie sind getreu und gut. Und in Feuermanns Magen rumort brüllend der burgundische Ochse und in seinem Hirn röten sich die süßen Nebelschwaden. Sollte ich wirklich betr.? Ich vertrage doch sonst so viel. Aber es ist nur — oh kühler, benzindampfgetränkter Abendwind an meiner Stirn! —, weil ich nicht weiß, ob man nicht die kostbaren Düfte Arabiens vielleicht schon eingeliefert hat in die Anstalt der Irenen. Und weil ich trauere um Destré und Vandamme, die armen Verräter. Und weil — nein, beschleunigen Sie Ihren Schritt, ich taumle mit, links zwo, drei, vier — der Flügel von Lefeus Haus blutend ins Schwarz der Nacht Sankt-Georgs ragt. Und weil der Abbruch weitergeht, inexorablement, André Malraux, Ancien Ministre, hat nicht geholfen, wie einst in Spanien. Rue Roquentin. Wir sind fast angelangt, Sie werden zu Bette gehen. Aufs Wühllager fallen, meinen Sie wohl, denn das Bett settles deeper in the ground, wurzelt gut im Erdreich, das mich erwartet, denn am Ende ist das Nein an die Zeit vielleicht doch ein Nein ans Leben, ein Leben, das abstirbt und zugleich den Tod verleugnet — wie soll ich das wissen in meinen rotsüßen Nebelschwaden? Aber zuvor noch aufrecht ausgeschritten und magnifiziert abgefetzt marschiert, gleich Alec Guinness im River Kwai! Sie sehen mich wachsen, Jacques. Aus dem Clochard, der eben noch betrunken ein Speiselokal verließ, wird ein Gentleman. Der grüßt mit eckigen Bewegungen den blutenden Flügel des Hauses. — Ich komme hinauf mit Ihnen, die Treppen sind gefährlich, Werkzeug und Eisenstangen liegen in den Korridoren. Gentleman Lefeu, ich, Jacques, der Jasager, den Sie verachten, helfe Ihnen beim Aufstieg, denn ja sage ich auch zu Ihrer Intoxikation, aus der ein Bild entstehen mag; ich werde es verkaufen, nicht heut, nicht morgen, aber übermorgen ganz gewiß, ich habe mich nur selten geirrt bei meinen Wetten auf die Zukunft der Kunst. Der Kunst? Der Kunst, sage ich, denn mit der Antikunst legen die Kollegen sich ins Krankenbett des Bankrotts. Ihr Nein, Lefeu, wird zum Ja meiner Tüchtigkeit. Züchtigkeit. Ich bin künstlerisch züchtig, auch wenn ich mit Irene Handwerk betreibe, bis die Arbeiter beim Lachwehlaut, den ich handwerkend aus dem Körper hole, sittenverletzt und bieder mit den schwerbeschuhten Füßen trampeln. Der züchtige, aber nicht tüchtige Künstler fällt auf Sankt Georgs Lager. Danke, mein Lieber, nein, es schaden diesem Ruheort die dreckigen Schuhe nicht. Gelassen steigt Lefeu an Land, lehnt sich aber nicht mehr an des Bettes Rand, dieser ist zu labil und würde ihn stürzen lassen, sondern fällt seufzend in die Wolle seines Leibkotzens. Laissez-moi, mon ami. Jetzt ist es gut, allein zu sein. Leben Sie wohl und haben Sie Dank. Es dunkelt schon, mich schläfert. Unangenehmer Freund au Cimetière Montmartre, wärest du nicht tot, ich würde dir zumurmeln: Schlaf wohl. Das Leben war der schwüle Tag, aber der Tod ist keine kühle Nacht. Man darf nicht den Metaphern aufsitzen. Ich rede und träume vom Sinn der Sätze — jetzt, auch jetzt noch.

V. DIE ROTE MÜTZE

Seltener und seltener. Seltener und seltener kommt sie; weniger und weniger oft muß ich den Liebeshandwerker spielen, und meine Hand schläft ein. Ich höre Schritte draußen, schrecke auf und frage: C'est toi, Irène, ma chérie? Aber dann sind es entweder die zuchtvoll biederen Abbrucharbeiter, die herumpoltern, oder die Herren aus Düsseldorf, die trotz des Absagebriefs sich's nicht verdrießen lassen. Ganz und gar verduftet sind schon Arabiens Wohlgerüche. Meine vorgereckte Schnabelnase wittert nur noch Öl, Terpentin, Fäulnis, Herbes de Provence und Spuren von Pißdunst. Die Neinsage realisiert sich in der Welt durch das Fehlen Irenens. Wohin? Ich befürchtete die Irenenanstalt. Aber von dort könnte sie keinen Urlaub bekommen, könnte sich nicht von Zeit zu Zeit immer wieder einfinden in der Hochgrotte, was sie ja tut, und nicht die schwimmenden Augen mit einer Spur von Verächtlichkeit über die Staffelei und den Gasrechaud gleiten lassen. Keine Erklärung. Nur Gerüchte: sie sei heimgekehrt in die Welt und schnattere wieder, wie vordem, als sie noch nicht gelernt hatte, in Zungen zu reden. Ich habe eines ihrer Gedichte parodiert: Pappelallee. Das war vielleicht der Bruch, und jetzt ist sie möglicherweise wieder in der Redaktion ihres Schnatterblattes — Prinzessin Anne durchbricht das Protokoll — und versucht es mit der Heilung durch den Ungeist. — Welche Route nehmen Sie, Jacques? Wir kommen ja mehr und mehr nach Westen ab, ich kenne das Land, ohé Partisan. Bordeaux. Monsieur Beaumann hat dort seine Interessen? Ein Maler? Kindische Frage. Es handelt sich um *Interessen*. Industrie, und daneben nimmt sich industria, der Fleiß, noch des gefälligsten Malers kläglich genug aus. Es fährt sich gut mit dir, Jacques, mein Freund, ich reise so komfortabel, wie einstens Aschenbach in der schwarzgepolsterten Gondel, und selbst wenn wir jetzt krachend zusammenstießen mit einem Zisternenkamion, würdest du mich gut gefahren haben. DS, Déesse, die uns hinträgt über die Unebenheiten der route départementale, als seien die Frostaufbrüche sanfte Mittelmeerwellen. Freundliches Wetter. Trübnis wohl, aber kein Schnee, keine Eisplatten, und die Heizung der Göttin verströmt warme Luft ins Wageninnere, so daß man sich im Abteil eines Luxuszuges wähnt. Wohlgefedert, sage ich. Die Federn der Nachfolger des Monsieur Citroën werden zu Daunen, oh flaumenleichte Zeit der dunklen Frühe. Welche Fahrt! Da lohnt es sich sogar, anwesend zu sein bei der Vernissage des dumm-gefälligen Duteil und anzustoßen mit ihm auf den neuerlichen Erfolg, mit Taittinger oder Moët-Chandon und kollegiale Glückwünsche darzubringen, wo man doch sagen möchte, es solle der Kamerad zum Teufel sich scheren mit seinem Gold-Azur-Charme, der auf seine eitle Art nicht besser sei als Kassels dokumentierende Stupiditäten. Welche Fahrt! 140 Stundenkilometer, das spürt man kaum, während man schon in Mauriac-Land einfährt. Fabriken und Hochhäuser, la nouvelle France, die sich dick macht, wie anno Versailles, nur diesmal im brutzelnden Fett der Expansion. La nouvelle France hat noch nicht überall die Städte, Städtchen und Dörfer ausgelöscht, in denen die Bourgeoisie ihrer Renten so sicher war wie ihres Gottes und ihrer Ästhetik. Und immer wieder die Pappeln aus Irenens Gedicht, jetzt sind sie winterlich kahl, aber ihr schlanker Wuchs ist der gleiche und gleich bleibt der Rhythmus, in dem sie an der Déesse vorbeifliehen, Pappelallee, Pappelallee, Pappelnallee, alle Pappeln. Bordeaux soll mir recht sein, Jacques, Sie gehen dort Monsieur Beaumanns Interessen nach, ich werde vielleicht durch die Rue Sainte-Cathérine schlendern oder auch im Wagen warten, mich einrollen, wie daheim, und hindämmern, die Dinge an mich herankommen lassen. Mir läuft nichts davon außer den Pappeln, die sich draußen in gegenläufiger Richtung mit 140 Stundenkilometern ins Leere flüchten, und den Tagen, Wochen, Jahren, die mir in schauderhafter Geschwindigkeit aus den Händen gleiten. Nein, mir läuft nichts davon. Ich kann warten. Sie gehen den Interessen nach und ich drehe mich nach innen, die Hände vor den Augen, so daß das durch die Fenster der Göttin einströmende Licht mich nicht stört, sinne, unsinne, versinne — bis es, hoppla, schon wieder weitergeht, südostwärts jetzt ins Béarn. France et Navarre. Le pays basque kommt schon hügelnd uns entgegen und weit hinten winkt Monsieur François Mauriac und ruft uns mit angestrengt tonloser Stimme ein Abschiedswort zu, ehe er wieder in die Familiengruft steigt, in der er und sein Bürgertum verwesen. — Sie hatten Erfolg bei der Wahrung von Monsieur Beaumanns industriellen Interessen? Und da fällt etwas ab und in den scharf hosengebügelten Schoß des Galeriedirektors? Versteht sich und wird verstanden: die Jasage erstreckt sich nicht nur über den Kunstmarkt, sondern weiter hinaus auf den Markt schlechthin. Agoraphilie, das gehört dazu. Ich meine: nicht nur zu Ihnen und Ihrem Jawort, sondern zu einer Wirklichkeit, ohne die es keinen Mauriac und keine Mauriac-Gestalten und keinen Maler Duteil und, wer weiß, nicht einmal einen Maler Lefeu gäbe, denn, seien wir doch ehrlich, was tue denn ich? Ich gebe dem Markte, was des Marktes ist. Ich verkaufe. Schlecht. Aber verkaufe nun eben doch. Sage großartig und weithinhallend nein und flüstere beiseite: Oui, mais oui — pourquoi pas? Es ist nicht so weit her mit meiner hallenden Neinsage, darum vergrabe ich auch gerne das verknitterte Gesicht in den Händen, wobei ich aber allemal durch die Finger blinzle, Ausschau halte, ob nicht doch auch für mich etwas blinkt und blitzt. Blitzt der Taler im Sonnenschein, blitzt Lefeu in die Augen hinein. Im Finstern rascheln die Scheine, man mag sie verschmutzen lassen und achtlos aufbewahren, man nimmt sie entgegen mit geöffneter Hand und streut sie übers Land. Man entgeht dem Taler nicht, nenne er sich Dollar oder sogar franc nouveau. Heilige Mutter Gottes, was für ein liebliches Städtchen, ah Sainte-Marie, Oloron-Sainte-Marie, zierlich und schwer, sage ich, gewichtig durch die Kathedrale und anmutig in den schmalen Gäßchen und an den Ufern des Gave. Aber, um fortzufahren, dem Taler entgeht man erst, wenn man dem Leben — oder soll ich sagen: dem Sein? — valet sagt, Monsieur Mauriacs Taler oder Louisdors sind ihm nichts mehr nütze, weil er ihnen ent-gangen ist, erdwärts. Ich habe noch zu warten, bis die Stunden ganz in meinen Händen zerbröseln und ich, ja; rauh, wie die Innenseite einer Frucht, die an der Luft verdirbt. Ein durchaus sinnvoller metaphorischer Satz, wenn auch, wie dies unumgänglich zu sein scheint, durchsetzt von einer Fülle sachfremder Nebenklänge, so daß die Wörter jene Selbständigkeit erlangen, die ich ihnen abspreche, wenn ich mit Irene diskutiere. Oloron-Sainte-Marie, du sollst nicht vergessen sein: für immer wirst du nun in einem Bewußtsein verklammert bleiben mit der Vorstellung eines toten Dichters, dessen Antlitz rauh ist, wie die Innenseite einer Frucht, die an der Luft verdirbt. Nichts, mein Freund, ich gehe verlorenen Nebenklängen nach, zitiere so vor mich hin, sinne, unsinne, versinne, es hat gar keine Bedeutung. Und jetzt direkt nach Pau, will mir scheinen. Lou noste Henric, Schloß auf den Felsen, France et Navarre, Heinrich IV., Heinrich Mann, der Mann, der sehr gute Mann. Ich rede so vor mich hin, geschaukelt, sanft, von der Göttin, der Déesse, wohlerwärmt von den Strömen leicht benzindunstiger Luft, die sie zuweht. Pappelalleen ohne Ende. C'est toi, Irène, ma chérie? Auch schon vergangen, versunken ins Abgelebte: der Duft, das auf den Plafond fixierte, schwimmende Auge, die sanften Schenkel mit ihrem feingezeichneten Marmorgeäst. Die Nacht ist eingebrochen, ich rechne auf Ihr Reiseprogramm, Jacques, ein bequemes Hotelzimmer mit Privattoilette, wo nicht eisig der Winterwind den Hintern anweht; der Komfort als Gepfühl — Gepfühl sage ich, nicht Gewühl — des Alltags ist gut, man darf ihm nur nicht verfallen, sonst verliert man den Verfall aus den Augen und die irisierende Fäulnis der Rue Roquentin. Morgen die Vernissage. Exzellent, mon cher Duteil, Sie übertrafen sich wieder einmal selbst, Gold und Azur und der nur von Ihnen gemeisterte Zusammenklang beider, ich trinke auf Ihr Wohl und auf das Gedeihen der Galerie Beaumann, der auch ich verbunden bleibe auf Gedeih und Verderb. Verderb. Ich darbe. Derbdarbend schaukle ich in der Göttin Citroën-Gefieder.

Jacques!

Zu Ihren Diensten.

Jacques!

Sehen Sie den Himmel? So habe ich ihn hundertmal gemalt: rot. Und so sehe ich ihn zum erstenmal. Wo sind wir hingeraten? Das ist nicht Pau, da findet keine Vernissage statt, da hängen keine Duteil-Bilder, da hat Beaumann nichts mehr zu sagen, da ist der schwarzrote, aber mit jedem Kilometer, den Ihr Schaltbrett klickend aufzeigt, röter werdende Himmel. Jacques, wo sind wir? C'est lou Gaz de Lacq, sagen die einheimischen Bauern in ihrem Patois, den wir beide verstehen, denn wir sind französischer als der Franzose, royalistischer als der König, päpstlicher als der Papst. C'est lou Gaz de Lacq. Lacq: Gemeinde im Département Basses-Pyrénées, am Ufer des Gave de Pau, 700 Hektar, bedeutende Naturgasvorkommen, Pipelines nach zahlreichen Regionen, Schwefelproduktion. Aus Schwarz ward Rot, aus Rot wird Blau: da stechen Flammen in den winterlichen Nachthimmel, Jacques. C'est lou Gaz du Lacq. Da erleuchten sie jählings die Hügel und Wiesen und wehenden Pappeln, Jacques, halten Sie an! C'est lou Gaz du Lacq. Blitze aus der Erdentiefe. Feuer aus den Eingeweiden des Bodens. Der ganze Himmel flackert jetzt bläulich. Lacq: Gemeinde im Département Basses-Pyrénées, bedeutende Naturgasvorkommen. Es ist ein ziemlich weitläufiger Industriekomplex, wir haben ihn bald hinter uns, dann sind es nach Pau, Centre, Hotel Henri IV, vielleicht zwanzig Minuten. Halten Sie an: *ich erinnere mich.*

Feuermann, Stuttgart. Stiefelfüße, schwer aufgesetzt. Gepolter und Gelächter im Korridor. Raus mit euch — oder so. So oder anders muß das gewesen sein. Eilige Hände in Schränken und Laden, das Nötigste wird mitgenommen, aber was ist das Nötigste? So oder anders. Vielleicht auch Schluchzen einer alten Frau und bebende Finger, die nach einem EK I suchen. Züge: Räder müssen rollen für den Sieg, unnötiges Reisen verlängert den Krieg. Nötige Reisen ostwärts, unerläßliche Fahrten durch Tage und Nächte, deren Ziel die Flammen sind. C'est lou Gaz de Lacq. Wenn selbst in crucialen Momenten einer Existenz nur Wörter sich darbieten, die durch den dokumentarischen oder auch dichterischen Verbrauch (»ein Grab in den Lüften«) vollkommen ausgelaugt, also zwar sachlich durchaus be-deutend, aber dem Erlebnisfaktum nicht gemäß sind, wird der wortohnmächtige Betroffene eine Tendenz haben, auf die Aussage zu verzichten und die sich einstellenden Wortgemächte von sich zu schieben: mit Ekel. Die Bilder sind da in ihrer vollkommenen Plastizität. Es entspricht in hohem Grade dem Wahrscheinlichen, wenn angenommen wird, es habe ein älterer Mann namens Feuermann in Stuttgart den zum Behufe seiner Deportation nach dem Osten in seine Wohnung eindringenden Beamten oder Bütteln das ihm für Tapferkeit an der Westfront verliehene Eiserne Kreuz erster Klasse als einen Talisman vor die stieren Augen gehalten. Die Wahrscheinlichkeit aber hebt die Trivialität nicht auf. Das Faktum, in Worte übertragen, verliert jeglichen Beschwörungswert, so daß der von Visionen Überfallene den Versuch machen wird, die entwerteten Wörter in andere zu übersetzen, auch wenn diese scheinbar mit dem Bild, das erbarmungslos sich entschleiert, nichts zu schaffen haben. Dieses Bild (und nochmals sei darauf beharrt, daß es der Wirklichkeit weitgehend entspricht) ist in und für sich schon unverwendbar: man kann es nicht in sachgerechte Worte bringen, könnte es aber auch nicht malen. In diesem Sinne war schon Picassos Guernica ein Wagnis; erst recht aber müßte ein Gemälde, das die Deportation einer Stuttgarter jüdischen Familie zum Gegenstand hat, selbst unter der Voraussetzung radikaler Stilisierung und stilisierter Radikalität zur künstlerischen Wertlosigkeit und damit zur Entwertung des Tatbestandes selber verurteilt sein. Der Maler Lefeu recte Feuermann erinnert sich seines eigenen verächtlichen Hohnes, den er bei der Brüsseler Weltausstellung 1958 einem sowjetischen Gemälde des Titels »Ein Brief von der Front« entgegengebracht hat. Sachlich hat es da nichts zu lachen und zu verhöhnen und zu verachten gegeben: eine junge Frau in einem russischen Dorf erhielt einen Brief aus der Hand eines invaliden Postboten, das Schreiben eines Mannes, der zur selbigen Stunde vielleicht schwer verletzt in einem Feldhospital lag. Da aber Lefeu damals gelacht hat, lacht er auch jetzt, während ihm durch den Kopf geht, es haben möglicherweise des Vaters bebende Finger das EK I hervorgekramt. Das Gelächter gilt dem Wort oder dem malenden Pinsel und ihrer beider Impotenz vor der Wirklichkeit. Diese aber ist so überwältigend, daß sich in das Lachen ein Wehlaut drängt, den selbst ein aufmerksam seinen Wagen lenkender Fahrer nicht überhören kann, auch wenn er nicht weiß, daß die schwingenden Laute verwandt sind jenem Stöhnen, das Irene bei Lefeus Hand- und sonstigem Werk zu hören gibt. — Sie lachen? C'est lou Gaz de Lacq. Wie würde ich; es ist eine todernste Sache. Die bebenden Hände hielten das Eiserne Kreuz hoch, der Büttel zuckte kaum die Achseln und trieb zum Aufbruch an, mit los, los oder so. Oder so. Die Wörter, wie es auch bestellt sei um ihr Verhältnis zur Wirklichkeit, sind zu unterdrücken: um des Wirklichen tödlicher Ehre willen. Ebenso aber ist abzusehen von literarischen Reminiszenzen, von denen die Kraftlosigkeit des eigenen Wortes und Gefühls gleichsam delegiert wird, um Zeugnis abzulegen. Kein Platz für Celan. Zu überlegen ist, ob das Problem nur Gültigkeit hat innerhalb eines Kontextes von ästhetischer Empfindlichkeit. Durchaus kann es ja so sein, daß der verliebte Tropf, der einen stupiden, aber auf seine Situation zugeschnittenen Schlagertext vor sich hinsummt, die volle Fülle des Gefühls erreicht — la plénitude, um das schöner zu sagen — und demnach gegenüber dem ästhetisch Verletzlichen einen ungeheuren Lebensvorsprung hat: was er sagt und singt und malt, sich ausmalt, das ist nicht gebrochen, zerbrochen, zertrümmert, irreversibel durch Ironie und Reflexion. Der verliebte Einfaltspinsel oder ein nicht ästhetisch verderbter Lefeu würde demnach in unerschütterlicher Legitimität und im Zustand totaler Erlebnisdichte sagen: Vater zeigte das EK I und Mutter weinte leise vor sich hin, aber die Männer kannten kein Erbarmen. Doch wie die Dinge nun einmal liegen (denn es ist unmöglich, abzusehen von der Bedingtheit durch Bildungsfakten), müssen die Wörter verstoßen werden und anstatt ihrer entringt sich noch einmal ein unterdrückter Lachwehlaut dem gequälten Thorax. Sie lachen? Hier haben Sie also den Komplex in seinem ganzen Umfang. Die steilen Flammen zeugen für Frankreichs industrielle Kapazität, und hol' mich der Teufel, es schwellt und schwillt der Patriotismus in mir, so daß ich stärker Gas gebe vor Lust und Freude: Hé, meine Herren aus Düsseldorf, nous savons faire du kolossal, nous aussi, und es wachsen nicht nur an der Ruhr die Fackeln in den Nachthimmel.

Hier habe ich den ganzen Komplex, den ich vergrub in die letzten mir noch erreichbaren Tiefen meiner Existenz. Dort waren wohl die Flammen nicht sichtbar: nur schwärzlicher Rauch drang aus den Kaminen und grub die Gräber in den Himmel, ich komme nicht los von den Wortstauungen, die mir die Wirklichkeit verstellen. Nicht nur an der Ruhr wuchsen die Feuer in den Nachthimmel, es flammte und rauchte der Himmel im Osten und der Riese roch Menschenfleisch. Krallten sich Finger in schon verlederte, alte Haut, die übel riechen mußte für jedermann, der nicht der Riese war? Durchbrach das Todesächzen die Lärmkulisse der scharfen Kommandorufe? Ist alles längst vernichtet vom Wortgeklapper, so daß es keine Kraft hat, wenn es jetzt auftaucht aus der Tiefe des Vergrabenen, der Grabestiefe einer mit wilder Gebärde abgewiesenen Erinnerung? So wurden die Eltern ermordet: auch das kann ich nicht sagen, weil dabei das Ereignis ebenso bleich-ohnmächtig erlischt, wie es durch die metaphorische Rede erhöhend-erhebend verfälscht wird, auch das Grab in den Lüften ist nichts wert, des armen Teufels, der ein Grab in den Wassern fand, l'inconnu de la Seine. Und doch hieße schweigen, verschweigen. Ich habe verschwiegen durch Jahr und Tag, aber hier im Flammenlicht, der wabernden Lohe, sprengt die Gespensterkavalkade durch die Himmel und fordert meine Rede heraus, die falsch ist, wenn sie sich aufrafft, und falsch, wenn sie platt sich abschnurrt. Gespensterkavalkade, welch lächerliche, aus dem Wort und nur dem Wort geborene Pseudo-Vision. Und für jenen, der seine sprachliche Würde zu finden glaubte, wenn er strikt am Sinn des Satzes haftete, ist jede Gefühlsverdichtung ein Debakel. Dies kann nicht meinen, daß der Sinn der Sätze im streng logischen Verstande preisgegeben werden müsse oder auch nur dürfe. Nur sind derlei Niederlagen des Wortes vor der Wirklichkeit trächtig mit der Erkenntnis, daß man zu schweigen hat von dem, worüber man nicht reden kann. Andererseits aber — und hierin liegt die unauflösliche Kontradiktion eines Sprechdenkens, eines Denkprozesses also, der mehr und anderes ist als das von Otto Weininger dem Tier zugeschriebene »Denken in Heniden« — muß das Chaos des Seins in Wörter aufgegliedert werden. Die Wirklichkeit, wenn sie überhaupt erfaßt, be-griffen werden soll, ist angewiesen auf das Wort. Zugleich aber zerstört das Wort, das schlichte und das metaphorisch-aufgehöhte, eben diese, im Wort und in nichts anderem sich realisierende Realität. Realisierung und Irrealisierung sind die Ergebnisse eines hoffnungslosen, sich selbst verurteilenden Prozesses. — Sie sind bleich und zittern. Ist Ihnen nicht wohl? Fahre ich zu schnell? Sie fahren mich gut, wie der Gondoliere den Freund Aschenbach. Und mein Zittern soll Sie nicht weiter beschäftigen, es ist wahrscheinlich eine verfrühte Alterserscheinung, ich habe ein halbes Jahrhundert voller Wechselfälle überstanden, zuviel Cognac, zuviele,

Gauloises, zuviel Handwerk. Die Flammen liegen schon hinter uns, der Komplex ist kleiner als ich auf den ersten Blick befürchtete, jetzt ist nur noch der Himmel rot, wie ich ihn zu malen pflegte, lang ehe ich diese wabernde Lohe kannte, die verspätet Erinnerungen mit sich aus der Erde Gedärm riß. Verspätet, aber darum nur um so drangvoller. Ich habe nichts getan, den Lauf der Ereignisse in andere Richtung zu lenken. Stolz trug ich, ohé Partisan, die Waffen, irrglaubend, es könnte dies Waffenhilfe bedeuten den Entwaffneten, die nur noch das EK I wehrlos mit bebenden Händen dem Büttel. Wie bitte? Dem Büttel, sagte ich, es ist ein unüblich gewordenes Wort. Ich ließ sie verrecken, wie es ihnen anbefohlen war: sie reckten im Todeskrampf — Todeskrampf heißt es hier, und nicht: Todeskampf, da sie ja waffenlos waren — ihre elenden alten Glieder. Verrecken. Es ist nichts. Ein Wort, das mir einfiel, mir ist ganz gut, nicht wohl, aber gut. Ich habe keine Klage, fahren Sie weiter, der Stadt des guten Königs entgegen, das nach ihm benannte Hotel hat uns Zimmer reserviert, man könnte sie an Handlungsreisende vermieten, wenn wir nicht zeitgerecht eintreffen. Schon hat auch das Rot sich einschwärzen lassen von der Nacht, sie löschte die Flammen aus, wie die vergehende Zeit das Damals wegwischte. Nur daß freilich das schon Ausgewischte, von der reinigenden Zeit Ausgewaschene bisweilen dann doch aus dem Dämmer hervorleuchtet, Schrift an der Wand, die aber nicht vorwärts verweist auf das Kommende, sondern rückwärts läuft. Schon gut, ich weiß, ich gedenke, daß sie gestorben sind. Ein furchtbar großer Pluralkreis: sie. Eux. Les autres. Und wenn ich rede, ich, im Singular, dann ist mein Geplapper das Zeugnis eines unbegreiflichen Fehlgeschicks. Pau. 60 km. Sie tun gut daran, die Geschwindigkeit herabzusetzen, wir fahren ins Stadtgebiet ein, hier soll nicht gerade der Fehler korrigiert werden, Sie haben Weib und Kind, Jacques, mon ami. Ich bin allein, denn seltener und seltener pocht Irene an meine Tür, die Herren aus Düsseldorf lassen sich nur in großen Zeitabständen noch sehen, denn sie sind im Besitze des Absagebriefs,

Destré und Vandamme sind längst verzogen, der Abbruch ist un-
aufhaltsam, ein Ende im Blechknäuel an einer von Irenens Pappeln wäre eine Lösung. Sollte doch jetzt und hier der Moment
der Loslösung von der Fülle des Lebens gekommen sein? oder
zumindest der Augenblick der Auflösung eines Rätsels, dessen
Entwirrung ich mich verweigerte? oder der improvisierten Antwort auf die Frage nach dem Warum der Neinsage? Jacques!
Sehet ihr am Fensterlein? Il n'y a pas de Fensterlein, die DS ist
mit unfallsicheren Scheiben ausgestattet, die Sicht ist hervorra-
gend, Monsieur Citroën würde staunen, wenn er auferstünde.
Dort, die Rote Mütze? Mein Freund, das ist der Widerschein der
Flammen, c'est lou Gaz de Lacq. Lacq: Gemeinde im Département Basses-Pyrénées, Pipelines nach zahlreichen Regionen.
Nicht geheuer muß es sein. Wir befinden uns im Stadtgebiet, Lefeu. In wenigen Minuten werden wir angelangt sein, Sie haben
keinen Grund zur Unruhe, Henri IV erwartet uns. Es ist gar
keine Rede davon, daß sie den Feuerreiter sahen im Augenblick,
da ihre Hände sich verkrallten und sie sich reckten bis zum Verrecken, das ihnen vordem schon anempfohlen ward und wovor,
ohé Partisan, niemand sie retten wollte. Und wenn ich ihn jetzt
sehe, am Fensterlein der DS, den Feind im Höllenschein, dann ist
dies nichts als Wort-Vision, genauso wie das Grab in den Lüften.
Die Sprache fing mich ein, Irene, und verzeih, daß ich deinem Geplapper nicht gerechter wurde. Ich durchschaue den Prozeß im Zustand voller Luzidität, sage aber in dieser Stunde ja zur literarischen Selbsttäuschung, so wie ich nein sage zur Roßtäuscherei
des Marktes, auf dem ich miserabel quotiere. Jacques! Schaut,
da sprengt er wütend schier. Wer bitte? Er, der mystische Gefährte oder der durch literarische Mystifikation herbeigerufene
Kamerad, hinterm Berg, hinterm Berg brennt's. Ich sage nein,
seit Jahr und Tag, weil er stets um mich war, ich ihn aber nicht
heranlassen wollte aus Gründen intellektuellen Hochmuts. Die Eltern haben ihn nicht gesehen in ihrer letzten Atemnot. Jetzt aber
sehe ich ihn. Die Rote Mütze. Heimsuchung, Heimholung. Es

ging ja irgendwo im Schwäbischen vor sich, man sah ihn grinsen vom Dachgestühl, freventlich die Glut besprechen und erblickte in der gleichen Region viel später die Männer, die anhielten vor den Häusern und die dem Verrecken Versprochenen heraus- und davonschleppten. Diese dem stammhaften Gefüge entsprechende Verbindung stelle allerdings nur ich her: jene waren ganz aufgegangen im Recken der verkrampften Glieder und im Keuchen, das vergebens versuchte, der Seuchenluft einen Fetzen Oxygen zu entreißen. Volk und Wagen im Gewühle kehrten heim von all dem Graus, machten sich emsig an den Wiederaufbau, des Feuerreiters gedachte man so wenig wie der Verreckten. Und woran dachte ich? An einen roten Fleck inmitten zerfließender grauer Farbe. An Irenens Marmorschenkel. An Vandamme und Destré und Maître Biencarré und die Zerstörung von Paris. Aber vielleicht war es das, wofür der Feuerreiter steht, was mich nein und nein und nein sagen ließ. Nichts tun. Am Bette kauern. Die Dinge an sich herankommen lassen. — Sie schlafen? Nein. Ich erinnere mich. Sie lachen dann und wann. Ja: über mich selber, wie immer. Und hier sind wir schon, es scheint ein gutes Hotel zu sein, wir wollen tüchtig zu Abend essen und morgen dann gemeinsam mit Duteil ans Aufhängen der Bilder gehen, es ist das immer eine delikate Sache, und die Leute von der hiesigen Galerie verstehen nichts davon. Ich bedauere. Wie? Bedauere, nicht Hilfe leisten zu können, bedanke mich für die bequeme Autofahrt. Ich muß nämlich. Wie? Rückreise mit der Bahn? Jetzt? Leider. Ich erinnere mich. Auch hatte ich eine Begegnung. Sie werden mich entschuldigen und dem Kollegen Duteil meine besten Grüße und Wünsche übermitteln. Husch, da fiel's in Asche ab. Ich hätte dort und damals — es begann im Schwäbischen und endete hinten im Osten — mich recken müssen und nicht mich räkeln zwischen den Schenkeln Irenens. Husch, ich aber überstand, das ist der niederträchtige Zufall ohne Notwendigkeit; Zufall entgegen der Notwendigkeit. Ich sagte nein, ins Allgemeinste hin, ohne zu wissen, daß dies die uneinholbar verspätete Jasage zum Husch war:

ich fiel nicht in Asche ab, damit waren alle Türen zugefallen. Irgendwelche Züge werden gehen. Bequeme Züge, keine Viehwagen, und ich werde erster Klasse reisen und es komfortabel haben im Abteil, das mich nordwärts trägt, je monte à Paris, dort wird das Weitere sich finden oder wird geschehen, denn vielleicht ist es Zeit, die Dinge nicht mehr an sich herankommen zu lassen, sondern sie ins Rollen und Donnern zu bringen. Es ist Ihr Ernst? Niemals war ich ernsthafter. Ich sah am Fensterlein die Rote Mütze — wie wollte ich da es mir wohl sein lassen bei Nuits-Saint-Georges und Duteils Azurgold? Ich kann Sie nicht zurückhalten, fahren Sie. Mit dem Gefährten, der sich mir zugesellt hat, reise ich nordwärts. Es ist ein Sprachspiel. Der Feuerreiter, den ich aus der Nacht hervorzauberte, ist bis zu einem gewissen Grade der Ersatz für die Ohnmacht der Sprache, das heißt: das ganz andere Wort, das mit dem Vorgang der Deportation der Eltern und ihrer Vernichtung kaum irgend etwas zu tun hat, stellte sich ein und redete mir eindringlicher ins Ohr als es die sachlichen oder auch poetisch transformierten Sätze vermocht hätten. So kam ich auch meinem Nein auf seine erste, verwehte Spur. Une première Paris, simple. Ich komme hierher nicht zurück, gewiß nicht. Die Spur ist entdeckt, lou Gaz de Lacq hat seine Aufgabe im Koordinaten-System meiner Existenz erfüllt. Die Flammen wehten mir den Feuerreiter vors Fenster, er gab mir zu verstehen, was ich ihm soufflierte, daß er mir zu verstehen gebe. Dergleichen aus der Introspektion gewonnene Einsichten haben, wie allgemein unterstellt wird, einen geringen Aussagewert. Sie sind gewiß in hohem Grade unwissenschaftlich, soferne das Kriterium der Wissenschaftlichkeit überhaupt anwendbar ist auf eine bestimmte Form psychologischer Suchvorhaben. Es liegt auf der Hand, daß dies tatsächlich nicht angängig ist: Wo psychologisches Nachdenken hinausgeht über behavioristisches Registrieren, das heißt: wo immer Hypothesen aufgestellt und vor allem Interpretationen vorgenommen werden, ist eine sich selbst als solche nicht eingestehende Introspektion am Werke. Die psychologische Erkenntnis dieser Art ist immer ein Gefühl — so wie das Verstehen (Verstehen etwa eines mathematischen oder logischen Satzes) sich letzten Endes auf ein Gefühl reduzieren läßt. Die Innenschau ist der Anfang und das Ende nicht nur jeder psychologischen Ausforschung, sondern auch eines jeden phänomenologischen Modells. Eigenerlebnisse werden als allgemein gültige Erkenntnisakte angenommen: weder Freuds Analysen, noch Husserls Wesensschau haben entstehen können ohne die Infrastruktur so und so gearteter Ergebnisse der Ichfindung. Der wissenschaftliche oder nur intersubjektiv verbindliche Wert beider Unternehmen ist denn gewiß auch problematisch; der existentielle aber wurde dessentwegen nicht beeinträchtigt, im Gegenteil. Denn es ist ja so, daß sowohl bei phänomenologischen Darlegungen (erinnert sei nur an Merleau-Pontys Phänomenologie der Körperlichkeit) als auch bei psychologischen Erklärungen im Rezeptor häufig das Erlebnis ausgelöst wird: So ist es! Zwei Subjektivitäten werden miteinander verknüpft, berufen sich aufeinander, ziehen aus dem Einander bzw. aus eben dem zwingenden Gefühl des »So-ist-es« ihre Geltung. Damit sind sie zwar nicht im wissenschaftlichen Verstande verifiziert, wohl aber im existentiellen gerechtfertigt als eine bestimmte Form von Kommunikation. Als Verständigung des Ich mit dem Ich kann man denn wohl auch jene Introspektion auffassen, die keine sich allgemein wollenden Schlußfolgerungen zieht, sondern, überwältigt vom Erlebnis des jähen Verstehens, sich sagt: Die Spur ist entdeckt, meine Neinsage ist rückführbar auf das Faktum, daß ich das Überstehen nicht überstehen kann. Eine unabsehbare Menge von Kausallinien müssen sich schneiden, damit ein bestimmtes Ereignis eintrete, und die Verschlingung der Ursache-Wirkung-Ketten ist so unauflöslich, daß das Begebnis selbst sowohl Zufall wie auch Notwendigkeit genannt werden mag. Die Stärke der einzelnen Ketten aber ist nicht meßbar, es handelt sich ja nicht um ein geschlossenes System, das experimentell aufgebaut werden könnte und dessen Elemente in ihrer Funktion überprüfbar wären. Das Maß setzt ausschließlich die subjektive Erfahrung, die als Instanz auch dann nicht ihre Geltung verliert, wenn objektiv überprüfbare Ereignisse sie zu dementieren scheinen. Ich kann sagen — und habe es mir versuchsweise gesagt —: Hauptursache für meine Negation der gegebenen kulturellen Phase ist eine vielleicht hereditär bedingte Trägheit, welche sich dem Rhythmus der Epoche nicht anpassen mag. Oder: alles erkläre sich am einfachsten durch die Hypothesen Schuldgefühl und Strafbedürfnis; auch dies habe ich erwogen. Oder noch: meine Neinsage ist sozial adressiert und zu verstehen als Aufforderung an die Welt. Ein niemals zur Erwachsenheit gelangter Knabe mit Runzelgesicht und Knitterhals gibt der Gesellschaft zu verstehen, sie möge gefälligst alle Schwierigkeiten ihm abnehmen, denn anders geschähe ihr ganz recht, wenn er, der Knabe, vor die Hunde ginge. Dies waren aber allemal nur intellektuell gefaßte, durch Lektüre und übernommene Kenntnis vermittelte Durchblicke. Erst hier, im Béarn, in den Fackeln des Gaz de Lacq, verfolgt vom spielerisch heraufbeschworenen schwäbischen Feuerreiter, wird die Tiefe erleuchtet und damit zur Dimension. So ist es: das Überstehen war ein Widersinn und war so freventlich wie des Feuerreiters Besprechen der Glut. Husch, da fiel's in Asche ab. Und ich war komödiantisch der Partisan, ohé, und sang »Les couilles de mon Grand-Père« und trug die nicht für mich bestimmten Waffen, anstatt in Kanälen zu verrecken. Ich ließ mich von der Schenkelwärme Irenens umschließen, wo ich am Appellplatz steif hätte umfallen sollen, ein erfrorenes Steh-nicht-mehr-auf-Männchen. Ich malte schmutziggrau die Rue de l'Estrapade, wo ich mit weißem Pinsel den Silberdistelwald der Drahtverhaue hätte hinzeichnen sollen, so klar und scharf, daß der Beschauer glaubt, den elektrischen Strom zu spüren. Feuermann gibt es nicht mehr, darum sollte es Lefeu nicht geben: die Logik ist unangreifbar. — Non, occupé. Das ganze Abteil ist besetzt, ich bedaure, aber der Zug ist halb leer und Madame finden hier in der ersten Klasse genügend Platz. Ich muß allein bleiben, denn ich wünsche am Fensterlein die Rote Mütze zu sehen, wieder und wieder, es liegt nur an mir, die Wörter sind aufgestapelt, ich suchte mir nach freier Wahl ein paar aus und bastelte mir meine Vision und den mystischen Gefährten, da doch die anderen mich verließen und verrieten, ich hätte das nicht gedacht von Destré und Vandamme. Querfeldein durch Qualm und Schwüle geht's hinauf nach Paris: Pau, Toulouse, Montauban, Tulle, Bourges, Orléans, ich kann es auswendig, kenne die Strecke, denn es ging 1941 auf dem gleichen Wege nach Norden vom Lager Gurs: die dort Verbliebenen wurden auf anderen Linien weggeschafft. Nicht viel später dürfte es gewesen sein, daß bebende Hände das EK I aus der Truhe kramten; ich habe niemals genaue Erkundigungen eingeholt — wozu auch? Ich wanderte durchs Maquis, den Busch, ins Licht eines Sieges, der mir nicht gehörte. Fand Zuflucht in der Hochgrotte, sagte nein, als wäre es damit getan. Sehe ich am Fensterlein? Ja, wenn ich will, denn ich schalte selbstherrlich im Raume der Wörter und der Dinge, die ich nach den Regeln der Vernunft zu verknüpfen weiß. Dort die Rote Mütze wieder? Nach Wunsch, nach Wunsch. Nicht geheuer muß es sein. Nicht geheuer ist es. Und das Ungeheuerliche geschah und muß darum wieder geschehen. Die Neinsage als Flucht reicht nicht aus. Ein Nein, das mehr ist als die Abwesenheit eines Etwas, drängt sich auf, drängt sich ein in den Dämmer eines tatunwilligen, lichtscheuen Bewußtseins, reißt einen schmutziggrauen Bilder-Vorhang weg, hinter dem. Hinter dem. Hinterm Berg, hinterm Berg: Paris, die durch Glanz zerstörte Stadt, der kein Zadkine ein Denkmal setzen würde. Dem dünngefiederten Schnabelkopf wohlanstehende Kopfbedeckung, die da auftaucht aus dem optischen Meer der Nacht, fenstergespiegelt zwischen rückfliehenden Pappelalleen, Häusern, Hügeln, Fackeln, Bäumen, Teichen. Ihr Zipfel ist abgebogen, so trug man sie auch im schwäbischen Land, nur wurde sie dort nicht zum Symbol. Hier aber, wo der Nachtzug sich eilig hinaufbewegt, gen Norden, das Béarn längst verlassen hat, um rechtzeitig im Morgengrauen Paris zu erreichen, tritt sie leuchtend aus den Wassern der Nacht hervor.

Ohé, Partisan, es kommt vielleicht noch deine Stunde, in einem schwächlichen Körper regen sich für immer verloren geglaubte Kräfte. Seht, da sprengt er wütend schier — und nimmt die Stunde von Stuttgart zurück, wirft den brennenden Span in die kalten elektrischen Feuer des Glanz-Verfalls, reitet eine rippendürre Mähre, die im D-Zugstempo über das versengte Land hetzt. L'oiseau de malheur als Feuerreiter, der weiß, was er zu tun hat. Weiß er? Sein dünner geschnäbelter Kopf, der sich im Abteilfenster spiegelt, hat so seine Vorstellungen. Die körperliche Rage des nächtlichen Reiters kennt nur ihr eigenes Gesetz und das fordert: Aufhebung der Stuttgarter Schmachstunde (zitternde Hände kramten nach einem EK I, über das der Büttel nur die Achseln zuckte) und Auslöschung eines schmählichen Überstehens. Da schwankt im Wind die seitlich abgebogene Rote Mütze, da rekken die langen Hälse von Roß und Reiter sich vor, da klappern die Hufe und wiehern in die Nacht die Gelächter des Zornes, denn jetzt soll die Untat ausgelöscht werden durch die Untat. Der Rausch ist der Gebieter. Ohé, cavalier de feu, bei den Schwaben warst du nichts nütze — es waren Hölderlin und Hegel keine Jakobiner —, aber hier, querfeldein durch Qualm und Schwüle kletterst du über die Feuerleiter bis in die Gipfel der Turmhäuser von Paris. Man ist Herr über derlei aus dem Wort geborene Gesichte; wenn man will, läßt man den Blendkegel der Vernunft aufblitzen, das flackernde Gelichter verschwindet, man sitzt manierlich im Abteil, non Madame, c'est occupé, tout est occupé, je regrette, und hält Einkehr in die Luzidität. Der Rausch ist zähmbar, der rote Hahn wird zum dressierten Federvieh und kräht, wie die gute Sitte es befiehlt. Nur bleibt ein Rest solcher Spiele: die Wörter zeugen weiter, nachdem sie sich selbst befruchteten, und ihre Nachzügler drängen in den hellen Raum der Vernunft. Der physisch ansprengende Zorn eines verstümmelten Menschen ist durch den psychologischen Begriff der Aggression, diese Hilfskonstruktion einer sich suchenden, aber nirgendwo jenseits des baren Behaviorismus sich auffindenden Wissenschaft, nicht ergreifbar. An Stelle dieser muß immer wieder eine psychophysische Phänomenologie treten. Die seelische Verletzung wurde körperlich verspürt (so kramten, sei angenommen, bebende Finger nach einem EK I, und dem, der davon erfährt oder auch die Szene nur imaginiert, wird übel) — und jetzt sind es der Körper und dessen intentionales Bewußtsein, die die Antwort erteilen wollen, unter allen Umständen, auf jede Gefahr hin. Dies gilt dann, wenn die Verschandelung oder Schändung eine körperliche war, die sich im Moment des Ereignisses als psychische kundtat, mit nur um so schärferer Entschiedenheit. Einfachst gesagt: auf den Schlag, den körperlichen oder seelischen, will der Leib den Gegenschlag versetzen. Gegengewalt ist — ganz jenseits einer revolutionären Mythologie — der letzte Ausweg, den der vergewaltigte Mensch sich sucht. Hierin ist der sakrale Urgrund einer jeden Vorstellung von Rache zu sehen: in dieser körperlichen Unruhe, dieser Gleichgewichtsstörung, die beide erst nach dem vollzogenen Akt der Vergeltung gleichgehoben werden und zur Befriedung gelangen. Daß dergleichen keine gesellschaftlich-politische Maxime sein kann, ist klar, da jeder Gegenschlag ein Schlag für sich ist, der seinerseits wieder vergeltend-reaktives Verhalten forderte, so daß die Geschichte am Ende nichts wäre als eine unzerreißbare Kette von Taten-Untaten. Die Gesellschaft hat denn auch das, was sie Recht nennt, zu ihrem Schutze eingesetzt an die Stelle der von den höheren Zivilisationen tabuisierten Racheakte. Daß die Rache sein sei, sagte erst Gott; danach setzte an Gottes Statt sich die Sozietät. Dem Verwundeten freilich ist wenig damit gedient. Sein Leib oder, wenn man will: seine Leibesseele — verlangt weiter nach der Zurücknahme des Erlittenen durch den Akt des Erleiden-Machens. Wo dieses ihm versagt wird durch das interiorisierte Gesellschafts-Gesetz, das er Gewissen nennt, oder durch den einfachen sozialen Verbotsakt, dem er aus Furcht gehorcht — dort ist sein Leben bleibender beschädigt als es das vordem durch ein Erleiden, an dessen Zurücknahme er noch hatte glauben können, gewesen war. Die Psychologie spricht von Ressentiments, das sagt nicht viel, wiewohl das Wort als solches von der Sprache gut erfunden wurde. In Tat und Wahrheit wird das unterdrückte Ressentiment, nicht anders als das vorgeblich durch Bewußtmachung und höhere Einsichten gleichsam von sich selbst gereinigte zum Triebverzicht, der nicht weniger grausam die menschliche Gestalt amputiert als das Ausbrennen eines beliebigen sexuellen Wunsches, dessen Erfüllung der Mensch auf Geheiß der Gesellschaft oder des den gesellschaftlichen Forderungen entsprechenden Gewissens sich versagt. Eine unauflösliche Kontradiktion zwischen dem sozial Gebotenen und Gebieterischen und dem spezifisch humanen Verlangen des Individuums nach Zurücknahme (oder vielleicht: Aufhebung der Irreversibilität und damit der Zeit) bricht hier auf. Rechtens darf gesprochen werden, in inhumanstem Zusammenhang, von einem spezifisch Humanen, denn die Tier-Verhaltensforschung zeigt uns zwar Aggression, die im Dienste der Arterhaltung steht, nicht aber den Vergeltungswunsch. Der Reiter macht zum rächenden Ritt durch die Nacht sich auf. Die handliche Vision kann jederzeit, nachdem sie einmal vom Wort her aus der Nacht herangeholt und selbstherrlich verscheucht worden war, wieder beschworen werden, zumal das Abteil immer noch leer ist, der Trick mit dem »occupé« hat erstaunlich gut geklappt, was freilich nur möglich war, weil dieser Zug sehr schwach besetzt ist. Es muß noch etwas Cognac da sein, man hat ihn nötig, denn in diesen späten Nacht- oder frühen Morgenstunden ist es winters so kalt, daß die Wagenheizung dagegen nicht mehr ankommt. Man nahm aus den Pyrenäen die eisige Luft mit nach unten ins Flachland, der Wind kommt weit aus der Zeit her, aus dem Lager Gurs, wo es auch schon Schläge gab, die in der Leibesseele schwären, die nicht vernarben, weil der Körper zum Gegenschlag nicht ausholte. Das war 1940 — und nichts ist verheilt. Aus dem dunklen Fenster schaut ein nachtbleiches Gesicht durch der Dunkelheit Gewässer, man sieht ihm keine Blutrunst an, auch die Rote Mütze ist vom Haupte verschwunden. He, Reiterlein! Hier ist ein Stück Brot für deinen räudigen Gaul und hier ein Schluck Rémy Martin für dich, den du nicht kennen konntest im Schwabenland. Friß, gutes Tier, und trink, mein mystischer Gefährte, Spielkamerad und Landsmann, wir haben gemeinsam vieles vor, nur darfst du mir jetzt nicht erlahmen, noch ehe der Müller dich findet, ein Gerippe samt der Mützen, das nichts mehr zuwege bringt. Husch, da fällt's in Asche ab. Mir scheint, du magst nicht, ziehst dich zurück, vielleicht ins Béarn, vielleicht auch ostwärts nach Schwaben, weil eben meine Visionen nun trotz des guten Schlucks, den ich tat und zu dem ich dich einlud, verrauchen, weil du selbstverständlich weißt, daß ich nicht dazu tauge, dich umzudichten, wie Irene das vielleicht vermöchte, und mir wohl auch nicht zutraust, daß ich dich male. Technisch wäre es zu machen: der Unglücksvogelkopf über dem langen Gefiederhals, die Rote Mütze schief auf dem von Federn schon halbentblößten Kopf. Phantastischer Realismus, nicht metaphysischer, wie die Herren aus Düsseldorf dies so gerne gewollt hätten. Aber die bloße Technik genügt nicht, wenn die Lust am Spiel auf einmal nicht mehr da ist und man nur das eigene Spiegelbild im dunklen Abteilfenster sieht und im übrigen weiß, daß man das Geschäft alleine zu Ende bringen muß, ohne textliche Hilfe. Benzinkanister. Leise Tritte durch die Korridore des Neubaus. Ein paar Schwefelhölzer, erstanden bei dem Mädchen aus dem Märchen, Flucht durch ein Toilettenfenster, über Höfe und Mauern, wie einst beim illegalen Überschreiten so vieler Grenzen. Danach sitzt ein Mann im Café vor seinem Pernod und hört von ziemlich weither die Sirenen der Pompiers. C'est pompier, sagt man im Französischen, wenn man über eine dumm-aufgeblähte, feierlich stolzierende Sache spricht, die ziemlich lächerlich ist. Ridikül ist die ganze Idee, belachens- und beklagenswert ist der Feuerreiter, der aus den Wörtern entstand und – husch – in ein hohles Nichts zurücktrabte, mit traurig hängendem Kopf, auf rippendürrer Schindmähre. Da ich nun des Spieles leid werde, denn wenn es auch so sein mag, daß momentweise die vom Wort herangebannte Imagination, neue Wörter herbeiführend, einen Ausweg gewährt aus der Ohnmacht des Sprechdenkens — es ist doch allerwegen das Mirakel nur ein ephemeres. Es währt nicht. Und wiederum ist nichts anderes zur Hand als das Mittel der Reflexion, darum bin ich wohl letzten Endes auch kein rechter Maler, weil ich der Einbildungskraft nicht vertraue, so daß mein Realismus günstigenfalls ein reflexiver ist und kein phantastischer oder gar metaphysischer. Zur Debatte steht wieder und wieder das Problem der Neinsage, ihrer Herkunft und Zukunft. Was die Herkunft angeht, dürfen die hinlänglich banalisierten Interpretationen der gängigen psychologischen Lehren vernachlässigt werden: mit unausgekochten Oedipiaden ist so wenig Staat zu machen wie mit dem nur einen nicht sehr scharfen gesunden Menschenverstand bestechenden Minderwertigkeitsgefühl. Auch dem Vertrauen auf das So-ist-es-Erlebnis der Introspektion ist zu mißtrauen, denn es kann jederzeit von einer neuen inneren Erfahrung gleicher Qualität und Intensität abgelöst und außer Kraft gesetzt werden. Man muß also dahinstellen, ob die Neinsage eines aus Stuttgart stammenden, seit Jahr und Tag in Paris ansässigen Malers tatsächlich, wie er sekundenweise mit äußerster Konzentration zu erkennen meinte, in dem Faktum gründet, daß seine Eltern 1942 nach dem Osten deportiert, dort erstickt und verbrannt wurden und er selbst das Überstehen nicht ertrug. Die Hypothese ist einleuchtend: einleuchtender als eine psychoanalytische oder individualpsychologische oder eine auf hereditäre Fakten sich berufende Kausalerklärung; aber ihres Leuchtens soll man allzu gewiß nicht sein, die Helligkeit kann jählings von anderer Einsicht verschattet werden. So wird denn die Neinsage, ohne daß ihr Ursprung mit Sicherheit zu entdecken wäre, einfach hingenommen, die Frage nach ihrer Herkunft wird zurückgestellt, das Problem der Zukunft, die jede Vergangenheit in jedem Augenblick umdeuten und verändern kann, bleibt allein als drangvolle Frage oder offene Wunde des Geistes schmerzhaft bestehen. Leise Tritte im Korridor des Neubaus, Schwefelhölzer, Feuerwehrsirenen und in einem Café vor einem Pernod ein solide installierter Mann, den die Ereignisse nicht betreffen und dem darum die Tändelei mit dem feuerreitenden Gefährten verstattet ist. Wäre die Brandstiftung als revolutionärer Akt geeignet, die konterrevolutionäre Vernichtung, die vor dreißig Jahren statt hatte, aufzuheben? Es ist nicht von der Hand zu weisen, und noch weniger läßt sich einwenden gegen die Spekulation, daß ein Mensch, der dem Verfall sich als Komplize verschwor, die Auflösung durch Verbrennung, also die zeitlich geraffte Dekomposition, deren rasend-flackerndem Prozeß man beiwohnen kann, als eine gegen die von ihm durch die Chiffre Glanz-Verfall gekennzeichnete Epoche revolutionäre Tat erwägt. Hier verbänden sich dann die psychophysische Forderung nach dem Gegenschlag und die zur Mythologie der Zeit gehörende Idee der revolutionären Gegengewalt, die freilich nun ihrerseits wieder ganz ohne geistigen Zwang und gleichsam auf natürliche Weise zurückgeführt werden könnte auf das gleiche drangvolle Verlangen der hundertmal Geschlagenen, nun endlich selbst die Faust zu erheben. (Denn sind sie nicht die ewig Besiegten — die hommes revoltés, die in der UdSSR in Narrenhäusern verkommen, die im Westen von den Herrschenden lächerlich gemacht, den institutionellen Gewerkschaften terrorisiert, den Arbeitern verächtlich ignoriert werden?) Wer allerdings den durch die Wörter heranbesprochenen Feuerreiter würde loslassen wollen, auf daß er mit seinem rippendürren Tier durch das neue Paris reite und die Stadt zur Rauchwüste mache, wer also phantasiert, in allen Graden zwischen Ironie und Euphorie, der wird zu bedenken haben, daß die Verbrennung anderes ist als der Verfall: dieser geht langsam vor sich und ist in seiner Langsamkeit so recht das dem Tode entgegenschreitende, sich selbst zerstörende, aber in eben der Zerstörung sich entdeckende und realisierende Leben; jene ist der allzuschnell herbeigezwungene Tod, der das Angesicht der weiten, durch Waldbrände in weißgraue Kalklandschaften verwandelten Gebiete der »Landes« hat. Die individuelle Rache durch die Brandstiftung (sei sie geplant und gerechtfertigt zur Wiederherstellung einer

Seins-Symmetrie, die man auch Gerechtigkeit nennen mag, sei sie, daneben und zugleich darüber hinaus, die symbolisierte Verwerfung des Seins durch einen, der umständehalber zur Existenz niemals gelangte, sei sie schließlich nichts als die vernünftig begründbare Antwort auf die Reizwucherung des Wirklichen, die Metastasen der ökonomisch als Expansion bezeichneten, aus ursprünglich strenger Rationalität ins total Irrationale umschlagenden Vorgänge) — die Brandstiftung also ist kaum zu justifizieren und würde allenfalls vor Gericht in den Bereich einer Pyromanie genannten Gestörtheit streng verwiesen werden, ohne daß freilich dem Angeklagten mildernde Umstände zugebilligt würden, denn das post-gaullistische Frankreich ist ohne Größe zwar, aber durchaus blutrünstig und gestattet seinen Richtern das Aussprechen der Formel: »Tout condamné à mort aura la tête tranchée.« Bleibt die Lockung, reitender Freund, ich bin es müde, ihr auf den Grund zu gehen, sehe dich nur jetzt den brennenden Span in die Hochhäuser von Bourges werfen, die frevelhaft die Kathedrale überragen. Bourges, fünf Uhr morgens. Ein guter Zug, schneller als die DS des Freundes Jacques, und in der I. Klasse, die man sich eigentlich nicht gestatten sollte, da man doch ein notorischer Hungerleider ist, sogar bequemer. In Pau wird man ohne mich die Bilder des Kollegen Duteil in ein günstiges Licht hängen, die Lokalreporter werden nur den weltbekannten Meister zu Gesicht bekommen, sowie den liebenswürdigen und kenntnisreichen, dem Pariser Kunstleben als »Monsieur Jacques« bekannten Direktor der Galerie Beaumann, Avenue Matignon, nicht aber einen gewissen Lefeu, dessen Atelier vor dem Abbruch steht. Champagner. Messieurs: Es ist uns eine besondere Ehre, Monsieur Duteil hier in Pau, der Stadt jenes Königs ausstellen zu dürfen, der wie kein anderer ein in Helligkeit geistiges und in Anmut liebenswertes Frankreich verkörpert, das immer noch, jawohl, Messieurs, auch heute noch, der Welt das Maß des Geistes und der Kunst gibt. Händeklatschen. Gold und Azur, meine Herren: die Farben, die das ewige Frankreich op-

tisch symbolisieren und die in einem einzigartigen Zusammenklang heute wohl kein anderer Künstler so vollendet zu handha-
ben weiß wie unser Meister, auf dessen Wohl ich, mit Dank und
innigen Gefühlen des Glückwunsches an die gastgebende Stadt
Pau, nun mein Glas hebe. So oder ähnlich. Oder auch ganz anders. Es ist ein Jammer, daß stets in solche Vorstellungen die
böswillige Ironie sich eindrängt und das optische und akustische
Bild zur Parodie macht. Jacques ist zwar ein Jasager, aber kein
Knecht des Kommerzes. Duteil ist kein großer Maler, aber auch
kein Stümper. Und das ewige Frankreich hat auch andere Farben
als die traditionell cartesianischen: Gold und Azur, wohlfeile co-
loristische Symbolisierung der Aufklärung. Jetzt wird die Kälte
empfindlich und die Vision des Wollkotzens, mit dem Irene den
nackten, niemals zur Ruhe kommenden Körper zu bedecken pflegt,
wird zum sanften Versprechen. Die Hochgrotte selbst, wiewohl
nach allgemeinen Kriterien nichts weniger als behaglich, ist wieder, wie seit so langer Zeit schon, der wärmende Heimatersatz
des Heimatlosen. Wer einen aus diesen elysäischen Gefilden vertreibt, der verdient den Feuerbrand des Reiters. Herr Präsident,
meine Damen und Herren Geschworenen! Bedenken Sie bitte,
daß dieser Mann, der vor Ihnen auf der Anklagebank sitzt, ein
aus seinem Lande Vertriebener ist, dem sein Mansarden-Atelier
alles geben mußte, was wir als Selbstverständliches durch die
bloße Tatsache der Geburt in Frankreich besitzen. Wieviel Heimat braucht der Mensch? Ein nicht weiter quantifizierbares Mi-
nimum gewiß, soll er nicht steuerlos dahintreiben auf den Wogen
einer stürmischen Zeit. Ich habe, Herr Präsident, Herr öffentli-
cher Ankläger, meine Damen und Herren, verzichtet auf die Vor-
ladung eines Mitglieds der psychiatrischen Fakultät, von dem
wir vielleicht Genaueres über das Phänomen der Pyromanie hätten erfahren können. Mein Mandant ist, so glaube ich, kein Pyro-
mane. Er ist ein Unglücklicher, un homme profondément malheu-
reux, dem der Abbruch einer Wohnstätte, in der er nach ehrenhaf-
ter Ableistung seines Dienstes im Maquis, worauf ich ganz beson-

deren Nachdruck legen möchte, hausen durfte, zum Zusammenbruch seiner Existenz wurde. Bedenken Sie bitte darüber hinaus, daß wir es mit einem Künstler zu tun haben, einem par définition hypersensiblen Menschen, der notwendigerweise in den Zustand der Panik geraten mußte, als er von einer Reise nach dem Béarn heimkehrte und den von ihm bewohnten Seitenflügel seines Hauses abgerissen vorfand. Versetzen Sie sich in die Lage eines Mannes, der, heimkommend, von der Straße die Wände seines Zimmers anstarrt und in gewissen hellgebliebenen Quadraten und Rechtecken die Stellen erkennt, an denen die von ihm selbst geschaffenen Gemälde hingen. Ihm mußte zumute sein — und Sie lassen mir vielleicht eine etwas pathetisch klingende Metapher hingehen, Herr Präsident, meine Damen und Herren — wie einem Manne, der im aufgerissenen Körper seiner ermordeten Geliebten das stillstehende Herz erkennt. (Gemurmel, mißbilligend und zugleich bewegt.) Und schließlich wollen wir nicht vergessen, daß der Angeklagte erfahren mußte, seine gesamte Familie, namentlich aber die greisen Eltern, seien der teutonischen Barbarei (deutlicheres Gemurmel) zum Opfer gefallen: sie wurden, wie manche französische Bürger auch, im Osten des damaligen deutschen Reiches durch Zufuhr von Gas erstickt und danach in den berüchtigten Krematorien verbrannt. (Betretene Stille, jemand hüstelt nervös, der Präsident zeigt deutlich seine Ungehaltenheit, denn ein herzliches Treffen des Chefs des Quai d'Orsay und des Außenministers der République Fédérale d'Allemagne findet soeben in Paris statt.) So oder ähnlich. Oder auch ganz anders. Die ergreifende Ansprache von Maître Rosenblieth, dem Verteidiger, findet starke nationale Resonanz, bleibt aber im Hinblick auf das Urteil wirkungslos: tout condamné à mort aura la tête tranchée. Der Präsident der Republik, täglich fett und fetter, mißgelaunt zudem infolge des durch Meinungsforschungsinstitute festgestellten Popularitätsschwundes, gibt dem Gnadengesuch nicht statt. Der Angeklagte läßt in seiner Zelle die Dinge an sich herankommen, kauert auf seinem Wühllager, wiederholt mit murmelnder Stimme das Poem vom Feuerreiter. So oder ähnlich. Oder ganz anders. Die Wirklichkeit beschämt, kraft ihres bloßen Charakters als Wirklichkeit, jegliche Phantasie. Allein gelten als Voraussagen die auf die Zukunft bezogenen Sätze der exakten Wissenschaft. Orléans. Entrez hardiement parmi les Anglois, et elle-même y entra. Dunois. La Hire, Gilles de Raies. Zwei Minuten Aufenthalt. Paris ist zum Greifen nahe — und in Griffweite liegt der Augenblick der Entscheidung.

Es tagt. Der Feuerreiter verschwand in den Morgennebeln. Der Ruf, den man ihm spielerisch und in literarisch formiert-deformierter Phantasie in den Mund legte, bleibt. Husch, da fällt's in Asche ab. Café, oui, merci. Er macht den von einer schlaflosen Nacht müde gewordenen Kopf helle. Der Akt der Gegengewalt, Affirmation der Seins-Symmetrie (die man Gerechtigkeit nennen mag) ist als individueller Drang, Bedrängnis, Wiederauferstehung des Verdrängten, in seiner Drangsäligkeit unüberschreitbar durch Erkenntnisse; er ist gleichwohl als soziale Maxime unmöglich, und wenn Sartre sagte, mit der Exekution eines Kolonialherrn stürben zwei: der Herr und der Knecht, dann ist das nur die Pointe, nicht aber ein gesellschaftlich mögliches Programm. Der pointierte Gedanke gilt im Raume der Phänomenologie der Körperlichkeit, wo das verletzte Ich durch die Versehrung des Gegen-Ich sich wiederherstellt: er gilt nicht, kann nicht gelten im gesellschaftlichen Felde, beziehungsweise hat bestenfalls an Kulminationspunkten, wie vollzogene und radikal zu Ende geführte Revolutionen es sind, sein Daseinsrecht. Gewiß ist, daß die Gegengewalt nur »à chaud« geübt werden darf; »à froid« ist sie nicht mehr Tat-Untat, sondern Untat-Untat. (Und das verfettete Staatsoberhaupt, wiewohl seine Motive niedrigster, demagogischer Natur sind, denn es will den Blutdurst des Mannes von der Straße stillen, handelt, ohne sich über die Implikationen seines Tuns Gedanken zu machen, richtig, wenn es dem

Brandstifter Lefeu die Begnadigung versagt.) Ich habe nicht die psychiatrisch bequeme Ausrede der Pyromanie. Und scheitere auch bei meinem Versuch, die Brandlegung im Kontext meiner Philosophie und Ästhetik des Verfalls zu rechtfertigen. Der Verfall ist Leiden und Kontradiktion, da er warm versickerndes Leben ist, nicht aber brennender und blitzesschnell erkaltender Tod. Ich kann allerdings, wenn es mir beliebt, meine ganze Verfallstheorie auf den Misthaufen werfen in der Annahme, sie sei niemals etwas anderes gewesen als Verdrängung des heiß mit dem Feuerreiter heranstürmenden und Eiseskälte versprechenden Todes. Husch. Ruhe wohl, ruhe wohl. Es ist blödsinnig, daß ausgerechnet jetzt der Schlaf mich überkommen will, wir müssen in wenigen Minuten in Paris anlangen. Ich erreiche die Stadt mit leichtestem Gepäck und werde mühelos in die Métro hinabsteigen wie in eine wohlvorbereitete, offene Gruft. Es war eine strapaziöse Fahrt. Lou Gaz de Lacq. Ich hätte es mir ersparen sollen. Besser wäre gewesen, Irene aufzuspüren und die süßen Nebelschwaden, die aufsteigen aus dem braunen Cognacsee, zu jenen Spasmen zu verdichten, die uns gut tun. Wie geht's? Danke, noch ab und zu. Albern-tiefsinniger Witz. Mais oui, je sais, Paris, merci. Unveränderte Szenerie um die Gare de Lyon, Reste des alten Paris. Man wird vorsichtig sein müssen beim Werfen der Roten Mütze, damit nicht auch die letzten, leprösen Häuserfassaden verschwinden. Es geht. Ab und zu. Solange noch Platz ist in der Rue Roquentin. Raum oder nicht Raum. Hört ihr den Hufschlag und den Trab? Le chevalier de feu trabt über den Bahnsteig. Heimzu.

Vorbei, meine Herren, aus ist's und gar ist's. Und wenn ich hier im Café Select Sie an einem Tisch empfange, wäre es pure Hochstapelei, wollte ich Ihnen noch einmal, wie oft schon vordem, sagen, Sie sollten sich's bequem machen. Der Cognac, der serviert wird, ist nicht der meine; ich kann ihn allenfalls bezahlen, aber nicht mit Patriarchengeste Ihnen einschenken. Betrachten Sie sich gleichwohl als eingeladen: das stärkt mein Selbstgefühl. Aus ist's und gar ist's. Aber die Einladung dürfen Sie getrost annehmen: es wird an Mitteln mir nicht fehlen. — Scheinen mir alle Rechtsmittel gegen die Bauunternehmung Immobilien-Paris-Seine erschöpft zu sein, so daß ich Ihnen nur den Auszug aus dem Hause 5, Rue Roquentin empfehlen kann, ehe die betreffende Firma sich an die Behörden wendet und Sie unter die unmittelbare Drohung der gewaltsamen Expulsion aus Ihrer Wohnung zu stehen kämen. Auch gebe ich Ihnen zu bedenken, daß der Ihnen von der Immobilienunternehmung angebotene Ablösebetrag, wenn nicht erheblich, so doch sehr angemessen ist und Sie kaum Mühe haben werden, mittels dieser Ihnen zur Verfügung gestellten Geldsumme eine gleichwertige Wohnstätte zu finden. Selbst nach der Einbehaltung meines Honorars dürften Sie in eine Lage versetzt werden, die dem Akt der Demolierung des Gebäudekomplexes, an dessen Stelle ein moderner Wohnblock errichtet werden soll, alles Skandalöse nimmt. Ich erwarte darum Ihre Zusage, die ich umgehend an die gegnerische Partei weiterleiten werde, und empfehle mich Ihnen, sehr geehrter Herr Lefeu, mit ausgezeichneter Hochachtung, gezeichnet: Georges Biencarré, Anwalt für Zivilsachen. Er empfahl mir und ich empfahl mich, und jetzt gehen die Abbrucharbeiten weiter und wahrscheinlich stehen die Wände meines Zimmers mit ihren Rorschachtest-Mustern wie klagende Gesichter offen im Tage, rauh, die Innenseite einer Frucht, die an der Luft verdirbt, oder das dem Leib entrissene Herz einer Geliebten, Sie lassen mir die pathetische und gewißlich fortgeschrittener Literaturauffassung inakzeptable Metapher hingehen: Maître Rosenblieth, Strafverteidiger, könnte sie gebrauchen in seinem Plädoyer zugunsten seines Mandanten, der der Brandstiftung überführt ist. Nichts. Gedanken am Rande. Bilder, die sich bilden, ehe sie auf die Leinwand oder auf Holz hingepinselt werden, doch wird es mir, wie gesagt, an Mitteln nicht fehlen, und wenn ich Ihnen nun zum allergrößten Leidwesen definitive Absage erteilen muß, dann hat vielleicht meine pekuniäre Absicherung durch die Immobilien-Paris-Seine den letzten Ausschlag gegeben! Bedenken Sie dies und mißtrauen Sie allen jenen, die da versuchen sollten, Ihnen einzureden, sie handelten unabhängig von jeder materiellen Motivation. Auf Ihr Wohl. Ich werde denn nicht die Ehre haben, dem kunstliebenden Düsseldorfer Käuferpublikum als Vertreter des metaphysischen Realismus präsentiert zu werden. Doch kamen Sie, meine Herren, in bester Absicht und ich schulde Ihnen Dank. Sie haben mir so während einiger Zeit eine kleine Seitentür geöffnet, durch die ich ins Land des Erfolges habe hinüberlugen dürfen, das hat mir gutgetan. Jetzt bin ich frei von Lockungen: das tut mir noch besser, und das Bild, das ich Ihnen hier mitgebracht habe, zur Ansicht, da Sie doch so lebhaft interessiert waren an meinem Gedeihen und Verderben, ist fast beendet. L'Oiseau de malheur. Ein tatsächlich ins Metaphysische transformiertes Selbstporträt. Unter dem struppigen Gefieder des langen Vogelhalses erkennen Sie das Geknitter meiner alten und durch schlechte Luft vergilbten Haut; der scharfe Krummschnabel ist jene Nase, an der Meyersohn und Sohn einen der Ihren erkannt hätten; die Federbüschel an den Ohren sind das ungepflegte und dünnliche Haar, welches um meinen angesehenen und ansehnlichen Künstlerkopf dürftig flattert. Es ist, alles in allem, ein bedauernswertes Federvieh, von fernher verwandt der rippendürren Mähre des Feuerreiters, der Ihrer literarischen Bildung nicht entgangen sein wird. So fliegt es, während es von Zeit zu Zeit ein klagendes Krächzen ertönen läßt, durch ein zerstörtes und nachts von Flammen erleuchtetes Paris. Pocht an ein Fenster: Bonjour, Destré, ich kann für heute wohl bei Ihnen nächtigen? Werde nicht stören, ein Kotzenlager am Boden soll mir recht sein. Bonsoir, Vandamme, Sie geben mir Obdach? Ich bin mit allem einverstanden, kauere mich irgendwo hin, lasse die Dinge an mich herankommen, wie einstens in der Rue Roquentin, woselbst man denn schließlich auch anrückte mit Baggermaschinen und Prellbohrern. Stelzt storchenartig durch die Tür eines schäbigen Hotels, das nicht das »H« der anerkannten Touristenherbergen trägt und darum wohl ein Stundenhotel ist, un Hôtel de passe. Oui, une chambre, pour une nuit oder mehrere, die Papiere sind in Ordnung, wenn auch ziemlich zerzaust und schmutzig, ich trage sie hier unter meinem linken Flügel, ein jeder Polizist muß ihre Gültigkeit anerkennen. Es fehlt dem Unglücksvogel nicht an körnigem Futter, noch an scharfem Getränk, noch an schwer die Atemwege verlegenden und das bedrängte Herz schneller klopfen machenden Zigaretten. Das ist so das anekdotische und assoziative Beiwerk, meine Herren. Was die metaphysische Komponente angeht, so grübelt, wie Sie deutlich sehen können an der Furchenstirn, die in ein Kahlhaupt ausläuft, so daß man an einen Geier denkt, das Geschöpf den Ursachen seiner heurs und malheurs nach. Die schlechten Stunden waren vielleicht schon vorgezeichnet, als er aus dem Ei kroch, irgendwo im Schwäbischen, glaube ich, denn er ist ein deutscher Vogel, das muß auch einmal klar ausgesprochen werden. Oder das Vieh flatterte in voller existentieller Freiheit, dem selbstentworfenen Projekt folgend, wie andere dem Geruch der Nahrung, dem Unglück zu, auch das ist zu erwägen. Ja, drehen

wir das Zeug jetzt ruhig zur Wand, Sie haben genug davon gesehen und ich bin sicher, daß Sie's nicht vergessen werden. Sie
schweigen betreten — und mit einer Spur von Ungeduld, denn
was soll Ihnen das Gesabber, wo doch Ihre geschäftliche Mission
hier offensichtlich erledigt ist und Sie heimreisen müssen mit lee-
ren Händen, so daß es schade ist um jede hier noch verbrachte
Minute? Ich verstehe Sie und bitte Sie, mir zu verzeihen. Nein,
ist schon bezahlt, Sie sind meine Gäste, ich bin bemittelt und darf
mir dergleichen gestatten. Adieu, meine Herren. Grüßen Sie Ihre
Stadt, in der, glaube ich, Heine den großen Kaiser durch die Königsallee reiten sah. Grüßen Sie auch Ihr Land, mit dem ich dies
und das zu tun hatte und das ich nicht mehr gesehen habe, seither, seither. Ich bin Herr Ohneland, in Untertänigkeit, Scarda-
nelli. Zweimal wurde ich expulsiert: erst aus den Hügelwellen,
über die sengend der Feuerreiter sprengte, danach aus der Hochgrotte, in der Sie's wahrscheinlich dreckig fanden, wo ich selber
aber daheim war, und eine Heimat hat der Mensch, doch er wird
nicht drin geboren, muß sie suchen, traumverloren, wenn das
Heimweh ihn ergreift. Von Scholz hieß der Mann: Wilhelm von
Scholz, und selbst Ihre bildungsbeflissenen Generationsgenossen
haben ihn vergessen. Ist auch gut so. Sie gehen lastlos mit hübschen Schiurlaub-Gesten und aufgeweckten Gesichtern durch eine
Welt, die von Unglücksvögeln und van Goghs Raben und Nietz-
sches Krähen fluchtartig verlassen wurde. Adieu. Und Gottes
Segen auf allen Ihren Wegen. Der Abbruch wird vollzogen, un-
berührt davon ist die Abbruchs-Verfassung. Worin diese gründet,
davon war schon mehrmals die Rede, ja, es konnte überhaupt
von nichts anderem gesprochen werden, denn hierin liegt der
Grund dessen, was ich selbst meinen »Fall« nenne. Warum nicht?
Der Versuch, das eigene Bewußtsein gleichsam von außen anzusehen und sich selber als Sehenden nicht mit hineinzunehmen,
ist vielleicht aussichtslos, bleibt aber gleichwohl die geistige Ehre
der analytischen Vernunft, also: der Vernunft schlechthin. Dergestalt denkend voranschreitend, wird man alsbald gewahr, daß jeg-

liche kausale Erklärung — und was dürfte sich Erklärung nennen, das nicht Ursache-Wirkung-Ketten bloßlegte? — eines offenen Systems, wie ein menschliches Bewußtsein dies par excellence ist, an die Grenzen des quantitativ schier Unausforschlichen stößt. Jenseits dieses an sich für die Vernunft schon entmutigenden Faktums liegt noch ein anderes, nicht weniger den humanen Geist kränkendes Phänomen. Die Psychologie, die allemal Individual-Psychologie ist, auch wenn ihre Hypothesen schon die Adlerschen weit hinter sich gelassen haben, sorgt für Erhellungen, die zwar ein-leuchten, deren Licht aber schnell erlischt, sobald das Individuum innerhalb eines bestimmten sozialen, auch politischen und ökonomischen Kontextes gesehen wird. Ein Maler namens Lefeu recte Feuermann, der hin und her erwog, hin und wieder verwarf, inwieweit seine Verfalls-Verfallenheit psycho-physisch ererbte Vitalitäts-Schwäche sei oder das Ergebnis kindheitlicher Fehlentwicklungen oder, ganz andererseits, die Expression eines kulturellen, dumpf vorhandenen, noch nicht artikulierten Massen-Überdrusses an der Ausdehnung menschlicher Eroberungssucht in die Natur hinein, wurde jählings, beim Anblick der Flammen der Naturgaswerke des Komplexes von Lacq blitzartig bis ins Mark hinein getroffen von der Gewißheit, daß er sein Überstehen nicht überstehen konnte, nachdem alles, was seines Namens und seiner Art war, samt ganz vergessener Völker Müdigkeiten, in den Feueröfen eines deutschgewordenen Ostens als Rauch in die Lüfte stieg. Man kann Erkenntnis nennen, was nur augenblicksweise Impression ist. Man kann Gewißheiten haben, die sich als hochgradig ungewiß erweisen. Man kann Erfahrungen machen, an denen der Nachtzug des Lebens in rasender Geschwindigkeit vorüberfährt, und sie, im Maße, wie er dem durchs Fenster in die Dämmerung blickenden Auge neue Landschaften vorüberzaubert, verwischt, halb und halb oder gänzlich. Theoretisch läßt sich in solchen Fällen feststellen, daß die individuell-psychologischen Motivationen eines so und so gearteten Verhaltens (Verfalls-Philosophie, Verfalls-Ästhetik, Verfalls-Sucht im ganz klinischen Sinne) nicht weniger Plausibilität haben als die sozialen. Es ist überzeugend, wenn einer meint, er lebe den Verfall, weil er der im Lebenskampf sich ausdrückenden Strukturation der Welt nicht gewachsen ist. Es ist zumindest annehmbar, wenn die gleiche Person nur wenige Stunden danach eine Kulturphilosophie improvisiert, die die Verfalls-Intoxikation geschichtlich, beziehungsweise geistesgeschichtlich rechtfertigt durch den Widerstand gegen einen tatsächlich die Menschheit in den Tod führenden expansiven Glanz-Verfall. Man wird dann schließlich erkennen müssen, daß es eine undeutliche Koexistenz gibt von individuell-psychologischen und gesellschaftlich orientierten Erklärungsversuchen, die freilich zutiefst verdächtig bleiben, solange sie nicht theoretisch verklammert und zu einer vor der analytischen Vernunft beständigen Einheit gebracht werden können. Nichts anderes kann geschehen als dies: Man zieht die Grenzen der persönlichen Psychologie und, symmetrisch zu ihnen, die Demarkationslinien dessen, was sozial interpretierbar ist. Und was wird geschehen, wenn eines Tages die Neuropsychiatrie das ganze Problem den schwächlichen Händen sowohl der Psychologen als auch der Soziologen entreißt und, mit unwidersprechlichen biochemischen Fakten ausgestattet, sich des Komplexes bemächtigt? Wobei freilich dann noch die Prioritätsfrage gestellt werden müßte, nämlich: zu wissen, ob die Änderungen der hormonalen Ökonomie Ursache sind oder Folge einer bestimmten psychophysischen Verfassung. Wo immer jedenfalls bislang versucht wurde, die theoretische Unifikation von Psychologie und Soziologie zu bewerkstelligen — und namentlich geschah dies in der Flaubert-Biographie Sartres, in der die Dialektik herhalten mußte, um die Vermittlungen der verschiedenen und unterschiedlichen Felder herzustellen —, dort hat man es mit nicht weiter verifizierbaren Gedankendichtungen zu tun, wie großartig diese auch seien. Ich habe derlei Denkpoeme als bare wissenschaftliche Münze genommen und eingestrichen, als wäre das Gewinst. Es war wahrscheinlich dichterisch gehobene Narretei, wie sie sich allenfalls bildnerisch ausformen, aber niemals à la longue intellektuell legitimieren läßt. Ganz anders ist es aber, wenn ich solche Verläufe nicht nur denke, sondern in meinem Für-sich oder richtiger: meinem Für-mich *lebe*. Dann hat die Wissenschaft keinen Einspruch mehr. Sie sehen, meine Herren vom akademischen Feindeslager, daß ich gesonnen bin, mich Ihnen zu entziehen, da mögen Sie geruhig mich der Inkonsequenz zeihen, wenn ich plötzlich kneife und nur noch mit gebrochener und zaudernder Stimme sage, es war mein Überstehen, das ich nicht überstand – und die Melancholie meiner Verfallsideologie sei die Spätwirkung eines historischen Mißgeschicks. Bebende Hände kramten das EK I aus einer Truhe, ich war nicht dabei, stolzierte vielmehr in schmählicher Eitelkeit, bewaffnet, ohé Partisan, durch die Büsche der Cevennen, so mußte ich später büßen im Anstarren der rissigen Hochgrotten-Wände in Cinq, Rue Roquentin. Ich kann, Ihr Herren, die Ihr uns lehrt, wie man gut denken und seine Augen aufwärts heben kann, mit nichts anderem aufwarten als mit meiner von Tag zu Tag sich entwerfenden Existenz. Und in diesem Augenblick – ich verlasse das Café Select und mache mich auf zum Schwirrflug durch Paris – existiere ich als Unglücksvogel, halte mich an den mythischen Begriff »meines Unheils«, ganz als sei dieses etwas Reales, wie: meine Nase, meine verrückte Geliebte, meine Bilder, meine Hochgrotte in der Rue Roquentin, aber die ist nun in der Tat nicht mehr die meine, und mein ist nur noch das zerzauste Gefieder, der stelzende Gang, die Papiere, die ich unter meinem linken Flügel verberge und jeweils den CRS-Männern, die in Überfallwagen sprungbereit hocken, oder den Gardiens de la Paix, die den Friedensnamen als Hohn im Schilde führen, denn es ist der Bürgerkrieg ihre Sache, mit gesenktem Schnabel vorweise, sie stehen über mir in der Hackordnung, das ist die ganze triste Wahrheit. Fünftes Arrondissement; Rue Soufflot, Rue de l'Estrapade, Place de la Contrescarpe, meine Schwingen tragen mich rauschend hin über einen Bauplatz, dann lasse ich mich nieder inmitten von Brettern und künstlich erzeugtem

Steingeröll. Ah, tiens, Monsieur, Sie können mir vielleicht sagen, was hier vor sich geht? Démolition. Der Abbruch. Die Mieter, sogenannte Künstler, in Wahrheit subversive Rattenzüchter, hatten sich hier implantiert, wollten nicht weichen, mußten schließlich sich bequemen, und nun wird ein Neubau entstehen, Paris wird sauber wie die Städte des Boche, Pompidou sei Dank, Frankreich ist nicht mehr Europas kranker Mann und Paris nicht länger ein von der Häuserlepra befallener, mit seinen Krankheiten ansteckender Stadtkörper. Nistete da droben nicht irgendwo ein Unglücksvogel, ein ziemlich hochbeiniges, schon ruppiges Federvieh mit Malflügeln? Malflügeln, sage ich, nicht: Mahlflügeln, ich spreche nicht von einer Mühle, sondern von einem avis; avis, der Vogel, nicht avis, die Kundmachung, mein Herr. Unbekannt? Sie laufen davon, Monsieur? Angst vor dem Irresein? Mir wohlbekannt. Wird verstanden und akzeptiert. Drum hebe ich mich in die Pariser Luft, Luft, Luft, flattere weiter, bin ganz uninteressiert an jenen Wänden, die freiliegen vor gierigen Blicken, schaue nicht auf das dem Körper entrissene Herz der Geliebten, fliege meines Weges, wiewohl es in den Lüften keine sichtbaren Wege oder Pfade gibt.

Peck, peck, so gut wie klopf, klopf. Peck, peck am Fensterlein der Liebsten. Augen, meine lieben Fensterlein, gabt mir schon so lange holden Schein. Oui Madame, c'est bien ça, il est tard, mais je cherche. Je cherche une dame. Madame Irène. Der Familienname ist mir entfallen. Une poétesse. Eine Dichterin. Sie muß hier wohnen, wenn meine Erinnerungen mich nicht in die Irre führen, aber hier ist das zweite Arrondissement und keine Irre, Boulevard Poissonnière, Rue Cadet, Rue Richet, un sale quartier, plein de juifs, Madame, aber mag's Euch nicht gefährden, ich suche eben diese Dame. Zweiter Stock? Merci. Und peck, peck mit dem Schnabel an die Tür gepocht, die sich öffnet, ganz ohne weiteres, als stünde vor ihrer Schwelle nicht der Unglücksvogel, der es erst

mit dem Fensterpochen versucht hatte, dann aber den konventionellen Weg durchs Haustor fand, vorbei an der Concierge-
Loge, nur der Maler Lefeu recte Feuermann. C'est toi, Irène, ma
chérie? Ja, das bist du, lange genug ließest du mich warten, derweilen hat die Immobilien-Paris-Seine den Sieg davongetragen,
die Wände stehen sprachlos und kalt, ich wurde zum zweiten Mal
in meinem Leben der König Ohneland. Aber jetzt habe ich durch
die Nachtluft den Weg gefunden zu dir. Danke, es geht. Das Haus
ist schon fast abgebrochen, die Wände stehen sprachlos und kalt.
Ich schlafe so herum, habe schon die Freunde Destré und Vandamme beehrt. Beendete auch meinen Oiseau de malheur und
verwandle zeitweilig mich ganz in das Zausetier, fliege dann
durch Paris, lasse mich nieder, wo es mir gefällt, picke Körner
auf, meditiere über mein Unglück. Längst bin ich nicht so sicher
des Sinnes der Sätze, meine Freundin, muß manches dir abbitten.
Pappelallee, zum Beispiel. Und warum nicht so dichten? Laß
mich ruhig ein, Irene, ich habe keine schlimmen Hintergedan-
ken, bin kein mediterran aussehender Übeltäter, werde dir in keiner Hinsicht Gewalt antun, will nur wissen. Wissen. Aber wie
stets ist wenig aus dir herauszubekommen, das ist die alte Geschichte. Es hat also die Pappelallee kein weiteres Unheil ange-
richtet? Oder doch? Du weißt es offenbar selbst nicht und ich
dringe nicht weiter in dich, frage nicht einmal, ob nicht vielleicht
der Fortgang der Ereignisse ein ganz anderer war und du die
Heilung durch den Ungeist versuchtest, also rückkehrtest in die
Redaktion deines Schnatterblattes (Prinzessin Anne durchbricht
das Protokoll), die Wörter wieder hinweisen ließest auf logischen
Sinn und menschlichen Widersinn. Ich bin ganz einfach da, sage
nur so nebenhin, daß ich natürlich nur ein metaphorischer Vogel
bin, in Wirklichkeit aber ein Mann, der sich noch einmal, wie
einst, zur Unruhe betten möchte zwischen deine nur leicht vom
Marmorgeäst der Kapillargefäße gezeichneten, ansonsten aber in
jedem Sinne wohlgeformten Schenkel, der die Spasmen sich
krampfen und lösen spüren möchte, während sein Ohr in ge-

schärfter Aufmerksamkeit den mots orduriers lauscht, den schmutzigen Wörtern, die deinem schön gezeichneten Mund entschlüpfen wie winzige Schlänglein. Da liege ich auch schon, Menschenmann, taste mich mit knochiger Hand hin über das glatte Gelände deines Fleisches, spüre an meinem Gott sei Dank mageren Bauch das Maquis deiner Schamhaare, den dichten Busch, Busch und Tal, die alsbald ich füllen werde mit Gott sei Dank noch ziemlich kräftigem Schwellgewächs, eh oui, ma petite salope, je te baise, so willst du es doch hören, je te baise sauvagement, nicht allzulange natürlich und ohne ermüdende Wiederholungen, denn der Mensch, mein Kind, ist kein Hengst, das Abschwellgewächs seines Stolzes zieht in hautfaltiger Klagegestalt sich zurück, die mots orduriers, die du immer noch keuchend ausstößt, erreichen die Dinge nicht mehr, da doch das Ding sich ihnen entzieht und aus der Schlüpfrigkeit sich rettet an die trockenen Gestade des Geistes, die ich bewohne. Es ist schade, Irène, ma chérie, daß es niemals zum Wort- und Denkwechsel kommen konnte zwischen uns beiden, ich wußte nie, wo du wohnst, und habe jetzt nicht mehr die mindeste Chance, es zu ergründen. Ich sehe dich in tausend Bildern, Irene, lieblich ausgedrückt: Da sitzest du, eine dekorative dunkle Brille vor den Augen, an einem Vortragspult und liest der aufmerksam lauschenden Zuhörerschaft einen deiner jüngsten Texte vor, er lautet vielleicht: Hengst, hängst, hängest, oh Fallada, da du hangest, hautfaltig und unzugänglich, Hengst, der du enthengstet bist, und hängst, hängst, hängst; oder du stößt zu später Nachtstunde einen so wilden Lachwehlaut aus, daß die Nachbarn, die dich ansonsten gewähren lassen, la petite poétesse à côté, erst in dein Zimmer eindringen und danach, da der weitschwingende Ton größer wird, als trieben technische Halleffektgeräte ihr Spiel, die klinisch bewehrte Ordnungsmacht herbeiholen, die da nicht lange fackelt und dich sirenenheulend in die Irenenanstalt überführt; oder machst dich allmorgendlich stilisiert-schlampig zurecht, Slacks und Leder und dann und wann eine Wildlingsperücke, wie das Mädchen aus dem Letzten

Tango, und fährst mit der Métro in die Schnatterredaktion, wo man sich bisexuell-zärtlich küßt und routinemäßig gegeneinander intrigiert, und saugst dir Blödsinnigkeiten aus dem Kopf, Wörter und Sätze, gegen die vom logischen Standpunkt aus nichts einzuwenden ist, die aber als eine Art von Sub-Glanzverfall der stumpfen Menge auf ganz verhängnisvolle Weise den Alltag leicht machen; oder du findest, auch dies ist möglich, aus den mots orduriers den nahegelegenen Weg zu den choses ordurières, läßt dich mit einem nun nicht mehr eingebildeten, sondern fleischlich vorhandenen maquereau ein, der den Klienten zuflüstert: Allez-y, elle fait *toutes* les cochonneries. So seh ich dich in tausend Bildern, Irene, lieblich ausgedrückt, die allesamt Möglichkeiten sind und über denen ein todernstes Licht liegt. Und nun ist es Zeit. Der Unglücksvogel hat den Menschenmann schon abgelöst. Er krault mit dem Flügel sein dünnes Bauchgefieder, hebt den schmalen Kopf, reckt den langen Hals, flattert auf und ist schon davon, das mystische Tier, wiewohl doch die Fenster deiner Wohnung geschlossen sind, denn du hältst von Frischluft so wenig wie er. Ob er wiederkommen wird, steht dahin. Er kann sich leider auf keinerlei Verbindlichkeiten festlegen, hält aber ein Wiedersehen, peck, peck am Fenster, für denkbar, würde allenfalls auch den Weg finden in die Irenenanstalt, woselbst dann freilich Verschlingungen nicht mehr möglich wären und er nur traurig, den Unglücksvogelkopf beschämt gesenkt, neben dir durch den Anstaltspark wandern könnte und seine Rede erkahlen müßte, wie sein Haupt: Was kann ich für dich tun, Irene? Soll ich bei meinem nächsten Besuch Cognac durchschmuggeln, damit du es doch ein bißchen leichter hast in der Schlangengrube? Denn auf meinen schwächlichen Schwingen kann ich dich nicht durch die Lüfte heimtragen in die Hochgrotte, die längst nur noch das tote, dem Körper meiner Geliebten entrissene Herz ist. Und nun bist du schon weit, Irene, ich setze an zum Fluge auf den Boulevard Montparnasse, werde wahrscheinlich im Select einen Cognac nehmen und mit mir selber anstoßen auf dein Unglück.

In tausend Bildern lieblich ausgedrückt, Irene, doch eins vergaß ich, und gerade dieses verstellt mir jetzt alle anderen. Da waren doch so viel Pülverchen oder Kapseln, mit denen ich dich zu beruhigen pflegte, wenn lüsterner Lachwehlaut als Koloratur aus deinem Munde schwingend in die Lüfte stieg, Pülverchen, die dich meist schnell befriedeten, so daß wir niemals wirklichen Ärger bekamen mit den Nachbarn. (Leise, so daß das Vogelkrächzen zum murmelnden Geröchel wird): Du hast sie gesammelt, ein halbleeres Wasserglas steht auf deinem Nachttisch, du bist entblößt, die leicht vom Marmorgeäst der Kapillargefäße gezeichneten Schenkel sind geöffnet, aber reglos, und die von Todesscham erfaßten, in dein Zimmer eingedrungenen Irgendwers, die immer und in jeder Situation sich einfinden, bedecken sie mit halbabgewandten Gesichtern: wo der Tod ist, hat die Lust ihr Recht verloren, die Leute sind keine Nekrophilen, sie betten dich anständig und nüchtern und achten nicht des Lächelns, des Schlangenlächelns auf deinen Lippen, die anmutig die mots orduriers zu formen wußten. Suicide. Der herbeigerufene Arzt überschaut den Tatbestand mit einem einzigen, kalten Blick. Die war schon immer. Eine halbverrückte Person, freundlich aber verschlossen. Redete laut mit sich selber. Plapperte. Summte. Ließ den Plattenspieler laufen, während sie irgendwas aufschrieb. Eingeschrieben, sehr wohl, Monsieur le Commissaire. Femme de lettres. Da liegst du, Irene, und dein Gesicht ist in den Kissen aufgesteilt, denn man hat dich in die bürgerliche Ordnung heimgeholt, rauh, wie die Innenseite einer Frucht, die an der Luft verdirbt, und bald wird man deine Hände fromm falten, sie wußten, die Hände, behende umzugehen mit dem Ding der Dinge, sind itzo aber nur noch für die Nacht da, der zu Ehren sie stillehalten und starrer und starrer werden. Das Lächeln erfriert im rigor mortis. Du hast es vollbracht, Irene, und liegst nun da in einem Zustand, den man friedlich nennt, wo er doch in Tat und Wahrheit jenseits ist von Fried und Unfried dank eines Pülverchens, das Nichts anzeigt und das Nein, die meine Sache waren, die meine, hörst du? — und in der du mir zuvorkamst. Lieblich ausgedrückt, ein Bild unter tausend, aber es ist vielleicht das lieblichste, und darum will ich es bewahren, hier unter meinem linken Flügel, wo ich auch stets die Identitätspapiere trage, so daß sie schon ganz durchgeschwitzt sind. Leb wohl, Irene, stirb wohl. Ich trage schon so viel Tod mit mir, wohin immer meine Schwingen mich bringen, da sei denn auch der deine mitgeführt, ich sagte immer, es würde nicht gut ausgehen, nun aber habe ich die Gewißheit, es werde besser enden als ich zu hoffen gewagt hätte. Ich werde nicht mehr, peck, peck, an deinem Fenster mich vogelhaft bemerkbar machen, wir werden nicht mehr das Spasmenspiel treiben, noch das Spiel jener Wörter, die da hindeuten auf die dinglichste Dinghaftigkeit — oui, je t'ai baisée, ma petite putain, nous avons fait toutes les cochonneries possibles — mais maintenant tout est fini. Lorsque tout est fini: valse de la belle époque. Stirb wohl, Irene. Nun muß ich wirklich weg. Hörst du das Flügelrauschen des Oiseau de malheur? Flieg Vogel, schnarr dein Lied im Wüstenvogelton, ich bin schon weit von dir, die du fromm und bleich daliegst und nicht mehr harrest des Geistes der Sprache, daß er dich überwältige, noch meiner Hand, daß sie dir wohltue. Ohneland nun auch du: wir hatten kein Glück, so muß es wohl gewesen sein. Es ist der Begriff des persönlichen Glücks, sowie auch der ihm korrelative des Unglücks nichts als mythifizierende Formel, die unübersehbare, sich überschneidende Kausalketten, beziehungsweise bestimmte Raum-Zeit-Koordinaten in einer quasi theologischen Chiffre zusammenfaßt. Wo immer Ereignisse im Hinblick auf Finalitäten gesehen und angeordnet werden, ist dieses mythifizierende Verhalten unnötig, da dann in einem solchen Falle die finalistische Theorie an die Stelle des Mythos oder, wenn man so will: der Magie tritt. So wird denn etwa ein Marxist kaum vom persönlichen Unglück eines zwölf Stunden am Tage arbeitenden Lohnempfängers im neunzehnten Jahrhundert sprechen, sondern wird allenfalls dieses Mannes unglückliche Befindlichkeit anerkennen, welchselbe aber ganz und gar aufgeht im geschichtlich-ökonomischen Geschehen und darum als *Notwendigkeit* erscheint. Ebensowenig wird der psychoanalytisch Forschende den Ausdruck gebrauchen, es habe sein Patient Unglück: dieses wird aufgesogen von den zu erforschenden Tatsachen der psychischen Entwicklung des Kranken, so daß für das Wort Unglück allenfalls noch in der Alltagsrede Platz bleibt, wobei aber der Analytiker, soferne er gelegentlich die Formel gebraucht, sich darüber im klaren ist, daß er der kommunikativen Bequemlichkeit wegen sich einer begrifflich unscharfen Redeweise bedient. Und am allerwenigsten werden schließlich jene, die keinerlei Finalität anerkennen, vielmehr sich strikt an die Fülle kausaler Verschlingung halten, den Begriff persönlichen Unglücks oder auch Schicksals anzuerkennen bereit sein. Hier ist nun freilich Einhalt zu tun; eine Einschränkung ist zu machen, ein Vorbehalt zu erörtern. Sehr wohl kann nämlich derjenige, welcher Schnittpunkt ist der Kausallinien — Schnittpunkt so sehr, sei angenommen, daß er unter den Schnitten zu verbluten droht —, sehr wohl kann er den Sprung aus der Objektivität in die gelebte Subjektivität tun und dann, allenfalls im Unterton der Ironie, des Zweifels, der Selbstverachtung, unter dem qualvollen Druck des ihn Umstehenden oder der Umstände von seinem Unglück reden und damit gleichsam als Vertreter sowohl der dialektischen als auch der analytischen Vernunft abdanken. Ich bin unglücklich: das sagt sich leichthin und mit Selbstverständlichkeit. Ich habe Unglück: auch dies ist umgangssprachlich noch akzeptabel. Mein Unglück ist über mir: damit ist dann der scheinbar winzige und doch so entscheidende Schritt in die Magie getan. Das Unglück war über mir und über dir, Irene, die du liegst notwendiger- und zufälligerweise, es läuft ganz aufs gleiche hinaus: da spreche ich lieber gleich von unser beider Unglück, vom Unglücksvogel, der dich nicht zu erreichen und dein verhängnisvolles Dichten nicht zu ändern vermochte, von lauter schwarzen Krähen, die ständig um uns waren, sie schreien und ziehen schwirren Flugs zur Stadt mit mir, während du liegest, Opfer des zufällig notwendigen

Prozesses der Dekomposition. Zufall ist jene Notwendigkeit, die wir nicht einzusehen vermögen, beziehungsweise ist jene Verstrickung von Kausalketten, die zu entwirren uns versagt ist. Das ganze Problem von Zufall und Notwendigkeit besteht im strikt logischen Sinne nicht, da nämlich nicht nur der Begriff des Zufalls zumeist nicht definiert wird als die Unüberschaubarkeit von Ursache-Wirkung-Prozessen, sondern in die Notwendigkeit sich allemal der mythische Schicksalsglaube einschleicht, der sich nur schlecht verhehlt und drapiert durch finalistische oder dialektische Rationalität. Da nun die Kausalität sich nicht so einfach abtun läßt als Denkkategorie, noch auch aus den Angeln gehoben werden kann seitens der theoretischen Physik (statistischen Mechanik), vielmehr immer noch das einzige Aufhellungsschema ist, mit dem wir umgehen können; da ferner diese Kausalität nun wieder etwas ganz und gar Objektives, also vom vécu nicht Auffaßbares ist, kann unter radikaler Überschreitung der Ersatzmythen quasi-rationaler Natur (der Dialektik, der finalistischen Biologie) der verwundete Mensch direkt vorstoßen in den baren Mythos, der sich im Begriffe Schicksal ebenso ausdrückt wie in dem Wort »mein Unglück« oder, wie Robert Musil es so hellsichtig erkannt hat in einer Formel wie »meine Zahnschmerzen«. Jetzt sind es nicht Zahnschmerzen, Geliebte, sondern Herzschmerzen, metaphorische und zugleich gewiß auch elektrokardiographisch aufzeichenbare, denn wenn ich weiter und höher fliege, l'Oiseau de malheur, über das schon halbzerstörte Paris hin, werden die Atemzüge kürzer und rasselnder, der schwarze Vogel trank zuviel ein Leben lang, konsumierte zu viele Gauloises, trieb zuviel Liebeshandwerk. Herzschmerzen. Mein Herz ist schwer, ich beharre darauf, lasse auch immer der Stand von Geist und Kunst derart vom Volksliedhaften zum Schlagertext deszendierte Redeweise nicht mehr zu, es ist mir gleichgültig, bin Maler, oder war's, und kein Redeschreiber. Mein Herz ist schwer, Jacques, mon ami, denn ich habe Irene verlassen müssen, weiß nicht, wie es ausgehen wird mit ihr, schlecht wahrscheinlich, ich sah sie in tausend Bildern lieblich ausgedrückt, und eins davon zeigte sie mir auf dem Todeslager, weiß und blaß und fromm, mit fest geschlossenem Schlangenmund. Daß sie heimkehrte in die Redaktion ihres Schnatterblattes, wie die Rumoren es so gewollt, mag ich nicht glauben. Aber Gewißheit ist niemals zu erlangen, man erreichte Irene nur schlecht mit dem logisch sinnvollen Wort und Satz, kann darum immer nur deuten und mutmaßen. L'Oiseau? Ah so! Ja. Da ist das Bild, Sie können es haben. Ich plane anderes, Bedeutenderes, es wird Sie überraschen, nur ist nicht sicher, daß Sie es zu sehen bekommen. Der Unglücksvogel, den ich Ihnen hier in halbwegs fertigem Zustande, wenn leider auch nicht sauber verpackt, darauf verstehe ich mich nicht, überreiche — der Unglücksvogel mag in den Besitz der Galerie Beaumann übergehen, Sie können mir den Scheck gleich ausstellen, können es aber auch verschieben, ich habe Geld, die Immobilien-Paris-Seine, die mich aus dem Hause trieb, hat mich reichlich entschädigt. Ich bin nicht mehr arm. Wir wollen zur Feier der Fertigstellung meines Oiseau de malheur ein Glas Champagner. Jawohl, auf meine Kosten diesmal. Und wollen anstoßen auf das Gelingen meiner weiteren Pläne. Huschende Schritte durch Korridore. Benzinkanister. Schwefelhölzer, erworben bei Andersens Märchenmädchen. Ich frage jetzt nicht mehr nach meinem Stil. Das kommende Bild wird etwas Dramatisches haben, wird verglichen werden mit Delacroix. Paris brûle. Ich habe so oft rote Himmel gemalt, daß ich nun endlich einmal Flammen. Es hängt dies zusammen, Jacques, mit meinem Unglück, gegen das ich endlich aufstehe. Nein. Nicht mehr am Bette kauern — wo auch? Nicht mehr die Dinge an sich herankommen lassen. Der Verfall war nur eine Ausrede, scheint mir, wie geschickt ich ihn vielleicht auch gerechtfertigt habe, ästhetisch und philosophisch. Nach so vielen Wahrheiten endlich einmal die letzte Wahrheit: ihr Name sei Tat. Sie wollen? Es kann doch wohl nur ästhetisch gehobener Scherz sein, Denk- und Schau-Spielerei, Lefeu, ich weiß um Ihre Vergangenheit, Sie waren ein tapferer. Psst! Ein tapferer Mann. Psst, um Gottes willen,

das ist doch ein Irrtum! Ich war. Aber ich sehe Sie nicht als Brandstifter. Ich sehe mich auch nicht. Wie könnte ich? Aber ich sehe
die Weichheit ihres Bauches und der glücklicherweise mächtigen
Hügel. Genommen die Lust am Verfall, dem man aufmerksam
zusah vom Wühllager aus, wie er sich der Wand bemächtigte,
aus der täglich deutlicher das klagende Gesicht sprach. Genommen die Kameraden Destré und Vandamme, die kapituliert haben
und nun verspießern in der Sauberkeit neuer Appartements. Gegeben das Geld, mit dem ich hier — nein, protestieren Sie nicht,
oft genug war ich Ihr Gast, seien Sie nun der meine, mein Peter
Gast, wenn's beliebt — die consommation bezahle. Oder besser
noch vorher. He, garçon, du Taittinger! Allgemeines Gelächter
im Café Select; Rassemblement von Schnorrern, die teilhaben
möchten. Lefeu bezahlt? Lädt ein? Hat Geld? Hat verkauft? Ich
war immer Ihr Freund, Monsieur Lefeu, das wissen Sie. Möchte
jetzt nur einen Cognac. Et tout le monde est invité. Ich bezahle,
Feuermann hat bares Geld. Qui est Föermann? C'est Lefeu, en
allemand. Il est. Le boche gentil, le juif aimable et généreux.
Kommen Sie alle, meine Herren, machen Sie sich's bequem. Lefeu empfängt, wiewohl er keine Heimstatt hat. Lefeu bezahlt,
ehe er heimzahlt. C'est ma tournée. Laßt das Geld in Strömen
fließen, ehe die multinationalen Korporationen in der von ihnen
arrangierten Inflation es an sich reißen. Hier ist Trank und Trunk
und Trunkenheit, wie einstens dort — wie hieß es doch im Trink-
lied? Djagloni gleia klirrlala — wir schweben über dem Leben, an
dem wir kleben. Sie gehen, Jacques? Sie rücken Ihren makellos
geschnittenen Rock zurecht? Bringen Ihre ohnedies einwand-
frei sitzende Krawatte durch routinierten Handgriff in noch er-
schreckendere Ordnung? Ewiger Jasager, ami Jacques, es ist klar,
daß Sie keine Lust haben, einem Trinkexzeß von Schnorrern bei-
zuwohnen. Aber vergessen Sie das Bild nicht, l'Oiseau de malheur,
es wird sich verkaufen, ich sehe mit Vergnügen, wie vorsichtig Sie
es anfassen und den Kellner um geeignetes Packpapier ersuchen,
damit das Kunstwerk keinen Schaden erleide, die Jasage ist für-

und umsichtig allemal. Adieu, Jacques. Vielleicht pecke ich mit meinem Schnabel noch an Ihr Galeriefenster, vielleicht auch nicht, man hüte sich vor Versprechungen. Und grüßen Sie Monsieur Beaumann, den Geld- und Kunstgewaltigen, dem nie wohl war in der Rue Roquentin. Er hat noch manches von mir auf Lager, es wird kein schlechtes Geschäft gewesen sein, da doch die Stiftung großen Brandes meinem Namen wird Widerhall verschaffen, so weit die französische Zunge reicht. Adieu auch, ihr Herren Schnorrer, Lefeu hat schon bezahlt, tun Sie sich alle noch ein bißchen gütlich, der Kellner weiß Bescheid. Ich muß reden, mit mir selber. Gut, ich bin betrunken, aber dennoch funktioniert das Hirn und das, was ich ein Leben lang als meine Zuflucht und Ehre ansah, die Vernunft — sie ist von den paar Gläsern Champagner nicht verabschiedet worden, leide ich auch, vielleicht, unter gewissen motorischen Störungen, so daß mein Schritt nicht die gewohnte volle Sicherheit hat. Da die Vernunft am Werke ist, nicht besser, aber auch nicht schlechter als in den Tagen, wo ich hochmütig die Betrunkenen verwarf, mag sie mir zu Hilfe eilen. Worum geht es? Die Abendluft tut gut, die Nebelschwaden, die zwar süß sind, aber sich manchmal so verdichten, daß man keine geistige Szenerie mehr ausnimmt, heben sich. Worum geht es? Um den Versuch einer theoretischen Rechtfertigung meines Tuns und Untuns. Übereinzubringen ist auf logisch widerspruchslose Weise: meine Verfalls-Verfallenheit, samt zugeordneter Philosophie und Ästhetik; mein bis zur Unerträglichkeit sich steigernder Wunsch, den Glanz-Verfall oder irgendein deutliches Symbol seiner in Flammen aufgehen zu sehen; meine als solche von mir angenommene Entdeckung, es sei alles, was ich tat, alles, was ich ließ, seit 1945 bestimmt durch das Faktum, daß ich mein Überstehen nicht überstehen konnte. Da aber die Verfallssucht, die ich bis zum Abbruch von Cinq, Rue Roquentin zum Lebensstil und zur Lebensweisheit gemacht hatte, von mir eingefügt wurde, in ein überpersönliches System von Erkenntnissen (das Referenzsystem, innerhalb dessen die Expansion des Men-

schen in die Natur hinein umschlug von Lebens- und Mensch-
heitsdienst in Menschen- und Lebensvernichtung), da außerdem
ich die Idee der Brandlegung anzuknüpfen versuchte an die gleichfalls überpersönliche, weit über alles Mythische und Spielerische
hinausragende Revolutionshoffnung; da ich aber andererseits die
von mir mit großer Verspätung auszuübende Gegengewalt verstand als die einzig mögliche Antwort auf die ganz persönlich er-
littene Gewalt durch das Böse, stehe ich vor der ganz allgemeinen
Frage, ob individuelle Motivationen tatsächlich, wie Sartre es
meint und wie ich es mit ihm mehr oder weniger mechanisch zu
erhärten gewohnt war, die natürlichen Vermittler sind überper-
sönlicher, geschichtlicher Zwänge. — Wie sollte betrunken sein,
wer noch imstande ist, im Torkeln so einen klaren Satz zu formu-
lieren? Wie sollte, wer diese immerhin schon in der bloßen Frage-
stellung nicht ohne Schwierigkeiten ausdrückbaren Gedanken zu
fassen vermag, eingenebelt sein von süßen Schwaden, ein Opfer
der von diesen angerichteten irreversiblen Schäden im Gehirn?
Wer schließlich würde gar demjenigen, der sich nun aufraffte
zur Antwort, nicht zubilligen, daß er luzide blieb trotz so vieler
Cognacs, Gauloises und Liebeshandwerksstunden? Es liegt auf
der Hand, daß theoretische Übereinstimmungen von objektiv-historischen Bedingungen und subjektiver Motivation möglich sind:
Sartre hat in der Tat — in seinem »Flaubert« noch ausdrücklicher
als in der »Kritik der dialektischen Vernunft« — ein solches Unternehmen durchgeführt. Es fragt sich nur, wieviel geistige Veran-
staltungen dieser Art, sobald ihre Sätze sich hochfliegend von
allen Möglichkeiten empirischer Verifizierbarkeit entfernen, noch
wert sind. Sie sind unangreifbar, solange man sich an die ihnen
immanente Logik hält. Sie können nicht mehr standhalten, wenn
etwa im Falle Sartres die Forderung gestellt wird, es sollten präzise Kriterien dafür gegeben werden, was eine »Gruppe« einerseits, eine »Serie« andererseits ist, beziehungsweise unter welchen
genau definierten und an der Wirklichkeit jederzeit nachprüf-
baren Umständen diese zu jener sich formt oder jene in diese

zerfällt. Da dies nicht möglich ist, da ein im strengen Sinne wissenschaftliches Verfahren in dem als »Wissenschaft vom Menschen« sich vorstellenden und sich also gehabenden Kenntnisbereich nicht einmal ansatzweise versucht werden kann, da also nur die als hermeneutisch bekannte Ansehensweise mit dem Werke mitkommt und die analytische Vernunft als unzuständig vor der Tür angehalten wird, ist man zurückverwiesen auf die *Wörter*, aus denen die Theorie sich aufbaut. Es sind Wörter, die zwar auf Dinge verweisen (also nicht wie gewisse Gedichte fortgeschrittener Poesie als Grapheme und Phoneme autonomen Charakters den Dingen sich entziehen), die aber freilich an der totalen Dinglichkeit der Welt nicht mehr kontrollierbar sind. Jedennoch, es haben diese zu theoretischen Gebilden aufgetürmten Wörter insoferne einen strengen Wirklichkeitsbezug, als sie das Subjekt, das ihrer Immanenz sich unterwirft, ganz und gar zu erfüllen vermögen: womit das emittierende so gut wie das rezipierende Subjekt gemeint ist. Es findet sich denn schließlich das Subjekt inmitten eines Wortgeflechts, das für es eine ganz bestimmte, in seiner Person und seinem emotiven Haushalt verankerte Realität darstellt. Mit Recht spricht in diesem Sinne moderne Logik vom »emotiven« Sinn gewisser Sätze, die man dem konzeptuellen entgegenstellt — und viele Irrtümer der Philosophie haben ihren Ursprung in nichts anderem als eben der Verwechslung von konzeptuellem und emotivem Sinn. Es hat nun freilich der emotive Sinn keine allgemeine Verbindlichkeit, und man sollte sich nicht unterfangen, sie für ihn zu beanspruchen. Nichts anderes darf geschehen, als daß der emotive Sinn als ein solcher sich erhärtet und vom Subjekt reklamiert wird. Damit gehe ich nicht so weit, Irene, zu meinen, es habe dein Poem von der Pappellallee in diesem Verstande emotiven Sinn: es hat *emotionelle Realität*, was etwas ganz anderes ist. Sinn — emotiven und nicht konzeptuellen — hätte es erst dann, wenn es Teil wäre eines in sich stimmigen Gefüges von Wörtern, was leider nicht der Fall ist, es steht ja ganz für sich allein in erschreckender Einsamkeit in der Welt. Ich habe den Sinn der Sätze, an dem streng zu haften ich mir und dir versprach, nur um eine, allerdings entscheidende Dimension erweitert. Das bedeutet nichts mehr für dich, denn du liegst fromm und kalt und weiß mit gefalteten Händen da, während die Irgendwers, die immer zur Hand sind, mit dem Polizeiarzt unterhandeln und nach seiner Genehmigung ein paar Speisereste und Konservenbüchsen in den übervollen Mülleimer werfen, denn du warst niemals die ideale und ordentliche, bei Concierges und Proprietaires beliebte Untermieterin. Du hörst mich nicht mehr, Irene, ich sage nur so hin, was mich gegen dich abgrenzt, hélas, bis über den Tod hinaus. Und sage mir, wonach es mich dürstet: daß die theoretischen Verschränkungen von objektiv-historischen und subjektiven Motivationen, die ich so verzweifelt herzustellen wünschte, ohnedies nur denkbar sind im Raume der Wörter, und daß es demnach mir verstattet sein muß, zu behaupten, es sei der mythische Begriff »mein Unglück« nicht besser, nein, das gewiß nicht, aber auch nicht schlechter als die Sartresche Deutung der Existenz Flauberts, die der Meister mit so viel Mühe sich abrang. Ich bleibe bei meinem Unglück. Es ist der schwarze Kern, aus dem alle Schwärzen dieses Daseins strahlenförmig sich in die Welt vorantreiben, schwarze Strahlen, davon hat auch noch niemand gesprochen, es ist ein ganz expressionistisches Bild, Vandamme, ich dichte neuerdings dans le genre de l'expressionisme allemand, was Ihnen als französischem Flamen nicht ganz fremd sein kann. Male auch weiter, natürlich. Der Unglücksvogel ist beendet und aus der Hand gegeben, Monsieur Jacques hat ihn erworben und hat mit flinker Hand den Scheck ausgestellt, so daß ich auf einmal mehr Geld als jemals, mehr als jemals, ich war nicht gerade gesegnet mit Glücksgütern in der Rue Roquentin, habe mich überhaupt ziemlich elend durchgebracht seit den frühen, aber mit dem freien Auge des Geistes nicht mehr ausnehmbaren Tagen im Schwäbischen. Deportierter Arbeiter in Deutschland? Es war eine dumme Ausrede, Vandamme. Ich komme von dorther, da haben Sie die Wahrheit, die ich verschwieg, weil ich mich doppelt schämte: wollte nicht Vertreiber, Vernichter, noch Vertriebener, Vernichteter sein in unserem Kreise, machte Lefeu aus Feuermann, Feiermann, Feyermann. Ja, die Stunden der großen Feyern und großen Feuer sind da. Eine neue Arbeit: Paris brûle. Il brûle et ich brülle. Weiß nicht was. Aber nicht mehr das Partisanenlied les couilles de mon Grand-Père. Ich brülle et je brûlerai. Es wird nicht ganz leicht sein, das heulende Gebrüll ins Optische zu übertragen, doch traue ich mir mehr zu als je zuvor, da ich ja den schwarzen Kern entdeckte: mein Unglück. Und bin gesonnen, es zurückzunehmen. Weiß nicht wie. Habe so meine Pläne, die freilich, kaum daß sie gefaßt sind, mir entgleiten. Denn es kommt nach so vielen Wahrheiten die letzte Wahrheit: ihr Name sei Tat. Der Unglücksvogel ist beendet, das neue Werk Paris brûle wird begonnen. Es ist zu malen mit großen Pinselstrichen, so als schritte einer weit aus mit der Hand, als spränge oder sprengte er voran, gleich dem Feuerreiter, die Bewegungen kommen direkt aus dem Schultergelenk. Action painting, wenn's Ihnen recht ist. Aber den Gegenstand als Widerstand festhaltend erst, dann überwindend: also, realistische Malerei, Natur gesehen und durchsprungen oder durchsprengt von einem Temperament, einem, das sich nun nicht mehr zügeln will, sondern, im Gegenteil, in wilder Zügellosigkeit hinwegsetzt über alle gegenständlichen Widerstände. Schwarzer Rauch aufsteigend aus den Hochhäusern, wie einst aus den unaussprechlichen Kaminen. Was dem vorangeht, kann nicht gemalt werden, da es wesentlich akustischen Charakter hat. Huschende Schritte durch Korridore, Benzinkanister, in denen Flüssiges schwappt. Das Reiben eines Streichholzes. Und all dies, Vandamme, ist zu verstehen als mein Aufstand gegen mein Unglück. — Nein, danke, ich nächtige heute nicht bei Ihnen, wie verlockend Ihr sauberes Winzigappartement auch sei. Ich wandere durch die letzten noch geöffneten Bistrots der Rive Gauche und gebe dem müden Herzen die Sporen mit da und dort einem Cognac oder auch nur einem gros rouge. Il y a en allemand un poème: Der Feuerreiter. Le cavalier de feu, aber ich sage lieber:

le chevalier de feu, der Feuerritter, denn ritterlich, durchaus, fordere ich diese Stadt, die mich beleidigte, in die Schranken. Adieu, Vandamme. Grüßen Sie die Kameraden. Destré, der nun auf meinen Rat gelbe Holzpantinen holländischer Art trägt. Und Paul, Paul Frey. Malt er noch immer Penis-Paraphrasen? Und meinetwegen sogar Jeanne Lafleur, deren Keramiken, unter uns, mir immer ein bißchen läppisch vorkamen. Grüßen Sie alles, was da und dort noch übrig ist von der Rue Roquentin. Ich muß nun springen oder sprengen. Die Nacht von Paris wartet, daß ich sie erhelle. Mein Unglück wartet, daß die Flammen es auslöschen. Die Formel »mein Unglück« kann denn in der Tat den Punkt kennzeichnen, in dem die existentiellen Fakten sich verdichten, so stark, daß jede logische Übereinstimmung von Gedanken, richtiger zu sagen: Denk-Wörtern oder Wort-Denken als überflüssig erscheint. Im Raume des vécu oder des Emotivsinnes der Sätze triumphiert das Individuum mühelos über alles intersubjektiv Kommunizierbare. Das Wort erlangt seine problematische äußerste Gewalt, die problematisch ist deshalb, weil sie zugleich das Wort qua Wort überschreitet. Eine bestimmte Geste ist dann als Zeichen des existentiellen Verdichtungspunktes so gut wie das Gesprochene oder Geschriebene, aber es muß nicht einmal eine Geste sein; es genügt, wenn der Körper, seufzend, röchelnd, sich auf- und zusammenraffend oder erschlaffend, das Signum als Signal gibt. Vom Sinn der Sätze kann dann wohl kaum noch gesprochen werden, denn die Zeichen ordnen sich ja nicht mehr nach logischer Syntax an. Unsinn oder gar Wahnsinn ist darum freilich noch lange nicht am Werke, vor allem dann nicht, wenn der sich selbst das existentielle Zeichen Gebende Klarheit darüber hat, daß dieses als Ausdruck und Zusammenballung einer Befindlichkeit in die Sprache der Kommunikation nicht übertragbar ist. Es ist dahin gekommen mit mir. Ich verlasse den Boden, endgültig, auf dem ich so sicher zu stehen glaubte, ich bekenne mich zu einem nur noch mir selbst verständlichen — aber: was heißt verständlichen? — Stück Gelebtheit. Dieses hat kaum noch zu denken. Es drängt das Wort von meinem Unglück sich mir auf die Lippen, von denen ich das warme Blut lecke. Die theoretische Einsicht mag von den anderen versucht werden: es fehlt ihnen nicht an Anhaltspunkten. Ich gebe nur noch mir selber Zeichen. — Oui, un petit bidon d'essence, je suis en panne avec ma voiture, merci. Rue Roquentin, das wäre der Ort, mir mein Abendbrot zu rösten. Stiegen abwärts, trab, trab, bis in die Rue Monge. Ein Brett, jawohl, ich bin Kunstmaler, habe aber nicht genug Geld, mir Leinwand zu kaufen, male darum auf Holz, die Kunden akzeptieren das heutzutage. Licht? Ist nicht nötig, das Licht wird aus meinen Farben gebraut und erleuchtet, wenn ich's so will, das ganze Stadtviertel. Et voilà et merci. Es kommt direkt aus dem Schultergelenk, besser und leichter als je zuvor. Rot, das hier ins Bläuliche schillert und dort schwarz als Rauch zerrinnt. Grau die Stadt und kaltweiß und eisblau die Stätten des Glanz-Verfalls, die in ihr sich breitmachen. Mächtig und grell am rostroten Himmel die purpurne Mütze, Zipfelmütze, seitlich abgebogen, la révolution, ohé partisan und Delacroix. Schwarz, tief in der Ecke drunten, durch gelbe Flecken verschandelt, die schon Verbrannten, deretwegen das Schultergelenk sich regt. Ein Bart wird erkennbar, gespreizte Angst- und Reckverreckfinger, aber man muß vorsichtig sein, um nicht der Chagall-Lyrik auf den süßlichen Leim zu kriechen. Reck-Verreckfinger à la Giacometti. Vielleicht noch in den Lüften, angedeutet nur, l'Oiseau de malheur, oh Saint-Max-Ernst. Einhalten. Ein Schluck ist vonnöten in diesem Augenblick. Ein schwerer, tiefer Zug dringe ein in die Lungen, verbreite schmerzhaft-euphorische Lust des Verfalls in den Gefäßen. Der Feldherr überschaut das Schlachtengelände. Gut? Zu gut. Und viel zu schlecht, denn kein Geschickling ist weit und breit, welcher dergleichen nicht zustandebrächte. Kam's aus der Schulter? Oh doch. Aber auch diese Spontaneität ist schon Routine, verdammt sei das Können im Malen und im Denken! So war die Stunde der Wahrheit nicht gemeint. Schön ist's. Ein Dreck ist's. Gekonnter Glanz-Verfall, einnehmend und zu Einnahmen führend für Monsieur Beaumann oder die Herren aus Düsseldorf. Paris brûle: das letzte Werk des zu seinen Lebzeiten nicht hinreichend gewürdigten Malers Lefeu, zeigt ihn im Vollbesitz seiner künstlerischen Mittel, welche expressionistische Identität mit surrealistischer Phantastik und einer für heutige Begriffe erstaunlichen realistischen Präzision zu vereinen wissen. Der kürzlich verunglückte Künstler hat mit diesem Werk zweifellos einen der bemerkenswertesten Beiträge zum zeitgenössischen Kunstschaffen geleistet. Et puis merde. So war's nicht gemeint. Das Nichts selbst nichtet — und genichtet sei diese aus dem Schultergelenk geschüttelte Ausrede. Fließen und fließen, es riecht übel, wie in einer Garage. Und verdunstet schnell. Rascheln und knistern und zischen. Wie hieß es? Paß auf, sonst brennst du lichterloh. Lichter, loh. So brenne mein Unglück und verlösche in den Flammen. Und Minz und Mauz, die Katzen, paß auf, sonst brennst du lichterloh. Au feu! Was ist hier los? Un accident. Ça brûle encore et ça sent. Lichterloh. Man muß sogleich. Muß nicht: Rattenzüchter und Ausländerpack. Besoffen, es geschieht ganz recht. Mais il faut quand même. Nein, ich brauche keine Ambulanz. Ich bin so gut wie unverletzt, nur ist mir sterbensübel. Und will kein Pfeifen hören. Das Bild ist hin, Paris brûle. Und die Hose nur leicht angekohlt, es ist so gut wie nichts. Nur übel ist mir. Jetzt pfeift und heult der Wind durch die Abbruchs-Ruine, der Wind oder die Ambulanz, sie kommt sehr schnell angeflogen. Ja, Feuermann, Cinq, Rue Roquentin, aber das Haus wurde abgebro. Heulen Eulen hoch vom Turm. Ich bin ganz heil, bis auf die Übelkeit. Heil! sage ich. Heil! Heil! Wie schnell das geht, so eine fliegende Ambulanz. Il n'est pas blessé, absolument pas. C'est plutôt le cœur, le cœur qui flanche. Le cœur?

Das Herz. Ich ahnte es. Es war zu schwer. Et maintenant il flanche. C'est ça, Docteur?

Oui, restez tranquille.

WARUM UND WIE

Versuch, den Ursprüngen nachzugehen. Schon werde ich gewahr, daß das Vorhaben schwieriger ist, als ich dachte. Schwieriger — so nicht unmöglich: tatsächlich weiß ich nicht, wo und wann die Idee zur Niederschrift von Lefeu ihren Anfang nahm. Nur soviel ist gewiß: es muß das ziemlich weit zurückliegen, vielleicht zehn bis fünfzehn Jahre, denn lange schon verfolgten mich gewisse Bilder, begleitet von undeutlichen Gedankenverläufen. Wahrscheinlich war es das Mansardenatelier, dessen eigentümliches Zwielicht, das der Malerarbeit so ungünstig ist, sich in mir festsetzte, die Dämmer-Atmosphäre und eine später bei der Niederschrift ganz entschieden übertriebene oder aufgehöhte oder vertiefte Unordnung. — Und gleich, so denke ich mir, wird dieser oder jener Leser die Frage stellen: Gibt es Lefeu? Hatten Sie, Herr Améry, ein Modell? Geduld. Ich bitte um Nachsicht, auch die Antwort auf diese Frage ist nicht einfach. Es gab, gibt, so will ich hoffen, einen Menschen, dessen Grundmuster mir zum Anstoß wurde: er hat mit dem Lefeu, dem der Leser in den voraufgegangenen Seiten begegnete, so gut wie nichts mehr zu tun. Es gab, gibt, vielleicht, das wenig ordentliche Atelier, es gibt die mir vertrauten und immer wieder im Zustande einer gewissen Verlorenheit betrachteten Bilder der Pariser Straßen. Es gab den Mann, der nein sagte, darauf läuft alles hinaus. Ein paar verfließende Vorstellungen begleiteten mich seit Jahr und Tag, sie liefen parallel zu anderen Überlegungen nur so nebenher. Einmal, so sagte ich mir, wird es Zeit, von der autobiographischen The-

matik, der ich einen gewissen Ruf verdanke, loszukommen: ich kann nicht ewig von mir »selbem« (wie der begabte Arnolt Bronnen zu deklinieren pflegte) erzählen. Die bare Subjektivität wird thematisch am Ende nichts mehr hergeben. Aber warum wollte ich dann nicht einfach bei der klar essayistischen Form bleiben, bei der allgemeinen, allzu-allgemeinen Publizistik? Ein sehr alter Wunsch, der in tiefer Lebensferne ankert, machte nämlich sich geltend. Ich wollte erzählen oder: auch erzählen, und geisterhaft stieg ein glücklicherweise unveröffentlichter Jugendroman aus dem Nebel der Vergangenheit heraus, wollte erinnert werden. Titel »Die Schiffbrüchigen«; billiger gab ichs damals nicht. Unüberhörbar hier schließlich die Forderung, den Ring zu schließen, nach mancherlei Umwegen zurückzukehren zu den schriftstellerischen Anfängen. Erzählen also, aber natürlich ganz anders als ehedem, anno 1935, als ich noch hartnäckig an eine in diesen Tagen schon überlebte Sachlichkeit und deren Chancen geglaubt hatte. Das Atelierbild und der Wunsch, Versäumtes nachzuholen, flossen ineinander. Wann? Das kann ich nicht mehr präzise feststellen, vielleicht war es vor sechs, sieben Jahren, als die Obsession, erzählen zu wollen, sich an die Vorstellung des zwielichtigen Ateliers klammerte und an die Bilder, von denen ein paar an den Wänden meiner Wohnung hängen, und an die Idee, daß in Paris in einer Straße des V. Arrondissements, die nicht Rue Roquentin heißt, aber doch so ähnlich, einer haust, der nein sagt und in der Neinsage lebend einen Teil dessen verwirklichte, was mich bewegt von langer Hand her. Es ist wichtig genug: der Mann, aus dem später Lefeu wurde, führte eben die Existenz (so schien es mir), die durchzustehen ich selber die Courage nicht hatte. So drängte denn alsogleich wieder und entgegen meinen Absichten doch wiederum das autobiographische Element sich in ein Projekt, das kaum noch ein rechtes war. Ich stellte mir nicht die Frage: ob ich denn wirklich nur über mich schreiben könne und ob dies vielleicht von unangenehmen Begriffen wie Narzißmus und Exhibitionismus würde eingefangen und fixiert werden.

Denn das, von dem ich hier spreche, ging in einer verschleierten Region halben Denkens vor sich. Beim Einschlafen, morgens während der Rasur, im gelegentlichen Spazierengehen durch benzinverdampfte Straßen in Brüssel umschlangen einander die Figur des späteren Lefeu, die sehr alten Erzählerwünsche, die hartnäckig selbstgrübelnde (um nicht gestelzt zu sagen: ichsuchende, ichfindende) autobiographische Intention. Exhibitionismus! Narzißmus! Die Wörter sind recht nachlässige und beiläufige Hypothesen. Und was wäre, wenn man sich schon durchaus an sie halten will, die Literatur, wo wären der Musil des »Törless«, der Proust der »Recherche«, der Joyce des »Porträt« und des »Ulysses« geblieben ohne die als eitle Selbstbespiegelung unrechtens verschriene Introspektion! Musil, Proust, Joyce. Der ist wohl größenwahnsinnig, werden Leser und Kritiker denken. Gemach, er ist es nicht! Er ist, im Gegenteil, ein Schriftsteller, den ständig die Angst plagt, er könne selbst vor dem bescheidensten Unternehmen versagen, und wenn er große Namen nennt, dann tut er es stets im beschämenden Bewußtsein der eigenen Unzulänglichkeit. – Die autobiographische Intention ließ sich, Narzißmus hin, Exhibitionismus her, nicht einmal im Zustande des Halbdenkens, in dem das Projekt lange Zeit erwogen wurde, eliminieren. Der Prozeß der Identifikation des Verfassers mit dem Maler Lefeu vollzog sich, ehe an eine Niederschrift überhaupt noch gedacht wurde. Zur gleichen Zeit spielten sich in einer helleren Bewußtseinsschicht Verläufe ab, die präzise nachzuzeichnen mir keine Schwierigkeit bereitet. Ich war mir lange schon darüber klar geworden, daß es Problemkreise gibt, die ich in eilig hingeschriebenen Aufsätzen nur eben tangieren habe können, zu denen aber ein abschließendes Wort zu sagen war – hohe Zeit. Mit allem Hervorgebrachten war ich ja verzweifelt spät dran. Das meiste war unter Druck entstanden, vieles ganz flüchtig hingeworfen, manches nicht hinlänglich durchdacht. Die dringliche Nötigung tat sich hervor, endlich deutlicher zu sprechen. Was ich da und dort zum Beispiel in meinen Büchern »Über das Altern« und

»Unmeisterliche Wanderjahre« über mein Verhältnis zur Moderne geschrieben hatte, es mußte neu, entschiedener, genauer formuliert werden. Das Problem der Sprache wartete ebenfalls längst auf das ihm zukommende gründlichere Nachdenken und auf schärfere Aussagen. Über die Revolution und Violenz hatte ich manches geschrieben, was mir längst als schal und unzureichend erschien. An ein umfassendes philosophisches Werk andererseits war freilich gar nicht zu denken. Ich habe keine Begabung zur Systematik und wahrscheinlich auch wenig Achtung vor ihr: man kann, ich habe es oftmals in der Geistesgeschichte beobachtet, Strukturen errichten und die Wirklichkeit ihnen einpassen — so entstehen gewaltige, aber manchmal gewalttätige Begriffsgebäude. Die Ergebnisse stehen zumeist in keinem Verhältnis zur Anstrengung der Abstraktion. Dergleichen konnte meine Sache nicht sein, ich war ja und bin allerwegen der eigenen Ideen viel zu wenig gewiß, als daß ich sie mit Aplomb methodisch würde ausarbeiten wollen. Kaum ist ein Gedanke gefaßt, stellt auch schon der Widerspruch sich ein, den ich nicht ersticke, sondern, im Gegenteil, hege, so lange bis er mir die erlangte Idee umgebracht hat. Freilich, der Wunsch nach Deutlichkeit war da. Wie konnte er sich schriftstellerisch realisieren? — Es ist vielleicht eine post eventum introduzierte Hypothese, wenn ich jetzt sage, daß an einem bestimmten, zeitlich nicht feststellbaren Punkt der Wunsch zu erzählen sich vereinigte mit dem Verlangen, eine höhere Reflexionsebene zu erklimmen, kritische Präzision einer neuen Ordnung zu erreichen. Aber es scheint mir, daß die Idee, einen Roman-Essay oder Essay-Roman zu schreiben, seit vielleicht 1970 sich in mir festsetzte und daß sie alsbald sich einsenkte in die Bilderwelt Lefeus. Es war dies weder objektiv noch auch subjektiv ein neuartiges Vorhaben. Objektiv ist es zweifellos so, daß kritische, essayistische Elemente spätestens mit dem Hervortreten des Bildungsromans sich in der erzählenden Literatur geltend machten. Wo ein sich bildendes, sich entwickelndes Ich vor der Welt und gegen sie steht, dort hat dieses Ich die Welt essayistisch *reflektiert: der »Grüne Heinrich«, um gerade nur ihn zu nennen, weil er nicht aufgehört hat, mich zu beschäftigen, ist auf weiten Strecken Roman-Essay. Und Essay-Romane sind selbstverständlich die großen epischen Werke des zwanzigsten Jahrhunderts: Prousts »Recherche«, Gides »Falschmünzer«, der »Ulysses« von Joyce, der »Zauberberg« und der »Faustus« von Thomas Mann. Im Bereich des Subjektiven ist es nun an dem, daß ich einer Generation angehöre, die alle hier angeführten Romane, nebst manchen vergleichbaren als das Neue und im Wortsinne Unerhörte las und zutiefst davon geprägt wurde. So war es namentlich das Buch »Die Schlafwandler« von Hermann Broch – ein Zeugnis übrigens, das ich heute bei weitem nicht mehr so hoch einschätze wie ehedem –, bei dem ich mich in der Jugend lange aufhielt. Der Gedanke, ein Romanwerk zu verfassen, durch das sich, wie durch Brochs »Schlafwandler« der große Essay »Zerfall der Werte«, rein kritische, abstrakte Überlegungen ziehen würden, hat mich von frühauf begleitet. So war es denn ein überaus komplexer Tatbestand, der Lefeu zugrunde lag. Aus diesem war nur eines ausgeschlossen, wofür ich einstehe: Keine Minute lang habe ich versucht, etwas zu konstruieren, mir eine Theorie abzuzwingen, ein Experiment zu vollbringen, um jeden Preis etwas formal Neues vorzulegen. Alles vollzog sich in einer Region, aus der alle klügelnden Überlegungen, was wohl aktuell sein, womit man sich als zeitgemäß empfehlen könnte, ausgespart waren. Im Gegenteil: durchaus wollte ich mich – ohne daß ich freilich dies theoretisch würde begründet haben wollen – als einen Unzeitgemäßen: der Protest gegen die Epoche war ja eine der wichtigsten Antriebskräfte der ganze Konzeption. Lefeu hatte also sich selbst gestaltet, noch ehe das Projekt Konturen annahm. Und auch die Formwerdung, der Plan, der Aufbau kamen gleichsam von selbst zustande. Nur ganz äußerliche Probleme überlegte ich bewußt und methodisch. Unbedingt mußte die Form es mir ermöglichen, die gesamte Arbeit vor ihrer Drucklegung durch den Funk gehen zu lassen, es war ja mehr als ungewiß, ob dieses Buch, die Arbeit* eines notorisch nur von *Achtungserfolgen* getragenen *Autors*, irgend jemand im Buchladen würde käuflich erwerben wollen. Der Funk mußte mir die materielle Basis bieten — und an dieser Stelle haben vielleicht in Parenthese ein paar Bemerkungen über die wirtschaftliche Existenz des freien Schriftstellers in dieser Zeit ihren Platz. Bücherschreiben ist für einen Autor, der nicht der kleinen Gruppe ökonomisch erfolgreicher Schriftsteller angehört, ein Luxus. Unsereins ist angewiesen auf das Wohlwollen von Verlegern, die willens und kräftens sind, auch eine Niete hinzunehmen; und sind mehr noch darauf gestellt, von der mäzenatischen Funktion der Funkanstalten zu profitieren. Wir haben nicht eigentlich einen Markt. Wären wir völlig abhängig von diesem, wir müßten alle Hoffnungen fahren lassen und — wie einstens ein Dehmel — Versicherungsbeamte werden. Der Funk übernimmt jene mäzenatische, beziehungsweise kulturpolitische Aufgabe, die ehedem Landesfürsten und danach die vermögende Hochbourgeoisie erfüllten. Er steht dort in der Bresche, wo in den sozialistischen Ländern der Staat als Auftraggeber die Künstler und Schriftsteller am Leben erhält. Ich habe keine Skrupel, dies hinzuschreiben, und noch weniger belastet es mein Gewissen, den Mäzen Funk in Spätabendstunden, in denen — vielleicht — eine winzige Anzahl von Hörern bereit ist zum Zuhören, in Anspruch zu nehmen. Da ich nicht an den Markt als geistige Antriebskraft glaube, sondern im Gegenteil von der fundamentalen Geistfeindlichkeit dieses Marktes überzeugt bin; da ich andererseits, einer höchst traditionellen »idealistischen« Auffassung mich anheimgebend, glaube, daß der Geist auf irgendeine vertrackte und von mir keineswegs durchschaute Weise der Zeit, dem Agens des menschlichen Weiterschreitens, ein unerläßlicher Helfer ist, wie zeitfeindlich er sich gelegentlich auch gebärde, will ich dort nicht stolz verzichten, wo eine öffentliche Einrichtung als fördernder Käufer sich anbietet. — Es ging also a priori darum, die vorgesehene Arbeit so zu gliedern, daß die einzelnen Kapitel für Stundensendungen durch den Funk sich eigneten. Welche Selbstvergewaltigung! höre ich

ausrufen. Welch miserable Bereitschaft zur Konzession! Wo wäre
Joyce hingeraten, hätte er sich solch lächerlichen Beschränkun-
gen unterworfen? Ich hatte keinen Augenblick lang Bedenken
solcher Art, nicht nur, weil ich mich für nichts weniger halte als
einen säkularen Autor wie James Joyce, sondern weil ich nur an
die lange Reihe großer und kleiner Dramatiker zu denken brau-
che, die allemal den Umfang ihrer Stücke den Aufführungsmög-
lichkeiten, der gewohnten Länge der einzelnen Akte angepaßt
hatten, ohne daß sie dabei künstlerisch zu Schaden gekommen
wären. Es verhielt sich im Gegenteil so, daß ich heilfroh war, mich
durch eine ganz äußerliche Kontingenz einer gewissen Disziplin
unterwerfen zu müssen. Die Dialektik der von außen erzwunge-
nen Form und der von innen heraus sich bildenden formalen
Elemente war mir als ein zu überwindender Widerstand will-
kommen. — Fragte sich nur, ob ein Mäzen auch bereit sein würde
zur Hilfeleistung. Die Leute vom Funk sind überlaufen. Begreif-
licherweise drängen viele sich zur gastlichen Tafel. Alle nur er-
denklichen Arten von Begabungen fordern ihr Teil; es ist Frage
des Glücks und des Zufalls, ob man zugelassen wird. — Unfähig,
nicht aus Gründen des Geistesstolzes, sondern schlicht aus Man-
gel an Geschick, selber als Handelsvertreter meiner nicht übermä-
ßig gefragten Ware die Funkstationen aufzusuchen oder Briefe zu
schreiben, von denen ich erfahrungsgemäß wußte, daß sie nicht
immer beantwortet würden, bat ich meinen Verleger um Ver-
mittlung. — Zu diesem Behufe war es nun nötig, ein Exposé vor-
zulegen, eine knappe »outline« des Projekts, wie es im Amerika-
nischen ebenso treffend wie unübersetzbar heißt. Wer je ein sol-
ches Exposé verfaßt hat, dem wird der Begriff der Konzentration
deutlich. Man muß sich im eigentlichen Worte zusammen-neh-
men, will man dergleichen zustande bringen; die Anspannung
ist nicht gering und oftmals dachte ich, während ich die Inhalts-
angabe verfaßte, an Thomas Manns Metapher aus dem »Er-
wählten«, nach der es Grigorß stets gelang, »sein Wesen in einem
einzigen, brennenden Punkt« zusammenzufassen. Die Nieder-

schrift dieser Notizen wurde in der Tat auch zu einer ganz eigenen, ziemlich in sich geschlossenen literarischen Arbeit. Vor allem aber wurde mir während der Abfassung — allmähliche Verfertigung der Gedanken beim Schreiben — klar, was vordem noch ganz undeutlich gewesen war. Personen tauchten auf, als hätte nicht ich selber sie gerufen. Vorgänge nahmen Konturen an, die ich gar nicht ins Auge gefaßt hatte. Plötzlich war Lefeu, dieser Komplex aus Bildern, Intentionen, Sehnsüchten, Erinnerungen, eine Geschichte — und eine kritische Realität. Ich sage nicht, daß ich damit zufrieden war. Im Gegenteil: äußerste Bangnis befiel mich, als ich das in wenigen Tagen Geschriebene durchlas. Wer würde von diesen sinistren Begebnissen etwas wissen wollen? Würde ich auch dem Versuch, freischweifende Bildnerei mit essayistischer Strenge zu verklammern, gewachsen sein? War die Idee, die essayistischen Partien nicht sauber gegen den Roman abzugrenzen, sondern sie übergangslos dem laufenden Text einzufügen, nicht mehr als man Funkhörern, Lektoren, Lesern zumuten durfte?

Im Mai 1972, wenige Tage nachdem ich das Exposé fertiggestellt hatte, verlieh mir die Bayerische Akademie der Schönen Künste ihren Literaturpreis. Bei dieser Gelegenheit traf ich mit dem Lektor meines Verlages, Dr. A., einem ausgezeichneten und gründlich gebildeten Germanisten, zusammen. Ich erinnere ein Mittagessen in einem ziemlich ungemütlichen Münchener Restaurant, nach dem ich beim Kaffee in meiner Mappe kramte und meinem Gegenüber das Exposé zur schnellen Lektüre vorlegte. In schon zur Resignation werdender Unruhe versuchte ich, sein Gesicht nach Zügen des Wohlwollens oder Unwillens abzusuchen. Es sollte sich erweisen, daß ich noch einmal davongekommen war. Ja: das Projekt sei gut und interessant; ja, der Verlag werde diese Arbeit veröffentlichen; ja, er werde als unbezahlter Agent bei Funkstationen sein Glück versuchen und mir auf diese Weise die wirtschaftliche Basis zur Fertigstellung des Vorhabens schaffen. — Erleichtert und schrecklich belastet zugleich fuhr ich von München nach Brüssel zurück. So gab es also jetzt keine Ausrede mehr. Ich mußte an die Arbeit gehen — und sie würde ganz anderes sein als ein »Zusammen-nehmen« während weniger Tage. In tiefem Schrecken sah ich mich einer Herausforderung gegenüber, die ich selbst herbeigerufen hatte. Würde ich imstande sein, die Arbeit auch nur zu beginnen? »Die beste Inspiration ist der Termin«, hat einmal Alfred Polgar geschrieben. Ich sollte bald Gelegenheit haben, die im etwas zynischen Scherz geborgene tiefe Wahrheit des Ausspruchs an mir zu erproben. Es wurden nämlich die »Termine« fixiert: Aufschub war nicht mehr möglich, kein skrupulöses Zaudern kam auf gegen den Zwang der Dinge. Mir war zumute, wie einem jener jungen Herren aus den Schnitzler-Dramen, die sich achtlos in Abenteuer mit nicht einmal besonders geliebten verheirateten Frauen eingelassen hatten, und die sich plötzlich der Duell-Forderung durch den »fremden Herrn«, einem Komtur, gegenübersahen. Es waren eher ängstliche und weiche junge Männer. Dennoch mußten sie antreten und traten an: es ging bei Schnitzler zumeist mit ihnen nicht gut aus. — In solcher Stimmung machte ich mich im Herbst 1972 an die Niederschrift. Einem jeden, wie man so sagt, »kreativen« Autor wird der Prozeß, in den ich nun hineingeriet, vertraut sein bis zur Trivialität. Mir, dem »Publizisten« und Essayschreiber, war er neu: ich spreche von der allmählichen Selbständigwerdung der Arbeit. Die Sprache, der ich mich für einmal hier überließ, die sich meinen Händen entwand und mehr wurde als Ausdrucksmittel vorgefaßter Gedanken, sprengte nach allen Richtungen mein Exposé. Schon während ich die ersten Zeilen hinschrieb, ergab sich etwas für mich Neues und Unerhörtes: ich wurde gewahr, wie ich von der Sprache mich tragen und treiben ließ. Sie führte aus unbekannten, nie von mir erforschten Tiefen Assoziationen herbei, lautliche und bildliche, die ihrerseits wieder neue Gedanken- und Vorstellungsketten gebaren. Waren das Fesseln? Ja und nein. Die Sprache führte mich am Gängelband und narrte mich, des bin ich gewiß. Und ich empfand dies um so beschämender als ich ja gewohnt war, in der publizistischen Arbeit souverän über das sprachliche Medium zu herrschen. Zugleich aber waren die Ketten der Widerspruch ihrer selbst, nämlich: Elemente einer berauschenden Befreiung. Ich erzählte ja, ich war nicht nur Ent-wick-ler von Gedanken. Ich fühlte mich als ein Schüler, der die Schule schwänzt. Und wenn an einer Stelle, wo ich das französische Wort »seul« — allein — wiederholte, das austro-bajuwarische »söll wohl« sich mir über die Lippen drängte, durfte ich es hinschreiben. Ich weiß, ich referiere nicht über Originelles. Die Freiheit der Assoziationen ist ein uraltes Element jeglicher Dichtung; sie hat, so meine ich, ihre äußersten Möglichkeiten und damit auch schon ihre Unmöglichkeiten im Werke von Joyce erreicht, beziehungsweise erwiesen. Mir aber stieß dies Phänomen der Entgrenzung zum erstenmal zu. Und das war um so beunruhigender als es ja in einem gewissen Gegensatz stand zu den vorgefaßten Gedanken über die Sprache, über die Notwendigkeit des Vertrauens in sie, über die Sinnhaftigkeit der Sätze, deren Gesetz nicht preisgegeben werden darf. Hat diese Kontradiktion, die ganz gewiß da und dort sich auffallend hervortun muß, mein Nachdenken kompromittiert? Ich hoffe nicht. Denn am Ende, da ich ja den Begriff »Sinn des Satzes« in seiner Vielfältigkeit definiert und an Beispielen erhärtet, da ich die bar positivistische Definition verworfen und das Element des »emotionellen Sinnes« (im Gegensatz zum konzeptuellen) eingeführt hatte, kehrte ich doch stets wieder in die Sinnhaftigkeit ein. Ich ließ mich tragen, bewegen, umspülen von der Sprache, aber ich zerbrach sie nicht: weder methodisch, noch dadurch, daß ich gleichsam in ihre Speichen geriet und mit ihr, durch sie, zerrieben wurde. Die Alltagssprache als Kommunikationsmittel — wobei unter diesen Begriff auch die philosophische, essayistische Sprache zu fallen hat — war stets der letzte Ankergrund, in dem ich mich festigte. Gleichwohl, des bin ich mir bewußt, blieb der Widerspruch zwischen den klar ausgesprochenen Gedanken über Sprache und dem Text in dessen Totalität bestehen. Er liegt freilich, dieser Widerspruch, nicht in meinem Ungenügen, sondern in der Sache selbst, er ist unausweichlich.

Muß ich noch sagen, wie schwer die Problematik auf mir lastete? Wie ich mit jeder neuen Zeile, die ich niederlegte, unsicherer wurde? Wollte ich mich in gängigen psychologischen Kategorien bewegen, wäre es am Platze zu sagen, daß ich mich während der Konzeption in einem manisch-depressiven Zustande befand: die manische Phase stellte sich jeweils im Schreiben ein, die depressive bei der Durchsicht, in nüchternen Stunden. Dazu fügte es sich, daß die Weltumstände, unter denen meine Arbeit vor sich zu gehen hatte, die denkbar ungünstigsten waren. In den Tagen, in denen ich meine ersten Kapitel abfaßte, sie wieder und wieder korrigierend durchsah, geschah das ganz Unannehmbare in Vietnam: die Städte Hanoi und Haiphong wurden von Nixon »ausradiert« — so wie das Hitler einst den Städten Englands versprochen hatte, nur daß die Rodomontaden von 1940 jetzt, 1972, mörderische, noch dazu von öligem Freiheitsgeschwätz begleitete Wirklichkeit waren. Ein tiefer Ekel erfaßte mich, bis heute hat die Ekelschwade, die sich über mich niedersenkte, sich noch nicht gehoben. Kein Zweifel, daß dieser Abscheu in die Arbeit selber einging. Ich gebe das Stichwort »Glanz-Verfall« hier noch einmal. War es nicht das Glanz-Verfalls-Land katexochen, das in Vietnam sich als der Welt- und Menschenfeind schrecklich entschleierte? War es nicht die Realität dieser Epoche, die dort mit B-52-Bombern wohlfeil triumphierte? Und war es nicht das gleiche Amerika, welches die Sub- und Anti-Kulturen auf unsere Importmärkte warf und in Südostasien das Mordgeschäft vollbrachte? Mir schien es so, und keineswegs glaubte (und glaube) ich jenen, die da sagen, daß das künstlerische und literarische Protest-Amerika der Widerspruch sei zum kannibalischen, calibanischen. Im Gegenteil: ich bin gewiß, daß dieses gleichsam nur das Luxus-Abfallprodukt jenes anderen ist. Der Ekel wurde in meinem Text überall dort manifest, wo ich von den albernen Snobismen des modernen Kulturbetriebs sprechen mußte: die Herren aus Düsseldorf, die da aussehen wie Zigaretten- oder Autoreklamen und die jederlei Protest zum Geschäft machen, ganz ohne schlimme Absichten natürlich, ganz einfach nur, weil die Welt ist, was sie ist — diese Herren sind aus dem Ekel geboren. Wen oder was konnte ich ihnen entgegensetzen? Es wäre alles ziemlich leicht gewesen, wenn ich in diesen Tagen die Möglichkeit gehabt hätte, mit den vertrauten Begriffen des Kapitalismus, des Imperialismus, der Entfremdung usw. zu operieren, die Scheußlichkeiten dieser Epoche in das marxistische Begriffs-Schema zu spannen. Es war mir, hélas, nicht mehr möglich. Zwar gab es kein Zögern, wenn der antikapitalistische Affekt sein Recht auf Manifestierung forderte. Ein Satz aus Thomas Manns Korrespondenz hat mich begleitet, als ich, gelähmt vorm Funkgerät sitzend, von den Atrozitäten der transatlantischen Freiheitspächter erfuhr: »Ich halte den Monopolkapitalismus jedes Verbrechens für fähig . . .« Ich ließ der Empörung freien Lauf, aber ich vermochte nicht mehr, ihr eine spezifische Hoffnung gegenüberzustellen. Denn Hoffnung muß mehr als sie selber sein, wenn sie wirken, Wirklichkeit gewinnen soll. Ein, wenn auch verwischtes, Bild muß sie in einer schon gegebenen Realität annehmen. Wie konnte ich so einfach das Ekelerregende dieser Zeit als spätkapitalistische Deterioration sehen und als solche benennen, wenn auf der anderen Seite nichts war, was einem Hoffnungsbilde auch nur entfernt ähnlich sah? Ich weiß noch, wie mir zu Anfang 1973 — ich war gerade bei der Abfassung meines dritten Kapitels — eine Nummer des »Kursbuch« in die Hände fiel mit einer Anzahl wohldokumentierter und gewiß nicht von bürgerlicher Furcht inspirierter Berichte aus den sozialistisch sich nennenden Ländern. Sowjetunion, ČSSR, Kuba, DDR, Nordvietnam. Nichts von dem, was dort vor sich ging, war auch nur akzeptabel. Sehr weniges, beinahe nichts konnte erklärt, gerechtfertigt werden allein durch den vom Kapitalismus und seiner allerdings höchst realen Weltverschwörung ausgeübten Druck. Nur um den Preis der Hingabe humaner Vernunft und vermittels zwangsneurotischer Anklammerung an die marxistische Immunisierungs-Strategie war es möglich, an vorgefaßten und niemals an der Realität verifizierten Auffassungen über die sozialistische Utopie festzuhalten. So stand dem Kapitalismus nichts anderes entgegen als Lefeus Neinsage. So konnte gegen den donnernden Zusammenbruch aller Werte nur noch der sanfte Verfall zu stehen kommen. – Was begonnen hatte als ein im subjektiven Raum verankertes Bild, als undeutliche Sehnsucht privaten Charakters, es nahm nun objektiv-gesellschaftskritischen Charakter an.

Auch dieser Prozeß war kein mir voll bewußter – und vielleicht täusche ich mich selber, wenn ich nachträglich von den Wirkungen der politischen Ereignisse auf meine Arbeit spreche. Die Stadien des schriftstellerischen Voranschreitens sind nicht genau rekonstruierbar, die manisch-depressiven Stunden können nicht zur genauen Einsichtnahme zurückgerufen werden. Ich kann nur beteuern, daß ich den Verlauf wiedergebe, so getreu wie möglich, daß ich vielleicht mich täusche, aber daß ich gewiß nicht täusche. Es war jedenfalls so, daß ich gerade in diesen Tagen vor der unabweislichen Notwendigkeit stand, alte, vertraute, ja geliebte Vorstellungen zu revidieren. Die Frage revolutionärer Violenz zum Beispiel: sie war nicht so einfach durch die Gegenüberstellung von oppressiver kapitalistischer Staatsgewalt und revolutionärer Gegengewalt lösbar. Ich habe das Problem schließlich in Lefeu nur angetönt, denn die sich ständig neu einstellenden und zu einer richtigen intellektuellen Spiegelfechterei führenden Widersprüche vermochte ich nicht zu meistern. Vielleicht werde ich später diese dramatischen Verstrickungen zu entwirren versuchen. In Lefeu beschränkte ich mich darauf, den Protagonisten und Protestierenden sein eigenes Gemälde in Brand stecken zu lassen und nicht die gehaßliebte Stadt Paris, die vor seinen Augen in einem Glanz-Verfall unterging, den er nicht mehr als ein rein kapitalistisches Phänomen zu verstehen wagte. Schließlich kam es dahin, daß ich mich lösen mußte aus dem Gedankennetz, das in der »Kritik der dialektischen Vernunft« Jean-Paul Sartre gerade im Hinblick auf die Fragen von Revolution und Violenz geknüpft hatte. Denn, so wurde mir während der Niederschrift deutlich (wobei allerdings auch diese Deutlichkeit nur als ein Provisorium zu verstehen ist) – denn die rein begriffliche Auflösung der Kontradiktionen durch Konzepte wie »Terror-Brüderlichkeit«, »Serie«, »Gruppe« erschien mir plötzlich als ebenso grandios wie willkürlich oder, um es mit dem französischen Wort zu sagen: gratuit. Ich war ja, arbeitend an diesem Buche – das ich mehr und mehr als eine summa wollte, eine Bilanz der eigenen Existenz, des eigenen Denkens –, Zeuge der verwirrendsten Fakten, die eben in ihrer blutigen Faktizität jegliche begriffliche Ordnung außer Kraft setzten. Der palästinensische Terror zum Beispiel, mit dem ich mich seit den tragischen Ereignissen der Münchner Olympiade auseinandersetzen mußte, da das Geschick und Mißgeschick Israels den ehemaligen Auschwitz-Häftling nun einmal bis ins Mark traf – war er noch legitime Gegengewalt, wie Sartre sie im Vorwort von Frantz Fanons Buch »Die Verdammten dieser Erde« gebilligt, ja gefordert hatte? Oder war das der Beginn der verhängnisvollen »Terror-Brüderlichkeit«? Oder handelte es sich ganz einfach um abscheuliche Mordtaten, die jede Philosophie der Violenz heillos bloßstellten? Nochmals: ich ging nicht direkt ein auf diese Probleme in meiner Arbeit. Aber sie waren mir alle gegenwärtig und bestimmten die Überlegungen und Verläufe, welche sich längst vom Inhalt des glatt und schnell hingeschriebenen Exposés, dessen Exemplare beim Verlag und einigen Funkstationen auf schwerbefrachteten Schreibtischen herumlagen, gelöst hatten. – Die Selbständigwerdung der Arbeit gegenüber dem ihr zugrunde liegenden Projekt war überhaupt für mich das frappierendste und in gewissem Sinne befremdlichste Phänomen des ganzen Unternehmens. Ich hatte gemeint, alles durchdacht zu haben, der Ideen so sicher zu sein wie der in mir von langer Hand gespeicherten Bilder: aber im Schreiben verwandelten sich die Gedanken, präzisierten sich die Vorstellungen und nahmen neue, bis dahin unbekannte Ge-

*stalt an. Es war am Ende nicht nur die Sprache, von der ich mich
zum ersten Mal seit allerfrühesten Schreibtagen tragen ließ, anstatt sie zu kontrollieren. Es waren tatsächlich auch die Imagines,
die autonom wurden und aus dem Unterbewußtsein neue und
wieder neue, in Wahrheit uralte, aber weggesperrte, hervorholten
und in das Werk einschoben. Die Gestalt der Irene etwa, zu der
ein vages Vorbild mir Modell gestanden hatte, entwich der Hohl-
form, in die ich sie zu pressen versuchte, und wurde zu einer anderen Frau. Die verbale Irene der Realität erstarrte zur schwei-
genden, die offenen Augen auf den Plafond fixierenden, nur in
den mots orduriers sich sprachlich artikulierenden Irene des Lefeu. Es währte geraume Zeit, bis ich in ihr das erlebnisgrund-
legende Modell erkannte und mir zugleich bewußt wurde, wie
sie auch von diesem in wesentlichen Zügen abwich. Zwei Frauen
hatten also das Irenenbild bestimmt und keine von ihnen war die
ganze Irene Lefeus. Es war die Imagination am Werke gewesen.
Was aber ist Imagination? Ist sie die verwandelnde Arbeit eines
individuellen oder kollektiven Unbewußten? Die Wahrheit
muß irgendwo in diesem Umkreis liegen. Man findet, aber erfindet
nicht. Freilich gibt es verschiedene Wege und Methoden des Fin-
dens. Der eine hat den Gegenstand genau im Auge — Thomas
Mann etwa, der aus dem Olympier Gerhart Hauptmann den
robust-spärlichen Peeperkorn machte —, der andere wird mitten
im Schreiben von Wörtern und Bildern überwältigt und vollzieht
mittels ihrer eine Art Auto-Existenzanalyse.
Das ganz Entscheidende ereignete in diesem Zusammenhang sich
mit der Figur Lefeus. Ich deutete schon an, daß der Lefeu des Textes mit der Ursprungsgestalt nur noch wenig zu tun habe; das Wenige ist auch recht äußerlicher Natur. Ein etwas vernachlässigtes
Atelier blieb, die Existenz eines Menschen, der sich der Erfolgs-
jagd entzieht, die picturalen Arbeiten, die ich verschwommen
nachzeichnete. Im übrigen drängte das eigene Ich sich in die Figur,
füllte sie aus, formte sie um. Auch dieses Ich ist abgewandelt:
durch Wunschprojektion, durch ästhetisch-stilistische Forderun-*

gen, die sich geltend machten, durch die nun bereits ins Gebiet der Lyrik fallende (beschränkte und keineswegs struktural-magische) Sprachautonomie. Einmal, um ein Exempel zu geben, sagte Lefeu, ohne daß ich feststellen könnte warum, zu den Herren aus Düsseldorf: »Gottes Segen auf allen Ihren Wegen.« Der Spruch gewann Eigengewicht, wurde zu einem sprachlichen Charakteristikum des Protagonisten, schließlich zu einer Art ritueller Formel. — Und immer wieder muß ich beharren darauf, daß alles Essentielle sich in einem halbdunklen geistigen Raum vollzog, wie ich einen solchen seit den schriftstellerischen Anfängen meiner Jugend nicht mehr betreten hatte. Das, was ich den »manisch-depressiven Zustand« beim Schreiben genannt habe, ergriff mehr und mehr Besitz von mir. Ich fühlte, wie mir das Geschehen entglitt, wie ich die Herrschaft verlor. Ich »ließ mich gehen«, wie man wohl sagt. Und wohin schritt der im Schreiten sich verlierende Autor? Ich weiß es nicht — wie sollte ich es wissen? Bestenfalls kann ich Ahnungen, die zugleich Fahndungen sind, beisteuern. Sie haben ihren rechten Platz hier, ich werde weiter unten noch davon sprechen. Und doch gibt es manches, das ich durchschaue. Es bezieht dieses sich wiederum auf die Figur Lefeus und meine den ursprünglichen Entwurf überschreitende Identifizierung mit ihr. Im Maße nämlich, wie mich der Ekel erfaßte angesichts der Erscheinungen des politischen Winters 1972/1973, stellte mit obsessiver Intensität die Gewißheit sich ein, daß Hitler mit seinem Schmach-Reich die Falltür aufgerissen hatte, durch die die Menschheit ins Leere ihrer Negation gestürzt war. Damals, als ich in so fünf bis sechs verschiedenen deutschen KZ-Lagern von Kälte und Prügeln versehrt einen Tag erwartet hatte, dem anzubrechen nie beschieden war, mußte der berühmt-berüchtigte »qualitative Sprung« sich ereignet haben. Es gab seither keine Jasage mehr: das Reich des Todes hatte sich aufgetan in der Welt. Man überlebte nicht. Nur Lemuren waren aus dieser Nacht aufgestiegen. Oder, wie es im Lefeu heißt: man hatte kein Recht, das Überstehen zu überstehen. Die Widersinnigkeit meiner Existenz

stand in mir selbst vor mir. Warum spielte ich das längst ver-
lorene Spiel noch mit? Warum korrespondierte ich mit Verlegern
und Funkstationen, nahm läppische Tagessorgen blödsinnig
ernst? Warum spielte ich den Schriftsteller, ich, der in irgendeinem längst durchpflügten Massengrab hätte seinen Platz finden sollen? Und wie konnte eine Welt des schmählichen Über-
flusses in den phosphoreszierenden Lachen des Glanz-Verfalls zu
spiegeln sich wagen?

Es ist offenbar, daß alle diese Fragen, gestellt innerhalb eines
Kontextes von »Objektivität«, sinnlos, daß sie Scheinfragen sind.
Geschichte ist eine Verschlingung von kausalen Verläufen, die
nur vermittels irrationaler Wertsetzungen moralisch zu gliedern
sind. Wer denkt noch an die Greuel der Bartholomäusnacht, an
das Geschick der Lady Grey, an die Intrigen um das Halsband
der Königin? Die Zeit hat einen Nivellierungsprozeß vollbracht,
der alle Wellen glättete; denn in ihrem Verstreichen hebt sie das
gesellschaftliche Ungleichgewicht auf, das bestimmte Ereignisse
verursachten. Simon de Montforts Vernichtungsfeldzug gegen die
Albigenser übt keinerlei aktuelle Wirkung aus: er ist ja ver-gangen. Was ist mehr als ein Vierteljahrhundert danach noch Ausch-
witz? Nur eine blutige Episode unter so vielen. Wer war Hitler?
Ein Schurke unter anderen, ganz entschieden weniger abstoßend
als Gilles de Rays. Mein Schicksal — es ist »nicht kostbar und war
niemals selten«. — Es gibt keine gemeinsame Sprache von objek-
tiver oder, wie ich es präziser sagen möchte: verdinglichender
Betrachtungsweise und subjektiver Evidenz. Was geht's mich an,
was geht Lefeu es an, daß der blutige Simon de Montfort vergessen ist? Die subjektive Evidenz heißt: es endigte die Geschichte
mit den Gräbern in den Lüften. Jene, die ein nur scheinbar
freundlicher Wind davontrug, ehe sie verrauchten, haben kein
Recht mehr darauf, sich umzutun, Geschäftsleute zu sein — oder
Schriftsteller. Und während ich Platens Gedicht »Wer die Schönheit angeschaut mit Augen« als Leitmotiv durch ein Lefeu-Kapi-
tel zog, formte sich in mir der für die künftige Konzeption ent-

scheidende, im Rhythmus gleiche Satz: »Wer das Böse angeschaut mit Augen.« Ja, er war dem Tode schon anheimgegeben, konnte für keinen Dienst auf Erden taugen. Denn verdinglichende Objektivität konnte von der Banalität des Bösen sprechen. Das Böse ist böse nur für den, der es erleidet (nicht für den Ausübenden, noch für den unbetroffen Zuschauenden, für diese beiden mag es tatsächlich banal sein). Das heißt, soferne man nur ganz elementare Logik walten läßt, daß es als Böses nicht banal sein kann, vielmehr das niemals Erhörte ist, das ganz Unbegreifliche. Zwangsläufig kam ich, im Maße, wie ich mit dem Protagonisten mich identifizierte, dahin, die gesamte Zeitproblematik zu konzentrieren um eben dieses Böse, das fortzeugend Böses gebar. Man mag da von Geschichtsfälschung oder sogar Geschichtsblindheit sprechen und fragend einwenden, was denn wohl der Glanz-Verfall zu tun haben solle mit den Mordveranstaltungen, denen Lefeus Eltern zum Opfer gefallen waren. Ich habe so gut wie keine Argumente außer diesem einen: daß nämlich jedermann in der Geschichte seine eigene Geschichte erlebt und daß die subjektive Evidenz (ein Gefühl, nicht mehr, aber als Gefühl der verdinglichenden Geschichtsbetrachtung sich entreißend und sie überwindend) ihr Seinsrecht in jedem Leben sich erkämpft, gegen alle rationalen Einsprüche. Gleichwohl war von diesen nicht völlig abzusehen. Lefeu war sich bewußt, daß er, die gegenwärtige Misere zurückführend auf das erfahrene Böse und den Unsinn seines eignen Überstehens, jene Vernunft verriet, die keine hegelsch-metaphysischen Bocksprünge macht, sondern gesittet trabt in den Bahnen des common-sense. Die analytische common-sense-Vernunft, die er als seine intellektuelle Ehre ansah und die ihn den Wortgemächten Irenens widerstehen ließ, mußte in seinem – meinem! – Sinne zur subjektiven Evidenz komplementär, wenn auch zugleich kontradiktorisch, aufrechterhalten werden. Irene ist irrsinnig: Lefeu ist es nicht. Er weicht, so sagt er an einer Stelle, »keinen Finger breit von Gottes Wegen ab« – und meint mit dem Worte Gott den common-sense. Wenn er schließlich als Unglücks-

vogel sterben wollte, dann entsprang dieser drängende Wunsch
zwar der aus subjektiver Evidenz stammenden Erkenntnis, daß
sein Überstehen zurückgenommen werden mußte, zudem aber
auch aus der Furcht, er könne seine intellektuelle Ehre verlieren
und aus dem Tragnetz des majoritären vernünftigen Konsensus
ins Leere fallen.

War ich mir dessen während des Schreibens bewußt? Gewiß nur
teilweise, und wenn ich dieses monströse Nachwort verfasse, die
Reflexion der Reflexion, dann tue ich es nicht zuletzt aus dem
Verlangen, mir selber klar zu werden über Ursprung und Sinn
der vollbrachten Arbeit. Hier muß von dem gehandelt werden,
was ich oben Ahnung und Fahndung genannt habe: der Autor
versucht die Inbesitznahme des von ihm verfertigten Gewebes,
das während der Webe-Arbeit seinem klaren Bewußtsein entglit-
ten war. Es sollte, dies ist meine durchaus ernsthaft vorgebrachte
Meinung, ein jedes literarische Gebilde durch eine Reflexion des
Verfassers ergänzt werden, nicht aus philologischen Gründen,
sondern weil das Nachdenken des Verfassers, das Wieder-und-
wieder-Bedenken des Hervorgebrachten integraler Teil der Arbeit ist. Er spricht solcherart für das im Wortsinne Eigentliche
des Textes: seine subjektive Authentizität. Jeder Text ist mehr
als er ist: keiner kann, darf abgezogen werden vom Sosein des
Autors — oder anders: ja, er darf es natürlich, nur soll das Sosein
auch das Recht haben, sich jenseits des baren Textes, auf der Suche
nach ihm zu bekräftigen. Nichts gegen kritischen Scharfsinn und
bemühte Gelehrsamkeit, sie sind innerhalb des Kontextes der Objektivität unersetzlich. Aber es ist der Autor, der den Weg rückwärts schreiten muß zu den Ursprüngen seines Werkes. Die Kritik mag urteilen, darf verwerfen. Sie verdinglicht das Werk im
gleichen Verstande, wie die Geschichtswissenschaft es mit historischen Verläufen routinemäßig tut. Es ist ihr Recht, und ihr Wahr-
spruch muß vom Verfasser schweigend akzeptiert werden. Zur
komplementären Erhellung der dem Werke zugeordneten Subjektivität ist aber er berufen und sonst keiner. Daß er dabei sich

aller Apologetik zu enthalten habe, versteht sich am Rande. Im
Gegenteil: er muß das Risiko eingehen, daß seine Überlegungen
dem Text das Air des Geheimnisses nehmen, das zu durchbrechen
der Ehrgeiz der Kritiker ist. Kein Zweifel: er läuft Gefahr, seinen
Text zu gefährden, zu bewirken, daß man sagt: das also ist es,
nur das? Man darf darüber hinweg und zur Tagesordnung
schreiten. Ich nehme als Beispiel für die gefährliche Entgeheim-
nissung mein letztes Kapitel, den »Nachtflug«. Die Metapher des
in sein Gemälde sich einverwandelnden Lefeu ist vielleicht nicht
übel gelungen und könnte, weiß Gott, zu den geistreichsten und
für mich schmeichelhaftesten Interpretationen Anlaß geben.
Wenn ich jetzt sage, daß das Bild »L'Oiseau de malheur« exi-
stiert, ja, daß es in meinem Wohnzimmer hängt, dann ist dies
gewißlich ein Element der Entzauberung. Und wenn ich fort-
fahre und bekenne, daß im Schreiben der Vogel gleichsam selbst-
ständig wurde und seinen Nachtflug antrat, ohne daß ich im
mindesten mir Gedanken machte über die Dynamik des Sym-
bols und seine Logik, tue ich ein übriges, meine Arbeit zu zer-
stören. Nur das? Ja: nur das, nicht mehr. Ich ließ mich ganz naiv
von Wörtern tragen und von Bildern. Das widersprach der ur-
sprünglichen Absicht. Das stand vor allem im Gegensatz zu den
meisten meiner früheren Arbeiten, denen freundliche Rezensen-
ten eine gewisse Strenge, eine erfreuliche Diskretion nachgerühmt
hatten. Und das durchbrach schließlich den Plan, die essayisti-
schen Partien — dem Beispiel Hermann Brochs folgend — sauber
abzugrenzen gegen die erzählenden, auch wenn ich die Demar-
kationslinie nicht technisch und sichtbar habe ziehen wollen. Die
Sprache und die Bilder drangen ein in die Partien, in denen totale
intellektuelle Klarheit den Vorrang hätte haben sollen. Wieder-
holt versuchte ich, diese Stellen zu reinigen: es gelang nicht. Am
Ende gab ich nach: »Es sei wie es wolle.« Aber als »schön« habe
ich es zu keinem Augenblick empfunden. Weder als schön noch
als deutlich-deutend. Ich fand mich überwältigt von der eigenen
Rede und merkte nicht ohne tiefes Erschrecken, daß ich die aus-

gesprochenen theoretischen Erwägungen über das notwendige Vertrauen in die Sprache und den niemals preiszugebenden Sinn der Sätze selbst in Frage stellte. Lefeu mußte gegen Ende bescheiden bei der gestörten Irene um Vergebung einkommen: er war seiner Sache, seiner »intellektuellen Ehre«, seiner Vernunft und Vernünftigkeit nicht mehr sicher. Stets von neuem las ich die schon geschriebenen Partien durch; stärker und stärker wurde das Gefühl, ich hätte mir selber eine Niederlage bereitet. Öfter und öfter überwogen die depressiven Phasen die manischen. Nur das? Es wurde jetzt die selbstformulierte Frage an mich.

Nur das. Und wie Lefeu ließ ich die Dinge an mich herankommen.

Im Frühjahr und Sommer 1973 trieben sie, die Dinge, mich dem Ende der Arbeit entgegen. Während heißer Frühjahrstage in Brüssel und an der belgischen Küste, danach in den Ferien in Irland vollzog ich das Geschick meines Lefeu. War im Exposé, das mir vorlag, das Ende offen geblieben, so spürte ich nun in wachsender Dringlichkeit, daß es nur eine Möglichkeit für ihn gab: den Tod. Das Sterben ist ein altprobates Mittel, eine Gestalt loszuwerden und zugleich Gefühlssaiten im Leser vibrieren zu machen. Ich weiß. Hier aber war es unabweisbare Notwendigkeit und war zugleich das teilweise Dementi meiner Verfallsphilosophie und Verfallsästhetik. Es sei der Verfall nicht der Tod, sondern sei vielmehr ein Fest betrunken sich aufgebenden Lebens, so ähnlich hatte ich es im Anfang wohl geschrieben. Logisch hat es damit natürlich seine Richtigkeit. Im Maße aber, wie Lefeus Vergangenheit sich mir entschleierte und die Frage seines schicksalswidrigen Überstehens Bereinigung forderte, erkannte ich, daß hier letzten Endes doch die Chiffre Verfall für den Tod stand: von diesem können wir nichts wissen, ich hatte seinerzeit in meinem Büchlein »Über das Altern« davon gehandelt; jener aber schmuggelte gleichsam durch eine Hintertür den Tod ins Leben und seine ästhetische Festivität ein, so lange bis die Festeslampen erloschen, und er, der Tod, allein das Feld behaupten mußte. Die ganze artifizielle Begrifflichkeit, die den Verfall so ausdrücklich dem Todesverlangen entrissen hatte, brach zusammen. War sie nur *Ausflucht* gewesen? Das nicht: sie galt weiterhin auf einer bestimmten Strecke, in einem Seinsstadium, in dem Lefeu noch nicht die Flammen des Komplexes Gaz de Lacq, noch nicht den Feuerreiter gesehen hatte. Nach diesem Ereignis aber mündete die Verfallssucht in den Tod ein. Den Tod, sage ich ausdrücklich und nicht: ein zufälliges Sterben während revolutionär-violenter Brandstiftung. Diese war nichts anderes gewesen als ein Phantasma. Denn Lefeu, der sich nur spielerisch verwandelt hatte in den von ihm gemalten Oiseau de malheur, blieb bis zum Ende zu sehr der Vernunft verhaftet und der Menschlichkeit, um ein Haus in Brand zu stecken, dessen Flammen niemals würden übergreifen können auf die ganze Stadt Paris, die aber sehr wohl konkreten Menschen, Leuten, dem und jenem, die einem von der Straße her bekannt waren, Brandwunden aller Grade zufügen müßten. Maître Rosenblieth, der bekannte Strafverteidiger, würde es nicht nötig haben, den Pyromanen Lefeu recte Feuermann ärmelschüttelnd vor einem Schwurgericht zu verteidigen: sein Mandant wollte nur den eigenen Tod in den Flammen, dem er sinnloser Weise entgangen war, nachholen.—Reminiszenzen an den Tschechen Jan Pallach und todeswillige Buddhistenmönche kamen auf, während ich Lefeu sein Recht werden ließ. Persönliche Erinnerungen? Das ewig Autobiographische, dem zu entrinnen ich offensichtlich nicht fähig war? Auch das. Während Lefeu bei Andersens Märchenmädchen Schwefelhölzer kaufte und in einer Garage einen Kanister Benzin forderte, dachte ich an die Selektionen, durch deren enge Maschen ich unbegreiflicherweise geschlüpft war. Kein Verlaß war gewesen auf den SS-Arzt, der anno 44 mich abtastete, ob ich schon schlachtreif sei. Der Kerl hatte abgelassen von mir, weiß nicht warum. Seine Nachlässigkeit hatte ich seit 1945 schon so oftmals korrigieren wollen: der Mut, den der Autor nicht besaß, er wurde seinem Geschöpf ins Herz gesenkt. — Und nicht einmal dieses sollte heroisch sterben. Wie war das doch? Lefeu zündelte nur. Sein Bild verbrannte, die Hose war angekohlt. Er selber starb an dem viel zu schweren Herzen. Zu viele Gauloises, zuviel Cognac, die Folgen kann ein jeder vorauskalkulieren. Es wurde ein bescheidener Tod.

Die Abfassung der letzten Teile liefen parallel mit Begebnissen, die von außen her die Handlung vorantrieben. Im Glanzverfalls-Land gab es den Watergate-Skandal, täglich las ich in der europäischen Ausgabe der New York Herald Tribune über die Peripetien vor dem Senats-Komitee. Dies also war die Nation, die mich befreit hatte und von der ich einst die große Erneuerung erhoffte! Roosevelt, hilf uns, sie sind wahnsinnig geworden, dachte ich analog zu dem Hilferuf, den 1968 die Tschechen an Lenin gerichtet hatten. Fäulnis des Kapitalismus — gewiß. Nur daß ich zur gleichen Zeit vernahm, es werde im Vaterland aller Werktätigen Leonid Breschnew das erste Glas des in der UdSSR produzierten Getränkes Pepsi-Cola trinken. Und daß in Peking ein Kinderkreuzzug aufgeboten wurde, um händeklatschend und Sprechchöre quäkend eben jenes Staatsoberhaupt zu empfangen, das die Stadt Paris — Mutter der Kunst und jeder Größe — in eine Betonwüste zu verwandeln sich anschickte. Die Ekelschwade wurde dichter, die Frequenz der depressiven Phasen höher. Das Nachlesen des schon Geschriebenen war keine Therapie dagegen. Freundliche Urteile, die von da und dort mir zukamen, änderten nichts an meiner tiefen Unzufriedenheit. Das also ist die Summe? dachte ich öfter und öfter. Nur das? Ich fand mich nur noch schlecht zurecht im Text, der sich mir ganz entwendet hatte und der, je häufiger ich ihn las, um so weniger dem ursprünglichen Projekt entsprach. Aber während ich diese Worte hinschreibe, wird mir deutlich, daß die Arbeit schon nicht mehr mir gehört. Aus dem Kreis des Subjektivsten und Persönlichsten, das ich doch in diesen Zeilen habe erhärten wollen, tritt sie hinaus *in die Welt, deren alleiniges Eigentum sie fürderhin ist und die ihr Urteil sprechen wird. Dieses geht mich nur an den äußeren Rändern meiner Person noch an, betrifft den berufsausübenden Schriftsteller, nicht aber den Menschen. Lefeu als fertiges Produkt wird mir entrissen und in einem sehr spezifischen Wortsinne entfremdet: er ist ein Stück Ware auf dem literarischen Markt, von dem ich abhänge, an den ich aber nicht glaube. Ich sprach mir zu und redete zugleich aus dem Hause hinaus zu den anderen. Der Selbstzuspruch war doch das gewesen, worauf es mir ankam. Jetzt ist er verhallt und nur das Echo von draußen wird mich erreichen. Es hat das letzte Wort und dem werde ich mich nicht entziehen, wenn es unfreundlich tönt. Doch geht es mich im Grunde nichts an. Die Kluft, die sich auftut zwischen dem subjektiven Sinn einer Arbeit — oder einer Anzahl von Sätzen — und der objektiven Wirklichkeit, die ein gesellschaftliches Phänomen ist, kann niemals überbrückt werden, da hilft kein dialektisches Kunststück. — Was mir bleibt, sind die Bilder, die Vorstellungen, die ich in Rede zu übertragen versuchte, mit Glück und Unglück, ich weiß nicht, man wird sehen. Ich schließe die Augen und sehe Lefeu auf seinem Wühllager kauern. Nichts tun. Die Dinge an sich herankommen lassen. So lebte er hin, wie Büchners Lenz. Dann setzte er zum Nachtflug an und starb. Ich kann mir selber immer noch davon erzählen: es wird sich ganz anders anhören als der fremde Text draußen — in der Welt.*

JEAN AMÉRY

Unmeisterliche Wanderjahre

1971. 147 Seiten. Leinen. ISBN 3-12-900290-1

»Ich habe selten ein aufrichtigeres Buch gelesen. Jean Améry, in Brüssel lebender Wiener, gibt Rechenschaft über vierzig Jahre bewußten Lebens, eine der Zeit und sich selbst gegenüber gnadenlose Bilanz in sechs Kapiteln, entsprechend den sechs Hauptstationen seines geistigen, politischen Lebens . . . Es spricht ein unverbesserlicher, von Parteien, Ideologien nicht einzufangender Individualist . . . Als wichtigste, bitterste Erkenntnis bleibt: ›Entfremdung ist das Dasein in einer Welt ohne Liebe‹. Dieser Satz, in seiner aphoristischen Zuspitzung ist höchst charakteristisch für den Denker, auch für den Schreiber Améry, den ich nach diesem Buch für einen unserer großen Meister essayistisch-gesellschaftskritischer Prosa halte.«
CHRIST UND WELT, STUTTGART

Widersprüche

1971. 262 Seiten. Kart. ISBN 3-12-900280-4

»In dieser Essay-Sammlung gibt Améry eine Kritik der informierten Gesellschaft, indem er aufzeigt, daß der pseudodynamische Szenenwechsel, der dem Empfänger von Informationen heute mit wachsender Rapidität vorgeführt wird, das geschichtliche Bild der Wirklichkeit verfälscht.«
SÜDDEUTSCHE ZEITUNG, MÜNCHEN

Über das Altern
Revolte und Resignation

3. Auflage 1971. 135 Seiten. Engl. br. ISBN 3-12-900300-2

»Es ist kein Trostbuch. Améry will sich und seinen Lesern nichts vormachen, er erlebt und beobachtet das Altern als einen fortschreitenden Prozeß der Entfremdung . . . Nach seiner Ansicht liegt die Würde des Alters in Revolte und Resignation, im Kampf gegen die Entfremdung, trotz der Einsicht, daß man unterliegt.«
DEUTSCHES ALLG. SONNTAGSBLATT, HAMBURG

ERNST KLETT VERLAG STUTTGART